„Where the Sky meets the Ocean ... "

Elena P. Knoll

Wilde Küsten
altes Land

Mit dem Wohnmobil durch
Nova Scotia und Neufundland

Bibliografische Information der Deutschen Nationalbibliothek:
Die Deutsche Nationalbibliothek verzeichnet diese Publikation in der
Deutschen Nationalbibliografie; detaillierte bibliografische Daten sind
im Internet über
dnb.d-nb.de abrufbar.

TWENTYSIX - Der Self-Publishing-Verlag
Eine Kooperation zwischen der Verlagsgruppe Random House und
BoD – Books on Demand

Herstellung und Verlag:
BoD – Books on Demand, Norderstedt

ISBN: 9783740716042

Inhaltsverzeichnis

Halifax

In alten Tagen zogen fremdartig gekleidete Märchenerzähler von Land zu Land, machten auf bunten Marktplätzen
halt und beschworen für ein paar Münzen sagenumwobene
Orte, verschollene Königreiche, schneebedeckte Gipfel und
dunkle Wälder aus dem Nebel der Zeit herauf.

Ferne Länder sind inzwischen zum Greifen nah, die Ozeane
sind längst bezwungen. Doch eines lieben wir immer noch:
Geschichten.

Die Märchenerzähler von einst sind weitergezogen, sie
kehren nicht zurück. Aber dem Flüstern der Erde, dem Rau-
nen Millionen Jahre alter Steine, dem Tosen heranrollender
Brandung und dem sanften Rascheln der Blätter im Wind
können wir noch heute lauschen.

Im Atlantik liegt eine Insel, auf der schwarz gestreifte Felsen
vom gewaltsamen Aufbrechen der Erdkruste, und tiefblaue
Seen von den Geheimnissen eines vor langer Zeit verschollenen Ozeans erzählen können: sie heißt Neufundland.

Vom Kambrium und vom Ordovizium weiß sie zu erzählen,
verträumt, fast zärtlich – von planetarischen Zeitaltern an die
uns Menschen jegliche Erinnerung fehlt.

Und nicht weit davon entfernt liegt eine Küste, an der das
wild aufschäumende Meer von verwegenen Seefahrern, von
legendären Schiffen, von gefährlichen Klippen und vom leise
verhallenden, wehmütigen Gesang der Wale erzählt.

Es sind die wildromantischen Gestade Nova Scotias ...

Halifax.
Wir kommen bei tiefster Dunkelheit an und nehmen ein
Taxi um vom Flughafen ins Hotel zu fahren.

Die Stadt liegt vor uns wie eine magische Wundertüte, vor der man kurz zögert, bevor man sie aufreißt. Einzelne Lichter blitzen geheimnisvoll auf der Hülle auf, aber was wird sich im Inneren verbergen? Wir machen im Vorbeifahren erste Umrisse aus, undeutliche Formen, die sich aus der Nacht schälen. Morgen Früh werden wir hineinsehen, langsam und vorsichtig, so wie man Neuland begeht.

Es ist immer ganz wunderbar, in einer fremden Stadt aufzuwachen.

Wir haben noch einen ganzen Tag Zeit, bevor wir das Wohnmobil übernehmen, das uns sechs Wochen lang durch das Land begleiten wird.

Nach dem Frühstück treten wir also erst einmal hinaus auf die Spring Garden Road, mit ihren kleinen Restaurants und Geschäften. Es ist früh am Morgen und die noch unbelebten, fremden Straßen hüllen sich noch in ein milchiges Grau. Hatte ich eine Vorstellung von Halifax? Wenn überhaupt, dann nur ganz vage, eher schemenhaft. Aber jetzt nimmt die Stadt Gestalt an.

Wie eine auseinanderstrebende Schafherde ziehen weiße Wölkchen über den fremden, transparentblauen Himmel als wir an bunten Holzhäusern und verriegelten Imbissbuden vorbei gehen und die Waterfront erreichen.

Schiffe. Schiffe wohin man blickt.

Ein magischer Hauch von Nostalgie weht über die Masten der großen Schoner, die sich vor unseren Augen im zartrosa schimmernden Hafenwasser spiegeln.

Von Algen überzogene Holzpfähle recken ihre glitschigen Hälse aus dem Wasser. Es riecht nach Salz und Fisch.

Noch haben wir die Stadt fast ganz für uns allein und können die ersten Eindrücke in vollen Zügen genießen.

Verzückt stehen wir auf den Holzplanken eines Steges und blicken auf die sanft schaukelnden Schiffe, auf ein verträumtes Inselchen mit einem kleinen Leuchtturm und auf die roten, blauen und grünen Häuser, deren Bewohner an diesem frischen Sommermorgen gerade erwachen.

Dann kommt Leben auf, erste Touristen fotografieren den Hafen, die Cafés öffnen ihre Türen, Kellner wischen zerstreut die Feuchtigkeit der Nacht von Tischen und Stühlen.
Um uns herum bewegt sich schon bald eine bunte Menge aus aller Herren Länder.
Wir setzen uns an den roten Metalltisch eines kleinen Selbstbedienungscafés.
Zwei junge Familien haben sich hier bereits zum Frühstück eingefunden. Kleine Vögel picken herabgefallene Krümel zwischen den Stühlen auf. Sie sind sehr hübsch, mit hellbraunem Gefieder und kleinen weißen Punkten auf den schwarzen Brustfedern.
Während ich Zucker in meinen Kaffee rühre, lasse ich gedankenversunken den Blick über die malerische Hafenkulisse schweifen und beobachte, wie ein seltsamer kleiner Schleppdampfer näherkommt. Sein Aufbau besteht aus einem großen, breit lächelnden, kindlichen Gesicht. Ein rotes kanadisches Käppi ziert den länglichen Kopf mit der dicken Knollennase. Ein paar sonnenbebrillte Touristen stehen schon am Bug und bewundern die Skyline der Stadt. Ein kleiner Junge winkt uns von der Reling zu. Dann tuckert die stämmige »Theodore Too« wie ein überdimensionales Spielzeug an uns vorbei.

Wir gehen wieder ein Stück den Hafen entlang.
Große Felsblöcke sichern die vielen Molen. Algen und Muscheln überwuchern grob gehauene Steine. Am Rand einer Anlegestelle liegt ein dicker ausgedienter Holzpfahl. Über das

morsche, mit vertrockneten Muscheln übersäte Holz wurden einige Altreifen gestülpt. Rostige Schrauben stecken noch in den aufgeborstenen Fugen, kleine weiße Schimmelpilze leuchten auf dem rissigen schwarzen Gummi wie Schneeflocken. Ein kleines Kunstwerk, entstanden aus der Vergänglichkeit der Dinge.

Die Stadt klettert von der Uferstraße aus leicht aber stetig einen Hügel hinauf. Kräne blitzen hier und da in der Sonne auf. Überall wird gebaut.

Ein Denkmal, das wohl bezeichnend für ganz Kanada ist, steht am Ende der langen Hafenpromenade.

»The Emigrant« erinnert an all die Einwanderer, die herkamen, um hier ein neues Zuhause zu finden.

Ich bin in Italien aufgewachsen. Ein Emigrantenland. Mich persönlich erinnert der bronzene Mann, der mit einem schlichten Koffer voller Hoffnung die Planken eines Schiffes betritt, an all die italienischen Auswanderer, mit denen ich in meiner Jugend ein Zugabteil teilte, wenn ich von Rom nach Garmisch fuhr, um meine Großmutter zu besuchen.

Die Männer trugen dunkle, vom vielen Waschen und Aufbügeln abgenutzte Anzüge. Ihre Gesichter wirkten alt und zerfurcht, auch wenn sie noch gar nicht sehr alt waren. Die Entbehrungen in der Kindheit, die harte Arbeit, die Hoffnungslosigkeit – das prägte ihre Züge schon sehr früh. Koffer wie der des »Emigrant« von Halifax lagen damals in den Gepäcknetzen über unseren Köpfen. Und in ihren ausgebeulten Reisetaschen nahmen die Männer immer ein Stück Heimat mit nach Deutschland: Salami, Käse, selbstgemachtes Brot, Oliven, den Duft von Orangen und reifen Pfirsichen – all das hatten sie im Gepäck, eingewickelt in Küchentücher oder Zeitungspapier. Ich war sehr jung und immer allein unterwegs und wurde von diesen Menschen regelrecht bemuttert. Wenn sie ihr Essen auspackten, brach der eine ein Stück Brot ab, der andere gab mir etwas Käse, ein dritter bot mir ausgenzwinkernd einen Becher hausgemachten Rotwein an. Sie meinten es immer gut, und teilten ihr Heimweh nach der Familie, den ausgedörrten Feldern, der Sonne und dem Meer mit mir.

So viele Erinnerungen, während ich die Statue still betrachte.

Der Künstler, der dieses Denkmal geschaffen hat, ist tatsächlich ein Italiener. Armando Barbon. Auch er ist vor vielen Jahren mit einem Koffer voller Träume auf dem Seeweg nach Kanada gereist und - hat alles richtiggemacht. Er hat ein Vermögen aufgebaut. Seine imposante Bronzearbeit hat er vor wenigen Jahren der Stadt Halifax zum Geschenk gemacht, und jetzt blickt der »Emigrant« auf den geschichtsträchtigen »Pier 21«. Zwischen 1928 und 1971 haben fast eine Million Menschen hier das erste Mal einen Fuß auf kanadischen Boden gesetzt.

Gemächlich schlendern wir zurück zum Hafen.

Warme Holzplanken führen über Stege und Landebrücken, stimmungsvoll heben sich die von Wind und Wetter gezeichneten Farben der Schiffe vom ausgewaschenen Blau der spiegelglatten Bucht ab. Hier und da sprießt ein grüner Holzschuppen aus den Stegen - ein aufgerolltes Seil, eine vergessene Hummerfalle, achtlos weggeworfenes Tauwerk.

Hafenleben.

An der überlebensgroßen Statue von Samuel Cunard, der 1787 in Halifax geboren wurde, bleiben wir stehen.

Der Gründer der berühmten Cunard Line war nicht nur Inhaber der mächtigsten Segelschiffflotte in den Seeprovinzen, sondern auch ein Pionier der Dampfschifffahrt.

Am 4. Juli 1840 legte sein Dreimaster, die RMS Britannia, in Liverpool ab. Das Ziel: Halifax. An Bord: Herr Cunard – der

Steam Lion selbst - und jede Menge Post. RMS steht für Royal Mail Ship.

Samuel Cunard schrieb mit jener Fahrt Geschichte. Der Schaufelraddampfer legte die Jungfernfahrt in sagenhaften 12 Tagen und zehn Stunden zurück. Und es war der historische Auftakt eines transatlantischen Postdienstes zwischen Großbritannien und Nordamerika.

Einige Passanten rubbeln hoffnungsvoll am bereits blankpolierten Stiefel des Unternehmers – wer weiß, es könnte ja Glück bringen …

Wie die meisten Bewohner Kanadas hatte natürlich auch Samuel Cunard europäische Vorfahren. Aber, so liest man auf dem Sockel des Denkmals, für die Menschen der Stadt ist er ein waschechter Haligonian.

Mit diesem schönen, klangvollen Wort auf den Lippen gehen wir weiter. Bis uns plötzlich, einer Fata Morgana gleich, zwei gescheckte Kühe aus lang bewimperten, sanften Augen ansehen. Das blasse Meer bildet einen ganz ungewöhnlichen Rahmen für ein Gemälde von Maud Lewis, deren mit wenigen kräftigen Strichen gemalte Tiere friedlich vor uns auf dem Holzsteg grasen.

Maud liebte die Wiesen, die Wälder, das Meer. Und Tiere. Sie liebte ihr Land. Sie gehörte zu Nova Scotia und Nova Scotia war ein Teil ihrer Seele.

In ihrem Häuschen bei Digby verzierte sie Wände, Türen, Brotkästen - alles was sich irgendwie mit Farben bemalen ließ. Mit Schmetterlingen, Vögeln und Blumen und zauberte sie Sonne und Frohsinn in ihren grauen Alltag.

Wie heißte es doch so schön? »Kauft Kunst von den lebenden Künstlern – die toten brauchen das Geld nicht.« Maud starb arm.

Ich bin schon sehr gespannt, was wir in ihrem geliebten Land alles sehen und erleben werden.

Unzählige Geschichten aus dem echten Leben, hier an der Waterfront. Alle paar Schritte. Kein Wunder, dass wir kaum weiterkommen!

Die dünnen Wolkenschleier haben jetzt einem tiefblauen Augusthimmel Platz gemacht, der sich schillernd im Wasser der Bucht spiegelt.

Wir gehen an den vielen prächtigen vor Anker liegenden Schiffen vorbei zurück zur Touristeninfo, wo wir heute früh einige Restaurants gesehen haben. Ein kleines Mittagessen wäre jetzt sehr willkommen.

Eine lange schwankende Pontonbrücke führt uns an einer Großbaustelle vorbei direkt zum Steg von »Murphy's Restaurant«.

Im Vorbeigehen werfen wir einen Blick auf das ehrgeizige Bauvorhaben mit dem majestätischen Namen »Queen´s Marque«. Es wird das Aussehen des Hafens wohl bald tiefgreifend verändern.

Immerhin, trotz supermoderner Pläne will man an der Tradition festhalten und der Region die Treue halten - so jedenfalls steht es auf einer Infotafel. Alle Baustoffe, beispielsweise der Sandstein aus den Steinbrüchen von Wallace, sollen ausschließlich aus Nova Scotia stammen.

Mit einem Blick auf die riesigen Schuttberge und auf das gähnende Loch, das es zu füllen gilt, wünsche ich den Haligonians von ganzem Herzen, dass das alles stimmt. Und dass das Ergebnis auch wirklich alle glücklich macht - nicht nur die Investoren.

Aber das ist es doch, was sich die Menschen überall auf der Welt wünschen: den Weg in die Zukunft, in die Moderne. Nach vorne. Immer weiter nach vorne. Und dann, wenn wir vorne angekommen sind, halten wir kurz an. Und blicken sehnsüchtig zurück. In die gute alte Zeit. Wo alles noch einfach war, und ein wenig menschlicher.

Ja, vielleicht haben wir großes Glück, dieses Jahr noch über die schaukelnden Holzplanken der »Floating Bridge« gehen zu dürfen, bevor der neue, imposante Gebäudekomplex die Sicht auf die geschichtsträchtigen alten Häuser für immer versperrt.

Direkt vor dem Eingang des Restaurants endet die Brücke. Muschelverkrustete Holzpfähle stützen den Cable Wharf genannten Anlegesteg. Unter unseren Füssen, zwischen den nassen Pfosten, kann man tiefe, dunkle Hohlräume erahnen. Geheimnisvoll glucksende, abgründige Verliese - eine verborgene Schattenwelt.

Ein Blick durch die hohen Sprossenfenster hingegen zeigt uns, dass das Restaurant mit seiner hellen, typisch maritimen Einrichtung genau das Richtige für uns ist.

Auf der wintergartenähnlichen Terrasse stehen türkis, gelb und dunkelblau gestrichenen Tische aus alten, grob zusammengenagelten Holzbrettern. Alles ist sehr einfach, und doch gemütlich und einladend.

Jedem Tisch wird ein bestimmter Kellner zugeteilt. Der junge Mann der sich uns strahlend vorstellt, erklärt gleich, dass heute sein erster Arbeitstag ist. Wir sollen also bitte nicht allzu streng mit ihm sein. Da können wir ihn beruhigen, denn es ist ja auch unser erster Tag hier. Also - Premiere für beide Seiten. In Anbetracht unseres kürzlich erweiterten Wortschatzes frage ich neugierig, ob er ein »Haligonian« ist.

Der junge Mann stutzt kurz, bis er begreift, was ich damit meine.

»O nein«, winkt er lachend ab, »ich komme aus Australien. Und wenn die Saison vorbei ist, geht es zurück nach Hause.«

Hier kommen offensichtlich immer noch Menschen aus aller Welt zusammen.

Während wir voller Vorfreude mit unserem ersten kanadischen Bier auf den Beginn der Reise anstoßen, lugt

Theodore Toos verschmitztes Gesicht zum Greifen nah durch die Scheiben. Der kleine Schlepper hat seine Hafenrundfahrt beendet und legt gleich hinter unserem Restaurant am Steg an.

Nach dem Essen bummeln wir noch bis zu den historischen Häusern weiter hinten am Hafen und bewundern die viktorianischen Fassaden aus dem 18. und 19. Jahrhundert, die sich in der gleißenden Sonne von ihrer schönsten Seite zeigen.

Die Zeitverschiebung macht sich langsam bemerkbar, doch Hitze und Müdigkeit zum Trotz wollen wir uns noch den Hügel hinauf bis zur Zitadelle zu kämpfen. Von dort aus ist unser Hotel nicht mehr weit.

Völlig aus der Puste erreichen wir wenig später die Festung, die sternförmig auf der Spitze eines Hügels sitzt, der die ganze Stadt dominiert.

Vor dem Eingang paradieren gerade Soldaten in der traditionellen Uniform des 78ten Highlander-Regiments: rote Jacke mit goldenen Knöpfen, Kilt mit blau-grünem Tartan, Kniestrümpfe mit rot-weißem Rautenmuster – und all das aus Wolle. Dicke, warme Wolle.

Der befehlshabende Offizier hält noch eine kurze Rede, bevor uns Einlass gewährt wird, und eines wird uns dabei sofort klar: Das kanadische Englisch wird noch eine echte Herausforderung.

Auch im Innenhof steht ein kleines Regiment. Die jungen Männer tun uns ehrlich leid, denn die Sonne brennt absolut erbarmungslos herunter. Sie aber stehen völlig regungslos in ihrer malerischen Tracht da und sehen aus, als könne ihnen die Hitze nichts anhaben. Respekt.

Wir erfahren, dass die erste Zitadelle bereits 1749, bei der Gründung von Halifax, erbaut wurde. Die jetzige Anlage wurde erst 1856 fertiggestellt.

Dann trennen wir uns von unserer Besuchergruppe und steigen in dem weitläufigen Innenhof einige Stufen zur Festungsmauer hinauf. Hier sind noch schwere gusseiserne Kanonen platziert, beweglich, auf bogenförmigen Schienen die einen raschen Richtungswechsel ermöglichen. Ja, Menschen sind unglaublich einfallsreich, wenn es um Krieg geht.

Von hier oben hat man einen fantastischen Blick auf die Stadt und den Hafen. Wobei die Sicht auf den Hafen an vielen Stellen schon verdeckt wird. Glasfassaden türmen sich hinter hübschen roten Ziegelbauten auf, Bürotürme und Einkaufszentren zwängen sich zwischen kleinere Häuser. Das rasche Wachstum, die architektonische Neuorientierung – von hier aus kann man sie noch deutlicher erkennen als von unten an der Waterfront.

Es ist spät geworden und der Jetlag hat uns langsam im Griff. Wir treten den Weg zurück ins Hotel an.

Morgen Mittag wird man uns dort abholen und nach Bedford bringen, wo unser mobiles Zuhause für die nächsten sechs Wochen schon ungeduldig auf uns wartet.

Morgen Mittag beginnt unser neues Abenteuer.

Lunenburg

Die Formalitäten bei der Autovermietung sind schnell über die Bühne gebracht. Wir haben ja im vergangenen Jahr viel Erfahrung gesammelt und kennen uns mit dem Wohnmobil schon bestens aus. Der einzige Unterschied ist, dass wir dieses Jahr ein Modell mit Slide-out-Funktion gemietet haben, damit man innen etwas mehr Platz hat. Der Durchgang zwischen Küchenzeile und Esstisch war letztes Jahr ziemlich schmal und unpraktisch. Jetzt kann man die komplette Sitzecke, bei geparktem Fahrzeug, ein Stück herausfahren und gewinnt eine Menge Raum.

Da wir unsere Reise in der Hochsaison beginnen, haben wir die ersten Übernachtungen nicht dem Zufall überlassen, sondern einige Etappen im Voraus gebucht. Als Erstes werden wir einen weiten Bogen durch den Süden ziehen, und ab dem vierten September steht uns dann jede Route offen. Am 7. September fängt die Schule wieder an, da wird es schlagartig ruhig auf den Campingplätzen. Sofern sie noch aufhaben.

Ich lege alle Reservierungen chronologisch geordnet ins Handschuhfach. In Kürze werden all diese abstrakten Buchungen Konturen annehmen und sich mit Farben, Leben und Licht füllen.

Das Abenteuer kann beginnen.

Heute fahren wir nur eine kurze Strecke über den Fishermen's Memorial Highway zum Martin's River.

Der »RayPort-Campground« liegt direkt am Fluss, ganz nah an der zerklüfteten Küste mit den vielen Buchten und Fjorden, auf die wir schon so gespannt sind.

Das mitgebuchte Navi haben wir dieses Mal gleich installiert, und unsere straßenkundige Dame verfährt sich auch nur ein einziges Mal kurz vor dem Ziel. Wir landen versehentlich an dem kleinen, sehr niedlichen Oakland Lake, finden dann aber rasch den Weg zum Campingplatz.

Als ich das Büro betrete, schaut die Belegschaft ziemlich verwahrlost aus der nicht ganz bügelfrischen Wäsche. Die Leute sind aber recht freundlich und die frühe Buchung erweist sich als gute Entscheidung. Wir bekommen dank der Voranmeldung den einzigen noch freien Platz zugewiesen, und zu unserer großen Freude ist es sogar ein Platz direkt am Wasser.

Vorsichtig lenkt Georg den Wagen den schmalen Weg entlang. Wir biegen um einen riesigen Allegro Bus, ein Wohnmobil der 3XL-Klasse, in dessen Schatten ein älteres Ehepaar an einem Gartentisch einen frühen Drink zu sich nimmt. Dann parken wir auf dem weichen, von Kiefernadeln übersäten Boden unter einem der ausladenden Bäume.

Direkt vor unseren Füßen funkelt der Martin's River in der strahlenden Nachmittagssonne. Eine Entenfamilie watschelt unerschrocken neben uns ans Ufer. Schöner könnte der erste Campground kaum sein.

Gemeinsam mit vielen anderen Menschen auf einem Campingplatz zu sein ist für uns eine völlig neue Erfahrung. Letztes Jahr waren wir ja im Oktober unterwegs und meist unter den wenigen Gästen – wenn nicht gar die letzten - der auslaufenden Saison.

Dass das sehr nett sein kann, zeigt uns gleich ein Nachbar, der strahlend rüberkommt und uns herzlich willkommen heißt.

Händeschüttelnd stellt Dwain uns mit einer Handbewegung seine Frau Deborah vor, die gerade den Tisch deckt.

Dann ist er auch schon wieder weg. Nichts Aufdringliches, nichts Verbindliches steckte in dieser kurzen Begrüßung. Wir fühlen uns sofort pudelwohl.

Als wir uns die Beine vertreten und den Platz ein wenig erkunden, ruft es von vielen Stühlen, von Bänken und von Lagerfeuern her »hi, guys«, »what a wonderful evening!«, »how's doing?«

Man lächelt uns nach, man nickt, man winkt kurz.

Hier sind sie, all die Menschen, die Familien, die Camper, die wir letztes Jahr, auf unserer Reise durch den Indian Summer, im Oktober vermisst haben.

Kinder spielen am Flussufer, Hunde liegen wedelnd im Gras, einige Männer hacken Holz. Es wird gekocht, es wird gegessen, es wird geratscht. Der ganze Platz ist voller Leben und doch ist es erstaunlich leise: Man hört kein Gekreische, keine laute Musik, kein Gebell. Keine kleine Hölle – nur freundliche Gesichter. Ein leichter Duft von brennendem Holz hängt in der Luft. Ein Traum.

As wir gerade unsere Runde beenden, winkt Dwain uns zu sich und zeigt uns sein altmodisches Wohnmobil.

Der »Bounder« wirkt sehr lang und schmal und entpuppt sich als wahres Raumwunder. Außen stehen wir noch auf dem zweckmäßigen Trittbrett eines Fahrzeuges, innen stehen wir plötzlich in einem Wohnzimmer mit richtigen Vorhängen, Teppichen, Stehlampe, Tisch und Sesseln - heimelig und urgemütlich. Debbie sitzt am Fenster und liest. Ganz hinten sehen wir durch die Tür ein abgetrenntes Schlafzimmer und ein Badezimmer.

Wir sind so überrascht, dass Dwain lachen muss.

Da kann unser recht serienmäßig ausgestattetes, fahrbares Hotelzimmer nicht mithalten. Dwains Wohnbus ist ein richtiges Zuhause. Amazing.

So sehen die beiden das auch. »Es ist als zögen wir mit unserem Haus durchs Land«, lächelt Dwain mit einem zufriedenen Blick auf den hübschen Raum. »Wir sind vor vier Wochen von Edmonton, Alberta, losgefahren und wollen drei Monate lang durch Kanada fahren um einen Teil unseres großen Landes kennenzulernen. Drei Monate werden natürlich nicht reichen«, fügt er bedauernd hinzu, »aber es ist immerhin ein Anfang.«

Ja, die sechs Wochen, die wir beide vor uns haben, erscheinen mir plötzlich erschreckend kurz.

»Das macht richtig Spaß«, stimmt ihm Debbie zu und klappt ihr Buch zu. »Wir haben schon eine Menge gesehen, und bis jetzt war nur die Gegend um Montreal ziemlich schrecklich.« Sie benutzt das Wort *terrible*.

»Wartet nur, bis ihr auf dem Rückweg durch Greater Toronto kommt«, winke ich ab. Da mussten wir uns ja letztes Jahr mühsam durchkämpfen. »Mit etwas Pech geratet ihr sogar auf den Highway 401 durch Pickering ... Es ist die Hölle!«

Dagegen ist *terrible* harmlos. Die wilde Meute auf der fünfzehnspurigen Schnellstraße in Torontos Vorort noch lebhaft vor Augen, kehren wir zu unserem »Adventurer« zurück.

Warm scheint die Abendsonne durch das dichte Laub. Einige Enten schaukeln sanft auf der golden glitzernden Strömung des Martin's Rivers. Was für ein Paradies.

In der Walmart in Bedford haben wir vor der Abfahrt noch Lebensmittel eingekauft und jetzt decken wir den einfach gezimmerten Holztisch.

Brot, Käse und Orangensaft sind ein herrliches Abendessen unter den nach Harz duftenden Kiefern.

Am frühen Morgen breiten wir draußen auf dem Tisch die Landkarte aus.

Mit dem Finger fahren wir die wenigen Orte ab, an denen wir ganz sicher halten werden, da wir die Plätze bereits reserviert haben.

Unser nächstes Ziel ist Lunenburg.

Dwain und Debbie kommen mit einem Kaffeebecher in der Hand zu uns herüber und fragen, ob sie uns ein paar Tipps geben sollen. Im Gespräch mit anderen Campern könne man prima Erfahrungen und Geheimtipps austauschen.

Die beiden sind über Cape Breton hierhergefahren, also verglichen mit unserer Planung genau die umgekehrte Route. Es ist ein netter Zufall, dass wir uns genau hier begegnet sind.

Dwain zeichnet mit seinem Kugelschreiber auf unserer Karte einen kleinen Pfeil zwischen Cape North und Neils Harbour.

»Dort muss irgendwo die Keltic Lodge sein«, meint er. »Wenn ihr irische Musik mögt, dann bleibt einen Abend dort. Die Lodge ist außergewöhnlich schön.«

Und ein zweiter Pfeil ziert jetzt den Ingonish Beach, wo ein richtig gutes Seafood Restaurant, das Seagull, sein soll.

»Ihr könnt es nicht verfehlen, es liegt direkt an der Küstenstraße. Ein absoluter Insidertipp ...«

»In Cape Breton war es überall schön«, schwärmt Debbie, »aber der Skyline Trail hat mich am meisten beeindruckt. Den müsst ihr euch unbedingt ansehen!«

Da wir noch gar nichts kennen, notieren wir auch das ganz brav.

Debbie erzählt uns noch einige Geschichten aus ihrer Heimatprovinz Alberta. Und von Yukon, wo ihre Mutter lebt und wo es monatelang taghell bleibt um dann im Winter einer endlos langen Nacht Platz zu machen.

»Ich kann im Sommer mit meiner Mutter stundenlang ratschen, und es wird nie dunkel«, lacht sie.

»Alberta hingegen ist ein Paradies für Arbeitsuchende«, wirft Dwain, der eher sachlich veranlagt ist, ein. »Wer anpacken kann und arbeiten will, der ist bei uns an der richtigen Adresse«, erklärt er stolz.

Ich hatte diese Provinz bisher noch nie auf dem Plan, zumal wir ja nur Ontario, Québec und New Brunswick bereist haben. Aber nun klingelt es doch: Von den immensen Ölsandvorkommen am Athabasca River habe ich natürlich schon gehört.

»Unser Land ist so unermesslich groß, wir werden noch viele, viele Reisen machen müssen, um es auch nur annähernd kennenzulernen«, meint Deborah seufzend und sammelt ihre Kaffeebecher ein.

Ich kann ihr nur zustimmen. Kanada ist faszinierend. Deshalb sind wir ja bereits zum zweiten Mal hier und freuen uns jetzt riesig auf alles, was da kommen mag.

Es ist schon fast Mittag, als wir unsere Sachen endlich zusammenräumen. Wir winken unseren neu gewonnenen Freunden aus Edmonton zum Abschied noch zu, dann brechen wir in die nur zwanzig Kilometer entfernte Stadt Lunenburg auf.

Als wir Mahone Bay erreichen, lacht uns das fröhliche Städtchen mit den bunt bemalten Häusern und dem gemütlichen Hafen gleich so an, dass ich am liebsten schon jetzt den ersten Stopp einlegen würde.

»Weit sind wir ja noch nicht gekommen …«, meint Georg kopfschüttelnd.

Aber der Ort liegt so herrlich an der gleichnamigen Bucht, das Meer leuchtet so blau, die Sonne hüllt alles in ihr warmes Licht und – wir haben Zeit.

Gleich drei Kirchen heißen uns wie ein kleines Empfangskomitee auf der Edgewater Street willkommen. Bei der zierlichen lutherischen St.-John's-Kirche parken wir direkt an der Ufermauer und gehen zu Fuß weiter.

Auf der Main Street kommt man sich vor wie in einer liebevoll aufgebauten Spielzeugstadt. Die altmodischen Häuser mit den weißen Sprossenfenstern sind in lebhaften Pastelltönen bemalt und viele der kleinen Balkone, Türen und Holzveranden wurden aufwendig gestaltet und verziert.

Natürlich laufen Scharen von Menschen durch die hübschen sonnendurchfluteten Straßen. Überall laden Souvenirläden und Restaurants zum Eintreten ein.

Wir gehen am »Oh my God!« - Restaurant vorbei. Als ich erstaunt stehen bleibe, da es ganz ungewöhnlich ist den Begriff Gott im Namen eines Restaurants zu finden, erkenne ich auch gleich, dass ich mich verlesen habe. Es ist nur ein Wortspiel. Ich korrigiere also: »Oh my Cod!«

Ein Kabeljau oder ein Dorsch. Das passt schon eher für ein Seafood-Restaurant.

Überall blitzt das Meer zwischen den Häusern auf. Vor der ganz in rosa und weiß gestrichenen Old Mader's Wharf bleiben wir stehen. Eine schmale Innentreppe führt hinauf zum Mug&Anchor Pub. Eine gute Gelegenheit, eines der alten Häuser von innen zu besichtigen.

Kurz darauf sitzen wir in einer gemütlichen Räuberhöhle. Die nette Kellnerin stellt uns ein Propeller Pils auf den dunklen, blank polierten Holztisch und ich bewundere Hunderte von Bierdeckeln auf den dicken Holzbalken über unseren Köpfen. Mit ihren farbigen Bildern, den Wappen und Sprüchen erzählen sie uns vom Dorfleben, von verklungenem Stammtischgelächter, von wilden Tieren, von Kanadas langen Wintern und von der rauen, wilden See. Uncle Leo, Alexander Keith, die Brüder McKinnon und Charles Maclean prosten uns aufmunternd von da oben zu. Allein in Nova Scotia gibt es an die fünfzehn kleine Brauereien. An der Propeller Brewery sind wir auf dem Weg von Halifax nach Bedford vorbeigefahren und fühlen uns diesem Bier dadurch gewissermaßen persönlich verbunden. Man kennt sich eben schon – Cheers!

In dem kunterbunt vollgestopften Schankraum wird man stark daran erinnert, dass Mahone Bay in alten Zeiten ein beliebter Unterschlupf für Piraten war. Die schmale, tiefe Bucht war dafür bestens geeignet, und der Name der Stadt kam wohl von ihren tiefgelegten, schnellen Booten, auf denen sie die Beute verstauen und unbemerkt in Sicherheit bringen konnten.

Mitte des 18. Jahrhunderts wurden erstmals Siedler aus Deutschland und der Schweiz hierhergebracht. Tatsächlich kann man bis heute an den Namensschildern auf Türen und Briefkästen ganz deutlich die deutschen Wurzeln erkennen.

Anfangs bestellten die Siedler nur das Land, aber mit der Zeit erkannten sie wohl, dass sich die Gegend für ein Leben an und mit dem Meer viel besser eignete. Und da sie auch noch handwerklich sehr geschickt waren, wurde der Ort schon bald für den Schiffsbau und eine recht ansehnliche Fischereiflotte bekannt.

Noch heute werden die Gründerfamilien von 1754 mit ihren Namen auf einer großen Tafel geehrt. Es ist interessant zu sehen, wie sich die deutschen Namen in der neuen Heimat ins Englische verwandelt haben: Aus Becker wurde Baker, aus Thiel wurde Deal und Weinacht verwandelte sich in Whynot.

Auch Lunenburg hört sich deutsch an. Und nach dem Essen starten wir endlich zu unserem eigentlichen Tagesziel.

Überall wird man hier sehr nett gefragt, wie es einem geht. Zum Beispiel mit einem lockeren »How are you doing today?«

Auch der frostige, direkt schroff wirkende junge Mann am Tresen unseres »Board of Trade« - Campgrounds macht da keine Ausnahme und erkundigt sich routiniert nach dem werten Befinden. Wahrheitsgemäß antworte ich: »very good, and you?«

»Not so bad«, brummelt mein Gegenüber in das Formular, das er mir zusammen mit einem Kugelschreiber hinschiebt. Na, das ist ja ein Sonnenschein.

»Excellent would be better - ausgezeichnet würde wesentlich besser klingen«, stelle ich tadelnd fest, während ich die Unterlagen für die Platzmiete unterzeichne. Da muss sogar der Unsympath lächeln.

Die Anlage steht auf einer Anhöhe über dem Meer. Mit unserer Internetbuchung haben wir Glück gehabt. Nicht nur, dass der Campground völlig ausgebucht ist, wir haben es auch geschafft, einen der wenigen Plätze mit Blick auf die zu Bucht ergattern.

Die Nr. 39 bietet über grüne Büsche hinweg einen wunderbaren Ausblick auf das funkelnde Meer und eine vorgelagerte, dicht bewaldete Halbinsel.

Ein Wegweiser zeigt zum Black Harbour und natürlich geht meine Fantasie gleich mit mir durch. Da wir gerade aus einem ehemaligen Piratenrefugium kommen, erwarte ich unten eine schwarze, dustere Bucht, einen alten, heruntergekommenen Hafen mit geheimnisvollen Grotten - ein verlassenes Schmugglerdorf.

Die Wirklichkeit holt mich umgehend ein, denn ich habe mich schon wieder einmal verlesen: Richtig heißt es Back Harbour. Das bedeutet schlicht und ergreifend, dass wir auf das verschlungene Gewirr von Meeresarmen auf der Rückseite der Stadt blicken.

Auch gut. Dann gehen wir uns jetzt eben die Vorderseite von Lunenburg ansehen.

Bunte Sommergärten zieren die hübschen Stadtvillen auf dem Weg zum Hafen. Die kugeligen Blütendolden blauer und pinkfarbener Bauernhortensien leuchten fröhlich durch das dichte Grün und erinnern uns an den Süden Englands.

Am Ende der Straße steht ein besonders schönes altes Haus.

Die dunkelbraunen, von Wind und Regen ausgewaschenen Schindeln heben sich in elegantem Kontrast von den weinrot gestrichenen Sprossenfenstern und Stirnbrettern ab. Zwei dunkelrote Holzbänke laden neben der Eingangstür zum Verweilen ein. Früher hallte hier das Schlagen des Hammers auf den Amboss bis hinaus an die Waterfront. IRONWORKS steht noch heute in großen Lettern über der Tür.

Der Schmied Thomas Walters erbaute das Haus 1893 und fertigte schon bald nicht nur Hufeisen an, sondern auch alle Eisenelemente, die beim Schiffsbau benötigt wurden. Mit der Zeit gehörten unzählige Großsegler zu seinen Kunden und die erfolgreiche Schmiede wurde generationenübergreifend weitergeführt. Bis man plötzlich - ganz unerwartet - eine Generation von Mädchen vor sich hatte. Nur Frauen. Ja, kaum zu glauben, aber das passiert auch in einer Schmiedefamilie. Und nun? Was tun? In einem so harten und anstrengenden Metier war das eine berechtigte Frage. Und angesichts so viel zarter Weiblichkeit wurde die Schmiede letztendlich verkauft.

Gregg Ernst hieß der neue Eigentümer aus Lunenburg. Und kräftig genug war er. In den 90ern wurde er gleich zweimal hintereinander zum stärksten Mann Kanadas gekürt, was ihn dazu bewog auch mal nach Island zu reisen, wo man gerade nach dem stärksten Mann der Welt suchte.

Und da standen sie nun, all die kräftigen Kerle, und sahen sich neugierig den Húsafell-Stein an, einen 186 Kg schweren Brocken, den schon die alten Isländer gerne ein wenig herumgeschleppt hatten, um ihre Kraft unter Beweis zu stellen. Die besten unter ihnen hatten das klobige Ding bis dahin immerhin schon ganze 50 Meter weit getragen.

»Nicht schlecht«, meinte Gregg Ernst wohl, als er einen Blick auf den Stein warf. Und wo er schon mal da war, krempelte er sich die Ärmel hoch, spuckte zweimal in die

Hände, lupfte ihn hoch und schleppte ihn stolze 70 Meter weit. Geht doch!

Da staunten sogar die hartgesottenen Isländer: Ein Kanadier aus den Seeprovinzen holte den Weltrekord nach Lunenburg!

Kaum zu glauben, was einem vor diesem romantischen Holzhaus alles durch den Kopf geht. Der Handwerksbetrieb wurde inzwischen längst eingestellt und, wenn man genau hinsieht, kann man jetzt unter IRONWORKS auch noch das Wort Distillery auf dem Schild lesen. Ja, Thomas Walters alte Schmiede wurde 2009 generationensicher in eine Schnapsbrennerei umgewandelt.

Fraglos hat jedes dieser schönen alten Häuser eine Menge zu erzählen, aber eigentlich wollten wir ja nur runter zum Hafen gehen ...

Wir passieren einige verwitterte Bootshütten, und dann öffnet sich vor uns eine Hafenanlage wie aus einem Bilderbuch.

Wie in Halifax ist der Boden überall mit grob gezimmerten, naturbelassenen Brettern belegt. Und schon am ersten der breiten Anlegestege zieht die »Bluenose II«, Nova Scotias segelnder Botschafter unsere Blicke auf sich. Wir haben Glück: Vom 18. August bis 2. September liegt die »Bluenose II« in Lunenburg vor Anker.

Als wir im gegenüberliegenden Company Store voller Begeisterung eine Rundfahrt buchen wollen, erfahren wir, dass bis zum 2. September leider schon alles ausgebucht ist. Aber solange das Schiff im Hafen liegt, dürfen wir gerne an Bord gehen und uns alles in Ruhe ansehen. For free.

Das ist sehr großzügig, denn die »Bluenose II« nimmt – im Gegensatz zu dem nicht mehr existierenden Original - nicht an Regatten teil. Und da die Preisgelder fehlen, finanziert man den Unterhalt mit dem Erlös aus den Rundfahrten und durch freiwillige Spenden. Und natürlich durch vielerlei Souvenirs. In Büchern und Fotobänden kann man hier alles, was man über die beiden Schiffe wissen möchte, finden.

Wir sehen uns einige der Dokumente, Artikel und alten Fotografien im Laden genauer an.

Ja, wie der Zusatz »2« schon andeutet, gab es eine erste Originalversion dieses Schiffes: Am 26. März 1921 lief der Gaffelschoner mit dem 386 m2 großen Großsegel, dem größten der damaligen Zeit, vom Stapel. Smith & Ruhland aus Lunenburg waren die Schiffbauer und mit der »Bluenose« hatten sie ein Fischereischiff geschaffen, das in den 30er Jahren der ganze Stolz Kanadas werden sollte.

Gebaut aus neuschottischer Kiefer, Fichte, Birke und Eiche, wurde sie schon bald zärtlich Queen oft the North Atlantic genannt. Zum silbernen Jubiläum von King George V und Queen Mary im Jahr 1935 war die »Bluenose« unter den königlichen Gästen.

Käpt'n Angus Walters und seine Crew gingen nicht nur vor Neufundland auf Kabeljaufang – hier begegnet er uns schon wieder, der Cod – sie nahmen mit dem wendigen und schnellen Segelschiff auch am »International Fishermen's Cup« teil: Kein Schicki-Micki-Event, nein, ein Wettstreit zwischen Arbeitsschiffen, von hartgesottenen Seemännern gesteuert, der zwischen Halifax und Gloucester ausgetragen wurde.

Wenige Monate nach ihrer Jungfernfahrt, im Oktober 1921, brachte die »Bluenose« schon ihren ersten Pokal nach Hause. Es war der Anfang eines viele Jahre anhaltenden Siegeszuges - eine Legende war geboren.

Als hetzten Tausend Höllenhunde hinter ihr her, so erzählt man, habe die »Bluenose« einst die sturmgepeitschte See gepflügt - die Leeseite so schräg im Wind, dass fast das ganze Hauptdeck von den aufschäumenden Wellen überflutet wurde.

Ich sehe den schnittigen Schoner direkt vor mir, den hohen, schmalen Bug der den funkelnden Ozean durchschneidet, während weiße Gischt meterhoch über den schwarzen Rumpf spritzt … Ein Schiff mit einer Seele, temperamentvoll und leidenschaftlich, an das man sein Herz verlieren konnte.

Man kann es kaum glauben, aber das heißgeliebte und stolze Schiff musste verkauft werden, weil sich plötzlich gesichtslose, motorisierte Trawler überall breitmachten. Gierige mechanische Monster, unersättliche Fabrikschiffe fingen an, mit ihren Schleppnetzen die Meere zu durchkämmen und unsere Ozeane auszubluten als gäbe es kein Morgen. Und innerhalb kurzer Zeit dominierten sie die Fischerei. Die einfachen Fischer hatten keine Chance mehr, ihr Fang konnte sie nicht mehr ernähren.

Traurig für das schöne Segelschiff, traurig für unsere Weltmeere, sehr traurig für die Fischer und - nicht zuletzt – traurig für uns alle.

So ging die Bluenose also 1942 an die West Indies Trading Company.

Wie ein Zugpferd, das sich sein Gnadenbrot verdienen muss, durfte sie noch als Frachter dienen. Am 28. Januar 1946 lief der ehemals so ruhmreiche Segler – man muss sich das vorstellen, er hatte Bananen geladen - nahe der Ile-à-Vache bei Haiti auf ein Korallenriff und zerbarst.

Ein solches Ende – fern von der Heimat - hatte die Queen oft the North Atlantic wahrlich nicht verdient. Und der einzige, schwache Trost bei ihrem Untergang ist, dass jene Insel, mit ihren gefährlichen Untiefen und Riffen, dem legendären Piraten Henry Morgan lange Zeit als Unterschlupf gedient hatte. Ja, Geschichten über verwegene Piraten und gekaperte Schiffe hätten der Bluenose, die einst mit geblähten Segeln vor den wilden Küsten Neuschottlands und Neufundlands kreuzte, bestimmt gefallen …

Toten Menschen setzt man gerne ein Denkmal. Was soll ich sagen – auch ein Schiff ist nur ein Mensch.

Für die einst so verehrte Bluenose baute man eine Replik, und 17 Jahre nach ihrem gewaltsamen Ende lief ihre Nachfolgerin vom Stapel.

Um die Tradition zu wahren, hatte man erneut die Lunenburger Werft Smith & Rhuland mit den Arbeiten betreut. Und irgendwie ist es schön, dass auch einige der alten Schiffsbauer von damals an der Konstruktion des neuen Seglers mitgewirkt haben. Und natürlich die Familie von Meister Thomas Walters, unserem Schmied aus der Kempt Street.

Am 24. Juli 1963 begleitete der inzwischen 82-jährige Käpt'n Angus James Walters höchstpersönlich die brandneue »Bluenose II« auf ihrer Jungfernfahrt.

Was wird er dabei empfunden haben? So viele Erinnerungen, viele glückliche Momente, aber auch Trauer und Verlust. Ein vor so langer Zeit abgeschlossenes Kapitel Leben - und doch für immer im Herzen.

Tief berührt und voller Emotionen gehen wir zurück zum Anlegesteg und betreten fast ehrfürchtig die Gangway.

Ein schönes Segelschiff, diese Replik, keine Frage. Ein bisschen zu geschniegelt vielleicht, ein wenig zu glatt auch, aber schön.

Ich streiche mit der Hand über das auf Hochglanz polierte, honigfarbene Holz der Rahen, über die borstigen Fasern der aufgerollten Trossen, über die blütenweiß lackierte Reling. Irgendwie fehlt mir hier das echte Leben: umgekippte Eimer, lose Taue, der Geruch von frischem Salzwasser, von Fisch und nassem Holz, und das heisere Lachen der Fischer nach einem guten Fang …

Und doch ist es ein schönes Gefühl, auf diesen Planken stehen zu dürfen.

Ich fische einen Dime aus meiner Jackentasche. Seit über 80 Jahren ziert die »Bluenose« schon die Rückseite der winzigen kanadischen 10-Cent-Münze. Dann stelle ich mich mit dem Rücken zur Reling und werfe das Geldstück, wie am Trevi Brunnen in Rom, mit der rechten Hand weit über die linke Schulter ins Wasser: Ein kleiner, liebevoller Gruß von uns an die alte Lady, die weit weg von hier auf dem Grund des Meeres ruht.

Ringsherum ist ein buntes Kommen und Gehen. Schiffe aus aller Herren Länder liegen am Kai, umgeben von einem Hauch von Abenteuer und Sehnsucht.

Am Nachbarsteg liegt ein beeindruckender Dreimaster, die Segel aufgerollt, die Crew an Bord. Zwei Männer turnen leichtfüßig in der Takelage. »Europa« steht auf der wunderschönen Barke in großen Lettern, und tatsächlich aalt sich unter dem Klüverbaum eine üppige, rothaarige Schönheit, die sehr viel nackte Haut zeigt. Mit der rechten Hand krallt sie sich im schneeweißen Fell eines göttlichen Stieres fest. Eine richtige Augenweide, dieses über hundert Jahre alte Schiff, aber was unsere Blicke fast noch mehr fesselt, ist ein großer Hund, der den zotteligen Kopf gerade durch eine offene Klappe steckt. Er würde seinem Herrchen liebend gerne in ein zu Wasser gelassenes Schlauchboot folgen. Traut er sich aber nicht. O weh, das wird eine schwere Partie.

Vergessen sind die Schiffe. Immer mehr Neugierige sammeln sich am Steg und verfolgen belustigt das Schauspiel. Der pelzige Oberkörper taucht in der Öffnung auf, dann dreht sich der Hund um, zieht den Schwanz ein und verschwindet wieder hinter dem Türchen. Kurz darauf taucht der Wuschelkopf mit der hechelnden Schnauze wieder auf, die Nase im Wind - und schon sieht man wieder nur das resignierte Hinterteil. Es ist ein unruhiges Hin und Her, man kann das Dilemma des Tieres förmlich spüren. Erst als sein

Besitzer unmissverständlich den Außenbordmotor anlässt, gibt sich der treue Gefährte geschlagen und – springt todesmutig mit einem Satz vom Schiff. Was von allen Zuschauern mit großem Gelächter, Ho-ho-Rufen und beifälligem Klatschen belohnt wird.

Die Menge zerstreut sich. Wir folgen der Hafenpromenade bis zu dem feuerrot gestrichenen Fisheries Museum oft the Atlantic, aber wir haben zu lange getrödelt: Das Museum schließt gerade. Wir bewundern das imposante Haus mit dem dunklen Schindeldach von außen. Ein wunderschönes, nostalgisches Gebäude. Dann kehren wir langsam, durch die kleinen Sträßchen mit den anmutigen viktorianischen Stadthäusern, zurück zum Campground.

Es wird ein recht kurzes Abendessen im Freien, denn es ist kühl geworden. Hier darf man ausnahmsweise kein Lagerfeuer machen. Das ist das erste Mal, seit wir Kanada bereisen, und liegt daran, dass unser Campingplatz sich innerhalb einer Stadt befindet, die zum UNESCO Weltkulturerbe gehört. Nur zwei Städte in Kanada wurden mit einer solchen Auszeichnung geehrt: die zweite ist die historische Altstadt von Québec, die wir letztes Jahr besucht haben.
Der gelbe Schein der Feuerstellen fehlt mir dann auch, als ich auf dem nachtschwarzen Kiesweg vorsichtig zu den Waschräumen gehe. Vor der Tür bleibe ich überrascht stehen: sie ist mit einem elektronischen Zahlenschloss gesichert. Der Angestellte im Büro war wirklich nicht sehr mitteilsam, dieses Detail zumindest hat er mir tunlichst verschwiegen.

Als ich ziemlich ratlos vor der verschlossenen Tür stehe, kommt eine Frau aus einem nahegelegenen Trailer herüber und flüstert mir verschwörerisch die wertvolle Kombination zu.

»Die Zahlen kennt nicht jeder«, fügt sie noch augenzwinkernd hinzu.

»Werden die nur von Mund zu Mund weitergegeben wie bei den indianischen Medizinmännern oder eher vom Vater auf den Sohn vererbt?«, flüstere ich in der Dunkelheit zurück.

»Yeaah, irgendwie scheint der Zahlencode ein gut gehütetes Geheimnis zu sein«, lacht die Camperin. »Wir stehen hier schon länger, und haben ihn auch nur unter dem Siegel der Verschwiegenheit von unseren Nachbarn erfahren.«

Zurück im Wohnmobil checken wir noch alle Wandermöglichkeiten im nahen Umkreis. Wir haben den Platz für zwei Tage gebucht und sind jetzt gespannt auf Lunenburgs Umgebung.

In dem kleinen Reiseführer, den wir in Bedford geschenkt bekommen haben, steht als nächster, lohnenswerter Ausflug nur die Bay of Fundy. Die den großen Nachteil hat, nicht gerade um die Ecke zu liegen. Das kann ja wohl nicht alles sein, an dieser interessanten Küste muss es doch auch nähere Wanderwege geben.

Wir suchen also die Landkarte in alle Richtungen ab und bleiben an einem kleinen schwarzen Stern vor der nächstgelegenen Halbinsel hängen. Vor der Markierung kämpft sich eine gebeugte menschliche Gestalt durchs Wasser, aber wegen des unverkennbaren Wanderstockes in der Hand gehe ich dann doch davon aus, dass sie auf dem Trockenen marschiert.

»The Ovens« heißt der Ort. Und da Sterne nie betrügen, werden wir uns morgen früh dorthin aufmachen. Folgen wir dem Stern.

Der bleierne Himmel hängt tief über der Stadt, als wir losfahren.

Wir umrunden Luneneburg und folgen der Straße nach Rose Bay. Kurz vor einer Brücke zweigt die Indian Path Road ab, die quer durch eine Halbinsel direkt zur nächsten Bucht führt.

Indian Path – Indianerpfad. Ja, Indianer haben hier natürlich auch gelebt. Vor langer Zeit. Genau genommen stand da, wo Lunenburg 1753 gegründet wurde, einst ein kleiner Ort mit dem Namen Mirligueche.

Acadier, die Nachkommen der ersten französischen Siedler in Nova Scotia, und alteingesessene Mi'kmac-Indianer lebten hier einige Jahrzehnte lang friedlich miteinander. Die Briten setzten der Idylle ein jähes Ende. 1749 – im Jahr der Gründung von Halifax - wurde das Dorf völlig zerstört, und es würde mich wundern, wenn man es nur auf die Behausungen abgesehen hätte.

Die dichten Wolken fördern wohl finstere Gedanken. Ich schüttle das traurige Bild rasch ab und lenke den Blick auf die friedliche Lower South Bay. Die noch kleinere Halbinsel, auf die wir jetzt fahren, hat die Umrisse eines Singvogels, der gerade zum Flug abhebt. Unser Ziel ist die Schnabelspitze.

Wir staunen nicht schlecht als uns am Ende der Straße ein Campingplatz erwartet.

The Ovens wirbt auf dem Eingangsschild mit spektakulären natürlichen Höhlen und mit seinem kulturellen und historischen Erbe. Das hört sich gut an, und auch wenn wir nicht vorhaben hier die Nacht zu verbringen, werden wir sehr herzlich empfangen. Man lädt uns mit einem Handzeichen ein, die Schranke zu passieren und mit dem Erwerb eines Tagestickets erhalten wir auch Zugang zu den geheimnisvollen Brandungshöhlen.

»Gold Nugget Canteen« steht über dem Fenster eines kleinen Restaurants neben dem urigen Büro. In einem Land, in dem man fast alles mit Kreditkarte zahlt, klingt der Zusatz »cash only« herzerfrischend unkompliziert.

Im Office können wir für unsere 10 Dollar dann auch noch einen Blick in das hauseigene Museum werfen, das uns mit dem alten Klavier und viel Hausrat aus vergangenen Tagen in die Zeit der Goldsucher zurückversetzt.

Kurz darauf stehen wir auf einer stoppeligen Wiese und schlagen den Kiesweg ein, der zum Sea Cave Trail führt.

Ein Schild, das in einen großen Stein vor dem Wanderpfad eingelassen wurde, legt ein erstaunliches Zeugnis über den kometenhaften Goldrausch in den Ovens ab. Tagesgenau erzählt es vom ersten Goldfund am 13. Juni 1861:

Im Sand entlang der Küste konnte man das begehrte Metall wohl regelrecht mit bloßen Händen auflesen. Flurstücke in Ufernähe wurden schon bald zu Wucherpreisen verkauft. Wer graben konnte, grub.

Dampfer wie die »Osprey« und die »Neptune«, Schoner wie die »Lion« und die »Alma« karrten in kürzester Zeit Arbeiter, Handwerker und Gerätschaften aller Art heran.

Unter den Neuankömmlingen treffen wir auch Familie Cunard – die Haligonians - wieder. Sie residierten ja nur einen Katzensprung von hier entfernt. William Cunard, Sohn von Sir Samuel, war einer der Ersten, der sich die Schürfrechte an dieser Küste sicherte. Die Cunard & Co. wurde gegründet. Aus gutem Grund wird der Strand zu unseren Füßen wohl heute noch Cunard's Beach genannt.

Ein Strand voller Gold.

Allein bis zum Jahresende wurde auf diesem Areal Gold im Wert von 120.000 Dollar gewonnen. Streitigkeiten und Schießereien folgten in jenem denkwürdigen Sommer 1861 der Habgier auf dem Fuß. In den darauffolgenden Monaten muss es zugegangen sein wie auf einem Schlachtfeld. Das Wort »Rausch« hat die Stimmung wohl knallhart auf den Kopf getroffen. Und wie es bei einem Rausch halt so ist: irgendwann geht er auch wieder vorbei. Dieser hier hielt sechs Jahre an.

Der »Ovens Natural Park« wurde der Öffentlichkeit erst 1935 zugängig gemacht.

Der Weg über die Steilküste - unser Weg - wurde damals gründlich von den Folgen des Goldschürfens gereinigt und durch ein Geländer abgesichert. Und da stehe ich jetzt, die Hände an diesem Geländer, und genieße den atemberaubenden Blick über die Bucht. Ockergelbe Algenkissen kleben wie ein zottiger Pelz an langgezogenen schwarzschimmernden Felsen und schmalen Riffen, während sich das eisgraue Wasser in der Ferne um halb verborgene, unheilvoll gezackte Klippen kräuselt.

Am Wegrand krallen abgezehrte Kiefern ihre Wurzeln in den harten, steinigen Waldboden. Sie trotzen Wind und Wetter schon seit Langem. Viele der mageren Bäume recken die abgefressenen grauen Äste wehmütig über den Steilhang.

Tucker's Tunnel, steht in sauberer Handschrift auf einem grünen Schild - Zutritt auf eigene Gefahr.

Die Treppe, die uns steil in die Tiefe führt, stammt aus den 60er Jahren. Ich finde es aufregend, dass man so unkompliziert nach unten gelangen kann. Wie steinerne Schwertklingen flankieren stahlgraue Gesteinsschichten den Abstieg. Fast senkrecht laufen die Fugen dicht an dicht aufgereihter, hauchdünner Felsplatten, als hätte ein Urzeitriese sie vorsichtig aneinander gelehnt.

Spitze Steinzähne ragen aus der Felswand neben einem kleinen Holztor, das in die Höhle führt. Im dunklen Inneren können wir durch eine schwarze, von den Gezeiten polierte

Felsröhre bis aufs Meer hinaussehen, während in den verborgenen Mäandern der Höhle das Wasser klatschend gurgelt und schmatzt.

Hoch oben läuft der Pfad über jäh abfallenden Wänden aus Sedimentgestein an der Küste weiter. Zwischen Schichten aus schwarzgrauem Ton, gelbem Kalk und Sandstein leuchten rotgoldene Kupferstreifen magisch auf. Feine weiße Quarzadern durchziehen die brüchigen Lamellen.

Tief unter uns klaffen unzählige dunkle Höhleneingänge in den verwitterten, steilen Felshängen. Sagenumwobene, unergründliche, unheimliche Schlundlöcher. An den Klippen schäumt das Wasser weiß auf.

Als Nächstes gelangen wir zur Indian Cave.

Ein mutiger Indianer, so will es die Legende, soll sich in die Tiefe eines der schwarzen Ofenrohre gewagt haben. Er soll dem klammen, unterirdischen Wasserweg so lange gefolgt sein, bis er in Annapolis, auf der anderen Seite Nova Scotias, herauskam.

Thunder Cave heißt die nächste Höhle.

Als wir hinuntersteigen, blicken wir in einen mit Zähnen gespickten, tropfenden Rachen, als würde ein Alligator sein steinernes Maul weit aufreißen. Kein Wunder, dass hier stetig ein dumpfes Donnergrollen zu hören ist.

Das Wasser vor der Cannon Cave schimmert tief unter uns in einem edelsteinartigen türkisblau. Hier endet der Wanderpfad.

Zurück am Eingang gehen wir noch ein Stück den Strand entlang. Der Campingplatz auf dem wir stehen wurde in den 60er Jahren angelegt. Ein zauberhaft friedlicher Ort. Und doch hängt an diesem nasskalten Tag eine beunruhigende

Aura von Abenteuer und Wagnis, von Sehnsucht und Unheil über den wellenumspülten schwarzgelben Felsrücken und dem blaugrauen Meer.

Heckenröschen leuchten in der nieselgrauen Luft. Möwen suchen im nassen Sand nach kleinen Krebsen und Muscheln. Alte Hummerfallen liegen am Wegrand.

Wir sind an der »Schnabelspitze« angelangt und blicken linker Hand auf den Atlantik und das tückische »Ovens Riff« und rechter Hand auf die Rose Bay.

Hier ist ein Stellplatz schöner als der andere. Großzügig angelegt, ohne Hooks, umgibt jeden Platz eine andere Stimmung. Manche sind dicht bewaldet und wildromantisch, andere weit und offen mit einem unvergleichlichen Blick auf den Ozean.

Junge Familien genießen noch die letzten Ferientage. Bunte Wäsche hängt auf einer Leine zwischen den Bäumen – Abenteuerurlaub pur. Kinder spielen lachend auf einer kleinen Lichtung Fangen. Es ist ein Bild für die Götter.

An der Frenchman's Cove - der Franzosenbucht - machen wir halt.

Das ehemalige Mi'kmac Indianerland, auf dem wir gerade stehen, musste nach dem Frieden von Utrecht im Jahr 1713 von der ursprünglichen Eroberungsmacht Frankreich an Großbritannien abgetreten werden. Natürlich nicht nur der Landstrich um The Ovens, nein, ganz Nova Scotia, Neufundland und Neubraunschweig gehörten auch noch dazu. Die Kriege in Europa schlugen immer große, schicksalsträchtige Wellen, deren Ausläufer bis weit über den Nordatlantik rollten.

Zurück im Wohnmobil kochen wir uns einen heißen Tee, denn draußen weht inzwischen ein kalter Wind.

Georg breitet die Landkarte aus, in der Hoffnung in dieser wunderschönen Gegend noch einen richtigen Uferwanderweg zu finden.

Vor einer sehr breiten Bucht nicht weit von hier prangt ein kleiner Sonnenschirm auf der Karte. Das bedeutet zumindest, dass der Küstenstreifen zugänglich ist.

Den Sonnenschirm werden wir wohl eher durch einen Regenschirm ersetzen müssen, aber wir starten voll freudiger Erwartung los.

Am Ende der Kingsburg Road erwartet uns, eingebettet zwischen zwei Weihern, ein großer, wohl wegen des schlechten Wetters ziemlich leerer Parkplatz. Von hier aus führt ein Holzbohlenweg hinunter zum Strand. Was ihn so außergewöhnlich macht, sind die unzähligen Namen, die fein säuberlich in Großbuchstaben in die grauen, ausgeblichenen Bretter eingraviert wurden. Unsere Füße streifen die Namen von Jake und Betty, von Ethan und Nancy, von den McLeans, den McLarens und – sehr süß - auch den von Brandy Dog.

Menschen haben wohl überall auf der Welt das tiefe Bedürfnis ihre Namen zu verewigen, sie in eine kollektive Erinnerung einzubetten. Auf Wänden, Baumstämmen, Parkbänken … überall.

Unsere Schulbänke auf dem Gymnasium in Rom waren früher aus dickem Holz. Generationen von Schülern haben sie über viele Jahrzehnte zu kleinen musealen Gebilden gemacht: Vornamen, Jahreszahlen, von bluttropfenden Liebespfeilen durchbohrte Herzen, mysteriöse Anfangsbuchstaben … wir alle waren beharrliche Graveure. Mit der Spitze unserer Kugelschreiber bohrten wir uns in wochenlanger Kleinstarbeit in das dunkle, geschundene Holz hinein, immer darauf bedacht nicht von den Lehrern erwischt zu werden.

Und natürlich versuchten wir, am Anfang eines jeden Schuljahres, in den kryptischen Zeichen anderer Schüler, die inzwischen in andere Klassenzimmer gewandert waren, Namen zu erkennen und geheime Liebesgeschichten aufzudecken. Wessen Bank war das, wer hat hier gesessen, wer kann das geschrieben haben? Glaubst du wirklich …?

Wildblumen und Gräser säumen den breiten Holzweg, dann öffnet sich vor uns ein herrlicher, über drei Kilometer langer Sandstrand, an dem sich die Wellen des endlos weiten Atlantischen Ozeans brechen. Wir laufen auf einem weichen Teppich aus feinen Sandkörnern und unzähligen, braunen Algenkissen. Der Ozean rollt ständig aufs Neue an, schäumend brechen sich die Wellen vor unseren Schuhspitzen.

Am Ende des Sandstreifens wurden rundgewaschene Steine in allen Größen und Farben zu einem langen Damm übereinander geschoben und aufgetürmt. Im Vorbeigehen sammle ich einige Steine auf, um ihre kunstvolle Maserung zu betrachten.

Klein und gefleckt wie Wachteleier, groß und glatt wie Straußeneier, von feinen Rillen und Kerben durchzogen liegen sie in meiner offenen Hand. Kleine Naturwunder.

Behutsam lege ich die Kiesel wieder auf den Boden. So schöne Steine kann man nicht einfach zurückwerfen. Sie verdienen Respekt – nicht nur wegen ihrer wilden Schönheit, auch wegen ihrer geologischen Geschichte und ihres biblischen Alters.

Am Ende des Strandes will ich schon umkehren, aber Georg schlägt einen schmalen Pfad ein, der in dichtes Gestrüpp führt. Er vermutet hier den Anfang eines Rundwegs um die kleine Landzunge. Für mich sieht es eher aus, als sei die Welt hier mit Brettern zugenagelt.

Brav gehe ich noch ein paar Schritte mit, und staune nicht schlecht, als kurz darauf zwischen den hohen Stauden ein buntes Schild auftaucht: »Welcome to the Gaff Point Hiking Trail«.

Wir stehen tatsächlich am Anfang eines 3,5 km langen Rundweges.

Der holprige Pfad führt uns in einen dichten Wald.

Das Grünste an diesem Wald sind vorerst die buschigen Farne, die den von dicken Wurzeln durchzogenen Weg säumen. Ansonsten dringen wir in ein botanisches Totenreich ein.

Gespenstisch drängen sich kahle, ausgedörrte, von Flechten überwucherte Bäume aneinander. Dichte, grünlichweiße Fetzen hängen an den dürren Ästen. Manche Bäume sehen aus wie langhaarige, klapprige Geister die gerade zum Flug abheben. Eine schier unheimliche Stimmung hüllt uns ein.

Ich bin direkt erleichtert, als uns eine junge Frau mit einem freundlichen »sorry« auf den Lippen überholt. Das Käppi mit der Aufschrift Canada macht sie für mich umgehend zur Spezialistin in Sachen neuschottischer Umwelt und so rufe ich ihr rasch ein »Excuse me« nach. Ob sie vielleicht weiß, was es mit diesem toten Wald auf sich hat, frage ich, als sie stehenbleibt.

Dem etwas ratlosen Achselzucken entnehme ich, dass das doch nicht so ganz ihr Fachbereich ist. Das alles sei normal, beschließt sie kurzerhand. Bäume sterben eben. Diese hier seien wohl besonders alt, und in diesem rauen Klima würden die jungen Pflanzen nur sehr langsam nachwachsen. Zu den gruseligen Flechten könne sie nur berichten, dass die Leute sie im Herbst pflückten und als Zunder zum Feuermachen verwendeten. Man nenne sie »old man's beard«.

Ich bedanke mich für die aufschlussreiche Erklärung und die Frau wird im Nullkommanix wie ein bunter Fleck von dem undurchdringlichen Grau verschluckt. Als wir dem buckligen Pfad wieder folgen, sprießen tatsächlich immer mehr junge grüne Kiefern und Tannen aus dem Unterholz. Vielleicht war die Kanadierin ja doch eine Expertin …

Und dann öffnet sich das unwirkliche Szenario plötzlich zum Atlantik. Auf einem moosgrünen Teppich aus Kanadischem Wacholder stehend, blicken wir über das aufgepeitschte Meer.

Unter uns liegen mächtige, wie Obsidian schimmernde Steinbalken am Ufer, wie versteinerte Baumstämme, deren Rinde in feinen Schichten abblättert. Rote und goldene Adern durchziehen die gewaltigen nassschwarzen Gebilde.

Zerschlagene Steinplatten liegen rundherum im seichten Wasser wie geborstene Schiffe, rußgeschwärzte Wracks aus längst vergessenen Schlachten.

Wir sind überwältigt.

Vergessen ist der seltsame Wald. Hier gibt es nur noch den wolkenverhangenen Himmel, den schäumenden Ozean und dieses unglaubliche, fantastische Urgestein.

Ein Pfad aus roter Erde schlängelt sich am Wasser entlang. Immer wieder führt der Weg über brüchiges Gestein. Zwischen dünnen, schieferfarbenen Lamellen wächst eine Margerite. An manchen Stellen haben Wanderer Steinmännchen aufgebaut. Stämmige kleine Skulpturen, Erinnerungen an schöne Stunden.

Als wir, ganz erfüllt von den wundervollen Eindrücken, wieder zu unserem Sandstrand zurückkommen, ist das Wasser deutlich angestiegen. Kein bisschen Sand mehr, nur noch Steine.

Der große Steindamm neben uns muss von den Gezeiten selbst erbaut worden sein.

Es wird ein mühsamer Weg zurück zum Wagen.

Auf der »Lighthouse Route«

Die ganze Nacht über ist der Regen trommelnd auf das Dach niedergeprasselt. Wir trinken schon sehr früh Kaffee und geben unser nächstes Ziel ins Navi ein: Lockeport. Die ersten Etappen hatten wir ja vorgebucht, ohne die Orte zu kennen.

Auf der Landkarte sehen wir nun, dass wir heute immer wieder die Lighthouse Route kreuzen werden, die sich an der Südküste entlang bis Wood's Harbour schlängelt. Kein Wunder, wenn man die von Hunderten kleinen Buchten durchbrochene Küstenlinie betrachtet. In dieser rauen Gegend waren die vielen blinkenden Lichtsignale überlebenswichtig für die heimkehrenden Fischer und Seeleute.

»Hit the Road, George«, sage ich fröhlich, als wir über den nassen Kiesweg aus dem noch verschlafenen Zeltplatz fahren. »Lassen wir uns wieder überraschen.«

Kurz nach der ersten größeren Kreuzung begegnen wir auch schon dem ersten Hinweis auf einen Leuchtturm. Wir folgen ihm ganz spontan.

Der Regen hat aufgehört und als wir durch ein altes Mühlendorf fahren, strahlt die Sonne wieder von einem tiefblauen wolkenlosen Himmel.

Unser erster Leuchtturm steht an der beschaulichen Hafenmole von Port Medway.

Der kompakte viereckige Holzturm mit den schrägen Seitenwänden wurde 1899 gebaut und erst um die Jahrtausendwende restauriert. Ringsum ist alles sauber gepflastert. Man hat einen herrlichen Blick auf den Ozean und auf die vorgelagerten Inseln, auf denen sich Hunderte von Wasservögeln tummeln.

Für unseren Geschmack wurde der Platz sogar ein bisschen zu ordentlich, zu adrett renoviert. Umso mehr wundern wir uns über ein seltsames Schild: »Schalentiere, Muscheln und Molluske in diesem Areal sind verseucht und nicht für den Verzehr geeignet«, steht unter einem ziemlich ramponierten Totenkopf.

Was ist denn hier los?

Mehr steht nicht da. Jetzt blicken wir schon nicht mehr ganz so begeistert auf das leuchtende Blau des Wassers, das da so friedlich vor uns in der Sonne funkelt. Am Hafen ist kein einziger Mensch zu sehen, den wir dazu befragen könnten, aber wenn schon der Totenkopf auf dem Warnschild aussieht, als hätte er die Beulenpest, sollten wir diesen dubiosen Ort wohl schleunigst verlassen.

Und das tun wir.

Wir fahren allerdings nicht zurück zum Highway, sondern schlagen die gemütlichere Uferstraße Richtung Liverpool ein.

Kurz darauf kommen wir erst an West Berlin, dann an Ost Berlin vorbei. Die deutschen Wurzeln ... Wir müssen lachen. Das hätten wir zuhause einfacher haben können.

Als wir ein Hinweisschild nach Beach Meadows sehen, beschließen wir, an dem Strand zu halten, um etwas zu essen. Wir hatten ja heute Früh nur eine Tasse Kaffee.

Der geräumige Parkplatz ist von dichtem Grün umgeben. Wir beschließen, im Wagen bequem am Tisch zu frühstücken und dann ganz entspannt loszugehen.

Vom Parkplatz führt ein Holzbohlenweg über eine breite sumpfige Wiese zum Strand und - es ist mal wieder einer dieser Zufälle, die ganz viel Freude machen: Der Strand ist atemberaubend schön.

Breit, weich, golden glitzernd, umspült von einem ungestümen, wild schäumenden Meer. Klippen und Felsen sind im

Wasser verstreut wie kleine Inseln. Meterhoch spritzt die Gischt, wenn die Brandung auf die gezackten Riffe aufschlägt während breite, vom Wasser plattgewaschene, narbige Felsrücken sich wie verspielte Nashörner vor uns im nassen Sand aalen.

Ein Paradies.

Eine ganze Weile sitzen wir schweigend auf einem der flachen Felsen. Es fällt uns richtig schwer, uns von hier wieder loszureißen.

»Auf nach Liverpool«, seufzt Georg schließlich, und bricht den Bann.

Die Stadt, bei deren Namen ich automatisch an die Beatles denken muss, ist sehr niedlich.

Auf einer schönen blau gestrichenen Eisenbrücke mit geschwungenen Bögen überqueren wir den Mersey River und landen praktischerweise direkt auf einem großen Parkplatz.

Als wir aussteigen, wird unser Blick sofort von einem Wandgemälde angezogen, das sich über alle Wände eines Hauses zieht. Es erzählt die Geschichte der Stadt in Bildern voller Leben: eine Mühle, ein Sägewerk, ein Holzlager am Fluss und Flößer, die geschlagene Stämme auf dem Wasserweg begleiten. Arbeiter. Tannenwälder. Ein Schiff mit gesetzten Segeln und ins Gespräch vertiefte, elegant gekleidete Männer stehen in starkem Kontrast zu den kleinen, wendigen Kanus einiger Mi'kmaq-Indianer, die Körbe flechtend vor ihren Zelten sitzen. Schön. Und besinnlich.

Vor dem Krieg mit den Engländern, nach dem ja sowohl die Franzosen als auch die Indianer Mitte des 18. Jahrhunderts aus dem umliegenden Land vertrieben wurden, lebten die Acadier auch hier friedlich mit den Mi'kmaqs zusammen.

Diesen Hafen nannten sie Ogukegeok - Ort des Aufbruchs.

Samuel de Champlain ersetzte den indianischen Namen des Hafens um 1605 mit dem französischen Namen Port

Rossignol. Es sollten noch drei Jahre ins Land gehen, bis er 1608 die Stadt Québec am Lorenzstrom gründen würde.

Letztes Jahr sind wir dem umtriebigen Forscher und Kartographen aus Aquitanien, auf unserer Fahrt durch den Osten Kanadas, bereits in der Altstadt von Québec und in Tadoussac begegnet. Ich vermute stark, dass wir ihm auch in Nova Scotia erneut begegnen werden.

Das heutige Liverpool wurde jedenfalls von Engländern, sogar von einigen stolzen Nachfahren der Pilgerväter, die im September 1620 auf der berühmten Mayflower von Plymouth aus Richtung Amerika in See stachen, gegründet.

Das erste Haus wurde 1759 von einem gewissen Sylvanus Cobb erbaut. Auf der Main Street können wir noch viele der im Neu-England-Stil errichteten Stadthäuser bewundern. Kapitän McClearn, Kapitän Hatt, Doktor Henry Farish waren unter den Besitzern. Längst verblasste und doch abenteuerliche Lebensgeschichten begleiten uns entlang der Hauptstraße. Und dann ist da noch das niedliche Cottage von Captain Bartlett Bradford: 1767 steht über der Tür. Der Hausherr war einst Captain der »Lucy«, eines der berühmtberüchtigten Kaperschiffe, die ab 1776 entlang der Südküste feindliche Schiffe überfielen und plünderten – mit dem Wohlwollen der englischen Krone natürlich. Ganz legal - keine Piraten ...

Ein sehr großes Touristeninformationsbüro an der Uferpromenade zeigt, wie wichtig fremde Besucher inzwischen für die Region geworden sind.

Früher war eine große Papierfabrik in Brooklyn, auf der anderen Seite der Bucht, einer der wichtigsten Arbeitgeber. Mit »früher« meine ich ausnahmsweise eine sehr nahe Vergangenheit. Erst vor fünf Jahren wurde die Bowater Mersey Paper Company Limited, die Zeitungspapier für namhafte Zeitungen herstellte, geschlossen. Die ausladenden

Wellen der Weltwirtschaftskrise haben auch dieses abgelegene Eck erreicht. Im Touristenbüro versorgt man uns großzügig mit Infomaterial über die South Shore. So erfahren wir unter anderem, dass der Kejimkujik Nationalpark, den wir uns auf jeden Fall ansehen möchten, an der Südküste einen kleinen ozeanischen Ableger hat. Und der liegt genau auf unserer Strecke.

Der Highway 3 führt uns quer durch das Port Jolie Vogelschutzgebiet. Dann folgen wir der schmalen St. Catherines River Road, die schließlich an einem Parkplatz endet.

Durch dichtes grünes Gestrüpp, ausladende Farne, leuchtende Wildblumen und niedrige, struppige Sträucher voll roter und gelber Beeren bringt uns ein langer Kiesweg zu einem Rundweg. Und der wird uns in einem weiten, über fünf Kilometer langen Kreis um Cap Jolie führen.

Was soll ich sagen: Es ist einer der schönsten Küstenstreifen, die ich je gesehen habe.

Ein schmaler Trampelpfad führt uns durch undurchdringliches, stoppeliges Grün von einer der zerklüfteten Meeresbuchten zur nächsten.

Breite Wellen rollen in dichten Reihen an. Wie riesige Blauwale türmen sie sich kurz vor den steinigen Stränden auf, als wollten sie die Küste in einem Schleier aus Tausend weißen Wasserperlen zu verschlingen.

Hoch schießen Luftfontänen hinter runden, zerfurchten Felsbuckeln hervor. Möwen lassen sich auf dem schäumenden Wasser nieder. Flinke kleine Regenpfeifer suchen am Rand der rückläufigen Brandungswellen emsig nach winzigen Krebsen. Ein Großer Gelbschenkel mit seinem hellbraun gesprenkelten Federkleid stochert nicht unweit von uns im nassen Sand. Weiße Seeschwalben haben hier irgendwo ihr Nest.

Auf einem zerfurchten Felsen, der wie der Panzer einer Riesenschildkröte etwas weiter weg aus dem windgepeitschten Wasser ragt, drängt sich eine ganze Kolonie langhalsiger dunkler Seevögel.

Wir stellen uns auf einen hohen Felsbrocken und lassen das laute Tosen, das Brausen und Zischen auf uns wirken. Ebbe und Flut, Stürme und Unwetter haben diese Küste geformt. Hier ist alles in Bewegung.

Als uns der Rundweg langsam wieder vom Ufer wegführt, wird es schlagartig still. Die Sonne brennt fast mediterran vom Himmel.

Stoppelige Wiesen duften nach Wildblumen und Kräutern. Hohe Gräser überwuchern die zerbröckelnden Reste eines Anwesens. Bald werden auch die letzten Reste des Bruchsteinfundaments von dornigen Stauden verschluckt werden. Der Hirte Hugh Cameron wachte hier einst über eine Herde von Tausend Schafen. Schuppen, Ställe und Pferche waren über das Gelände verteilt. Ein Drahtzaun schützte die Weide, selbst ein Brunnen gehörte zum Haus.

Der harte, raue Boden und die widrigen Umstände verurteilten den Traum von einer zukunftsträchtigen Farm wohl letztendlich zum Scheitern.

Nun darf die Natur das alte Weideland langsam aber stetig zurückerobern.

Sonne und Meer noch lebhaft vor Augen, fahren wir zurück zur Leuchtturmstraße. Es war wunderbar.

Wir überqueren nun den Sable River und biegen gleich wieder auf die nächste schmale Halbinsel ein.

Unser heutiger Campingplatz liegt an einem Weiher, dem Swims Icepond, nicht weit von dem Fischerdorf Lockeport entfernt.

Als wir ankommen, scheint die rötliche Abendsonne sanft auf drei Holzhäuschen die sich in dem blaugrün schimmernden Wasser eines Weihers kopfüber spiegeln. Schilf wächst am Ufer, ein Ruderboot schaukelt leise an einem Holzsteg. Üppig hängen die Rispen der Kanadischen Goldrute über den Bretterzaun, der den Campingplatz eingrenzt.

Georg parkt auf dem ersten freien Platz und ich gehe mit unserer Reservierung zum Office, aber die Tür ist abgeschlossen. Weit und breit ist niemand zu sehen. Wir setzen uns auf eine Holzbank und genießen einfach die abendliche Ruhe und den idyllischen Blick auf den kleinen See.

Zehn Minuten später kommt Shelly, die Betreiberin, auf einem Minitraktor angefahren.

Ja, aber sicher, sie erinnert sich an mich und an unseren E-Mail-Verkehr und wir dürfen ganz unkompliziert auf dem Platz, den wir gerade selbst ausgewählt haben, stehenbleiben.

Und - wir dürfen den Pool benutzen!

Und der ist eine echte Überraschung. Mitten auf dem eher übersichtlichen Grundstück steht eine ziemlich verrückte Konstruktion: Eine breite Holztreppe führt auf ein Podest, das ringsum durch einen hohen Bretterzaun vor neugierigen Blicken geschützt ist. In der Mitte, wie die kostbare Perle in einer Auster, leuchtet ein Schwimmbecken. Auf diesem netten, aber ein wenig verlotterten Grundstück wirkt der seltsame Swimmingpool wie eine Fotomontage, als hätte man ihn versehentlich hier abgestellt und dann einfach vergessen.

Wir haben uns vorgenommen, das Trinkwasser immer wieder aufzufüllen, statt neue Plastikkanister zu kaufen. Sicherheitshalber fragen wir Shelly, ob aus dem Wasserhahn am Zaun auch sauberes Wasser fließt. Das alarmierende Schild in Port Medway haben wir nicht vergessen.

Shelly beteuert, ihr Wasser sei absolut rein und ein Inspektor komme regelmäßig um es zu überprüfen. Die Warnung von Port Medway kann sie sich überhaupt nicht erklären.

Hier gibt es leider keine Feuerstellen, sodass dieser wundervolle, sonnige Tag mit Einbruch der Dunkelheit ohne das gemütliche Knistern eines Lagerfeuers ausklingen muss.

Die Südküste ist voller Einschnitte, Buchten, Halbinseln und Landzungen. Zwei Etappen haben wir noch vorgebucht. Und heute Abend werden wir ausnahmsweise in einer Lodge übernachten.

Das rustikale Hotel mitten in der Wildnis hatten wir mehr oder weniger durch Zufall in Deutschland in einer Broschüre über kleine, edle Hotels entdeckt und spontan beschlossen, es in unsere Planung aufzunehmen.

Wir studieren also den Weg dorthin und folgen der Lighthouse Route, die ja direkt an unserem Campingplatz vorbeigeht, mit dem Finger auf der Landkarte. Ja, als Nächstes könnten wir dem nahegelegenen Leuchtturm von Baccaro einen Besuch abstatten.

In Port Clyde führt uns eine besonders schöne, hellgrüne Eisenbrücke über die Lyles Bay. Wir fahren durch wässriges Sumpfland. Ab und zu ein hübsches Holzhaus, dennoch eine einsame Gegend. Kleine Weiher und schilfbewachsene Wasserläufe wechseln sich immer wieder ab, bis wir endlich auf die Küstenstraße einbiegen.

Und dann sehen wir ihn auch schon, den stämmigen weiße Leuchtturm von Baccaro Point. Auch er hat ein eckiges Fundament und verjüngt sich nach oben, wo das rote Lampengehäuse von einer Balustrade umgeben ist.

Der ursprüngliche Leuchtturm von 1850 ist, wie die meisten seiner Kollegen, irgendwann einem Feuer zum Opfer gefallen, wurde aber 1934 wieder aufgebaut. Und das war bitter nötig, denn auch hier verbergen sich tückische Riffe wie Shotty Ledge oder Cuckold Rock in den gefährlichen Fluten.

Baccaro Point.

Wir stehen hier auf der südlichsten Festlandspitze Nova Scotias und der Wind vom Atlantik pfeift uns derart rau um die Ohren, dass »stehen« schon fast nicht mehr der richtige Ausdruck ist. Wir werden fast weggefegt und müssen uns mit aller Kraft gegen die Böen stemmen, um die Füße einigermaßen fest am Boden halten zu können. Der Name »Baccaro« ist einer der ältesten Ortsnamen in Nova Scotia und stammt erstaunlicherweise aus dem Baskischen. »Bacolao« bedeutet Kabeljau. Natürlich. Der Cod. Mich erinnert das Wort gleich stark an »Baccalà«, ein in meiner Kindheit in Italien sehr beliebtes Essen, zubereitet aus in Salz eingelegtem, an der Luft getrocknetem Kabeljau. Damals habe ich mir keinerlei Gedanken gemacht, woher der Fisch wohl stammen könnte. Italien liegt ja direkt am Mittelmeer. Dass man Fisch aus dem Nordatlantik importieren könnte, wäre mir absurd erschienen.

Nur mit großer Anstrengung lassen sich die Wagentüren gegen den Wind öffnen und im Inneren des Wohnmobils empfängt uns eine direkt erholsame Stille.

Auf den Grundstücken, die jetzt an uns vorbeiziehen, türmen sich, zu Hunderten aufgestapelt, leere Hummerfallen. Nicht mehr die alten Holzfallen, nein, inzwischen benutzt man rechteckige Kunststoffkäfige mit dicken Plastikgittern und -seilen. Wir sind in der Heimat der Hummerfänger.

In den Vorgärten stehen putzige Leuchttürme in jeder Größe und Bauart, das neuschottische Gegenstück zu unseren Gartenzwergen.

Dann erreichen wir Barrington, die »Lobster Capital of Canada«.

Wir fahren langsam durch die Hauptstraße. Man sieht dem Ort an, dass die goldenen Zeiten der Fischerei der Vergangenheit angehören. Sogar das einst imposante, historische Gerichtsgebäude von 1843 wirkt kraftlos und abgelebt.

Am Hafen von Barrington stellt man aus altem Brauch jedes Jahr einen ziemlich ungewöhnlichen Weihnachtsbaum auf. Eine riesige, spitz zulaufende Pyramide aus Hummerfallen wird mit Tannenzweigen gefüllt und ringsherum festlich mit bunten Bojen dekoriert. Eine Hommage an die Tradition des Hummerfischens, aber nicht nur: Man gedenkt auch mit der vielen Fischer, die von ihrer letzten stürmischen Fahrt nie mehr nach Hause kamen.

Ja, das Meer gibt und nimmt.

In diesem Sinne fahren wir auf dem Fishermen's Memorial Highway nun direkt nach Yarmouth.

Der Ort empfängt uns quirlig und voller Leben. Nicht ganz so museal wie in Lunenburg, wechseln sich hier schöne, strenge Holzhäuser mit soliden roten Ziegelbauten ab. Manche Häuser sind von oben bis unten mit runden Kieselsteinen verkleidet, was ihnen ein fast martialisches Aussehen verleiht.

Im dichten Mittagsverkehr durchqueren wir die Straßen und gehen hinunter zum Hafen.

Die Uferpromenade ist mit schlichten Holzbohlen ausgelegt und unter dem strahlend blauen Septemberhimmel schaukeln gemütlich ein paar Fischerboote an der Mole. Die meisten der kleinen Schiffe sind mit Hebevorrichtungen ausgestattet, dicke Taurollen stapeln sich auf den Decks.

Lachend deute ich auf die »High Roller III«. Das hier beheimatete, leicht angerostete und in die Jahre gekommene Schiff, fährt unter Piratenflagge. Statt einer Galionsfigur ziert ein großer Totenkopf frech den schwarz gestrichenen Bug.

Am Ende des Hafens liegt ein großes, verlassen wirkendes Grundstück. Heckenrosen mit dicken, roten Hagebutten ranken an dem abweisenden Maschendrahtzaun hoch.

Zwischen Gräsern und dornigem Gestrüpp lagern hier an die Tausend Hummerfallen. Gelb, blau und weiß, starren die Käfige hinaus auf das funkelnde Meer und warten auf den Winter - genauer gesagt, auf den letzten Montag im November. Dann wird die Hummersaison eröffnet und geht bis Mai durch.

Wenn ich auf die unzähligen Fallen blicke, die sich hier übereinander türmen, und an die denke, denen wir auf der Fahrt bereits überall am Straßenrand begegnet sind, wundere ich mich, dass es überhaupt noch Hummer gibt.

Wilde Typen - weiße Haare, Pferdeschwanz, Tattoos bis auf die Fingerspitzen - brettern auf Motorrädern an uns vorbei. Am Steuer bulliger Pickups sitzen eingefleischte Althippies mit langen grauen Haaren und Outlaws mit durchtrainierten Oberarmen. Superfreundlich lassen sie uns den Vortritt und grüßen lässig mit der Hand. Hahaha. Wir werden alt.

Dieses Städtchen gefällt uns.

Eine völlig unscheinbare Lagerhalle in der Water Street wird durch bunte Schriftzüge an der Hauswand ein wenig aufgepimpt. Eine fliederfarbene Bank mit einem Tischchen lädt zum Verweilen ein.

»Art, Antiques«, steht neben der schmalen Eingangstür. Solche Trödelläden haben immer etwas Bezauberndes, Verheißungsvolles, das mich magisch anzieht. Ich zögere kurz, dann drücke ich entschlossen die Türklinke und tauche sogleich in ein fantastisches, schummriges Universum ein.

Mein Mann geht nur ungern mit. Kritisch wirft er einen Blick in die riesige Halle, die sich vor uns auftut, während ich mich begeistert auf die Suche nach einem Nummernschild mache. Ganz genau. Auf den Nummernschildern von Nova Scotia segelt nämlich die Bluenose mit geblähten Segeln durch die Zahlen. Und so ein gebrauchtes Nummernschild würde ich sehr gerne mit nach Hause nehmen: ein »echtes« Souvenir.

Bei einem Pappkarton voller Schallplatten bleibt Georg stehen. Led Zeppelin, Deep Purple, Pink Floyd, Genesis …

ja, das ist unsere Generation. Neben ihm stehen zwei Männer und sehen sich alte Fotoapparate an. Es ist eigenartig, aber ich glaube, jeder fühlt sich in diesem verträumten, eingestaubten Reich von irgendetwas angezogen. Tante Harriets Teetasse, Jennys rosa Wecker, Großvaters Globus, Omas Nähmaschinenöl, Bobs Rugbyball, all diese Dinge haben den Weg hierher gefunden. Socken, die von gefräßigen Waschmaschinen verschluckt worden sind, Hunderte von Kugelschreibern, die spurlos von ihren Schreibtischen verschwunden sind, Hausschlüssel die sich plötzlich in Luft aufgelöst haben - hier sitzen, liegen, stehen sie in Körben und Regalen: ein Elefantenfriedhof der Utensilien, ein Zauberreich.

Und ich finde mein Nummernschild. Als ich die Suche schon fast aufgeben will, sehe ich etwas weiß und blau zwischen rostigen Gegenständen aufblitzen, und angle das Schild vorsichtig aus einer achtlos auf einem wackeligen Stuhl abgestellten Schublade. Zugelassen 1993. Das war ein langer Weg bis in die Water Street, und jetzt darf das Kennzeichen ganz unverhofft mit uns wieder auf eine Reise gehen.

Bevor wir uns zu der Lodge ins Landesinnere aufmachen, fahren wir aber noch zur Walmart, einkaufen. Zu»Mr. Sam«, wie wir den Supermarkt letztes Jahr immer scherzhaft nach dem Firmengründer Sam Walton genannt haben.

Wir wissen ja nicht, was uns in East Kemptville erwartet, ob es dort überhaupt Geschäfte gibt, und wie sich die zwei Tage in dem abgelegenen Hotel entwickeln werden.

In einer Stunde werden wir es erfahren.

Die »Trout Lodge«

Die Straße führt durch Pleasant Valley. Ein passender Name, denn die Gegend ist lieblich, verträumt und – ein wenig langweilig. Wir fahren zum ersten Mal ins Innere Nova Scotias und hatten eigentlich Wildnis pur erwartet. Ein Irrtum. Strahlende Sonne, blühende Sträucher, schöne Landhäuser, Sommerblumen, gepflegter Rasen. Hier und da eine niedliche Farm mit einem Holzlager, ein kleiner blitzblauer Weiher, ein Bach, ein See so blau wie der Himmel über uns. Etwas wildwüchsiger wird es erst, als wir in den Schotterweg einbiegen, der zum Hotel führt.

Birken und Tannen säumen den holprigen Waldweg bis wir durch ein rustikal aus Baumstämmen gebasteltes Tor fahren, an dem ein langes Schild hängt: Trout Point Lodge. Der Weg wird jetzt immer enger. An einer kleinen Rodung hat man extra ein handgeschriebenes Schild für uns aufgestellt: RV Parking. Es kommt wohl nicht oft vor, dass Gäste mit einem Wohnmobil anreisen und da die Lodge noch ein gutes Stück weit weg ist, werden wir sehr nobel mit einem schwarzen Dodge RAM am Parkplatz abgeholt. Unser Aufenthalt fängt gut an.

Teils massiver Ziegelbau, teils aus dicken Holzstämmen gezimmert, hält das urige Äußere dann auch alles, was der Prospekt der »Small Luxury Hotels of the World« versprochen hatte. Der Eingangsbereich ist sehr stimmungsvoll im Landhausstil eingerichtet. Neben einem altmodischen Sofa steht ein Teleskop, geflochtene Schneeschuhe hängen an der Wand und eine Tiffany Lampe verbreitet warmes Licht.

An der Rezeption erledigen wir die Formalitäten. »Selected Guests and Members only«, steht auf einem Schild über dem Tresen. Schön, dass man uns trotz unseres wenig eleganten Fahrzeuges für ein paar Tage in diesen exklusiven Kreis aufgenommen hat.

In der angrenzenden Empfangshalle mit dem offenen Kamin heißt man uns mit einem Glas Rotwein willkommen. Eine Empore mit einem Holzgeländer lässt den Raum noch höher wirken, bequeme Sofas lehnen an den aus dicken Holzstämmen gezimmerten Wänden und große Fenstertüren geben einen herrlichen Blick in den schattigen Garten frei.

Dann führt man uns in unser Gemach. So kann man das geräumige Zimmer im oberen Stockwerk getrost nennen. »Tree House«. Der Name trifft die Atmosphäre unseres Zimmers gut. Alle Fenster sind vom Grün des umliegenden Waldes erfüllt. Die Möbel wurden aus dicken Birkenästen mit fein gemaserter Rinde gebaut: das Bett, das Sofa, der Tisch – eine heimelige Mischung aus Robinson Crusoe und Familie Feuerstein. An den moosgrün gestrichenen Wänden hängen Bilder mit Forellen. Natürlich - Trout Point. Aus der langen Fensterfront haben wir einen wunderbaren Blick auf einen Wildbach, der golden in der Nachmittagssonne funkelt.

Der junge Mann, der uns heraufbegleitet hat, deutet auf einen gusseisernen Bullerofen. »Abends wird es durchaus schon pretty cold«, meint er und rät uns, den Ofen auch wirklich zu benutzen. Holzscheite lägen in einer Kiste im Treppenhaus.

»Der Schlüssel?«, frage ich rasch, als der Angestellte sich zurückziehen will.

»Kein Schlüssel«, lautet die unerwartete Antwort.

»Wie bitte?«

»Wir haben hier keine Schlüssel«, wiederholt der junge Mann geduldig. »Keiner schließt ab. Diese Gemeinschaft beruht auf Vertrauen. Wir haben nur 12 Zimmer. Eine große Familie.«

Als ich skeptisch die Augenbrauen hochziehe, fügt er beschwichtigend hinzu: »Sie können selbstverständlich mit dem Drehknopf von innen abschließen, aber wenn sie das Zimmer verlassen, bleibt es offen.«

Aha. Selected guests and members only ...

Ich finde das, gelinde ausgedrückt, etwas eigenartig, denn wir kennen die anderen Gäste genauso wenig wie sie uns. Na ja, immerhin befindet sich im Wandschrank - große Familie hin oder her - ein kleiner Tresor.

Nachdem wir uns ein wenig eingerichtet haben, verlassen wir unser offenes Zimmer und erkundigen uns am Empfang nach den Wandermöglichkeiten rings um das Anwesen.

Ob wir vielleicht eine geführte Wanderung - für nur 40 Dollar pro Stunde, wohlgemerkt pro Person - machen wollen, werden wir sogleich freundlich gefragt.

Die Überraschung über dieses ziemlich dreiste Angebot lassen wir uns kaum anmerken. »Nein danke«, lehnen wir kühl ab, »wir möchten einfach ein bisschen durch die Natur laufen – ohne Führer. Aber in Anbetracht des dichten Waldes und der vielen Wasserläufe wäre eine Wanderkarte sehr hilfreich.«

»Aber sicher.«

Der Rezeptionist fischt bereitwillig einen Zettel aus seiner Schublade, auf der man mit viel Fantasie eine grobe Skizze der Umgebung mit einigen - offensichtlich recht kurzen – Wanderpfaden erkennen kann.

»Weiter kommt man leider nicht«, schüttelt er bedauernd den Kopf, als er unseren enttäuschten Ausdruck sieht.

Das ist natürlich gut möglich. Das Hotel steht auf einem ziemlich unzugänglichen, wasserreichen Landstrich. Vom George Lake kommend, verzweigen und verflechten sich hier unzählige Gewässer bis hin zum Chelsea Deadwater, bei dem sich schon der Name schaurig und endgültig anhört.

Mit dem primitiven Lageplan in der Hand stapfen wir also nach dem Motto »schau'n mer mal, dann seh'n mer schon« guter Dinge los.

Eine hellgrau getigerte Katze sieht uns kommen, hüpft von einem Stapel Brennholz herunter und läuft ganz selbstverständlich vor uns her. Ab und zu dreht sie sich um und vergewissert sich, ob wir ihr auch folgen. Hoffentlich ist das nicht die verkappte 40-Dollar-Führung ...

Unsere kleine Begleiterin springt behände von Wurzel zu Wurzel, denn dicke Pfützen zeugen noch vom Regen der vergangenen Tage. Wir tun uns da etwas schwerer und rutschen oft in die Matschlöcher. Von Schilfinseln durchwirkte Weiher tun sich zwischen den Bäumen auf und eisgraue Findlinge ragen hier und da wie Menhire aus den dunklen, von winzigen Blättern gesprenkelten Gewässern. Dann verengen sich mehrere Becken zu einem rauschenden Wildbach, über dem umgestürzte, ausgewaschene Stämme liegen. Old man's beard hat viele der Bäume ringsum befallen, verfilzte Strähnen hängen an den vertrockneten Ästen.

Verspielt springt unsere kleine Katze plötzlich mit einem Satz auf einen der zersplitterten, hohlen Baumstämme und tobt sich aus. Rauf und runter saust sie und dreht sich, die Ohren eng angelegt, mehrmals um sich selbst. Dann schlägt sie die Krallen in die raue Rinde und springt wieder auf den weichen Waldboden.

Lachend bleiben wir stehen und würdigen die Darbietung mit großem Lob. Dann verabschiedet sich der süße Wildfang von uns und läuft mit hocherhobenem Schwanz auf Samtpfoten zurück nach Hause.

Kurz darauf gelangen wir an eine Stelle, an der sich der Weg sich mehrmals gabelt. Es geht ganz sicher weiter, man kann die Spuren ganz deutlich sehen, aber der Wald ist recht dicht und unser miserabel gezeichneter Plan alles andere als hilfreich. Manche Pfade könnten genauso gut auf natürliche

Weise entstanden sein und ins Nirgendwo führen. Wir zögern kurz, dann kehren auch wir lieber um.

Vor dem Hotel stehen dunkelgrün lackierte kanadische Liegestühle im Kreis um eine große Feuerstelle. Der dicht vorbeifließende Wildbach mündet weiter hinten in einen kleinen, verträumten See.

Ein ausgetretener Pfad führt zu einem dampfenden runden Wasserbecken, das durch einen Holzofen beheizt wird. Kleine Teelichter flackern stimmungsvoll am Beckenrand. Nicht weit davon stehen zwei manngroße Holzbottiche mit verglasten Türen, die als Sauna genutzt werden können. Ja, das ist in der Wildnis Luxus pur.

Im Zimmer bringen wir unseren Schwedenofen in Schwung und schieben Holzscheite nach, bis ein helles Feuer durch das Glasfenster leuchtet. Dann tauschen wir die Wanderkleidung gegen elegantere Klamotten, die wir in weiser Voraussicht eingepackt hatten. Wir wussten ja nicht, wie streng die Kleiderordnung hier sein würde.

Ein paar Gäste haben sich in der Halle bereits gemütlich zu einem Drink eingefunden. Die Stimmung ist wirklich sehr familiär, man lächelt sich zu, man setzt sich zueinander. Wir fühlen uns gleich sehr wohl.

Auf einem Sofa an der Wand sitzt ein Musiker und stimmt noch seine Gitarre nach, als man ihm von der Bar schon erste Songwünsche zuruft. Er spielt ein paar unzusammenhängende Akkorde und prüft den Klang, dann nimmt er Fahrt auf und lachend stimmen alle in Willy Nelsons Refrain »Good morning Amerika, how are you?« ein. In dem gemauerten Kamin knistert und knackt ein wärmendes Feuer und bei den Klängen von »City of New Orleans«, »The Boxer« und »Ring of Fire« wird es richtig gemütlich.

Als der Musiker »Au clair de la lune, mon ami Pierrot ...« singt, summe ich leise »... prête mois ta plume, pour ecrir un mot«, mit. Erstaunt wendet sich der Mann zu mir um, und nach dem Lied fragt er mich höflich, ob ich tatsächlich Französisch spreche.

»Mais oui, bien sûr ...«, mein Französisch ist eigentlich recht gut.

Nun strahlt der Musiker über das ganze Gesicht und erzählt sogleich, er sei Acadier. Franzose. Französischer Acadier. Die anderen Gäste lauschen nun auch. Er heiße Gérard und wohne nicht weit von hier. Zum ersten Mal treffen wir hier einen Franzosen. Bisher haben wir ja nur vage Spuren erahnen können, haben hauptsächlich Orte der Vertreibung der Franzosen durch die Engländer gesehen.

Gérard platzt vor Stolz über seine französische Herkunft. Er sei schon in Frankreich gewesen. Und auch in Deutschland ... aber darüber dürfe er nicht sprechen. Niemals – jamais.

»Warum nicht?«, frage ich ihn erstaunt.

»Ich hatte dort ein sehr hübsches Mädchen kennengelernt, und es wäre fast etwas Ernstes daraus geworden«, erzählt uns der inzwischen recht rundlich gewordene Mann grinsend. »Das war vor mehr als vieeer-zig Jahren, aber ich darf jene Reise nie erwähnen, sonst wird meine Frau wütend. Sie ist ja soo eifersüchtig!«

»Ein Grund unbedingt darüber zu reden«, meine ich verschmitzt. »Es ist doch schön, dass ihre Frau immer noch eifersüchtig auf sie ist.«

Die anderen Gäste stimmen mir lachend bei.

»Bon. So kann man das natürlich auch sehen«, lächelt Gérard äußerst zufrieden und stimmt »Moonshadow« an.

Ein Ehepaar aus Chicago, eine Flasche Rotwein und zwei Gläser in der Hand, kommt an unseren Tisch. Ob es uns recht ist, wenn sie sich zu uns setzen?

Aber natürlich, wir freuen uns darüber. Hier geht man wirklich sehr unkompliziert miteinander um.

Cinda und Dave sind schon ein paar Tage hier. Sie haben auch die kostspielige geführte Wanderung mitgemacht, da sie bedenken hatten, sich in dem Gewirr von Wasserläufen und Waldwegen zu verlaufen. Ihr Führer hatte allerdings eine wesentliche bessere Karte, eine die man uns eigensinnigen Individualisten wohl vorsätzlich vorenthalten hat, zur Hand. Die beiden sind gute vier Stunden durch die Wildnis gestapft.

Schon bald sind wir in ein angeregtes Gespräch vertieft. Und nachdem sich nach und nach alle anderen Gäste zum Dinner ins Untergeschoß aufgemacht haben, gefolgt von Gérard, der auch unten für Stimmung sorgen soll, haben wir den gemütlichen Raum ganz für uns allein.

Unsere neuen Bekannten haben, genau wie wir, das Dinner nur für morgen Abend gebucht. Wir wollten uns nicht für zwei Tage hintereinander festlegen, und freuen uns jetzt darüber, dass wir hier so nett beisammensitzen.

Wir reden und reden, und irgendwann stellen wir fest, dass wir ziemlich hungrig geworden sind. Also bestellen wir beim Barkeeper zwei Käseplatten.

Was daraufhin aus der Küche heraufgebracht wird, verschlägt mir gelinde gesagt die Sprache oder - um mit Dieter Hildebrandt zu reden - ich bekomme eine Staune.

Vor uns steht ein schmales Brettchen mit ein paar winzigen Dingern drauf. Hübsch anzusehen, keine Frage, eine in ihrer erlesenen Schlichtheit fast asiatisch anmutende Miniatur. Mein erster Gedanke ist: Man hat den Käse vergessen. Doch dann kann ich mit großer Mühe zwei fingernagelgroße Käsestückchen identifizieren. Und einen Klacks Marmelade – wohl als Farbtupfer für dieses beklagenswerte Stillleben. Brot: keines. Vermutlich würde es die Harmonie der Kreation stören.

61

Das Ganze kostet zehn Dollar - für jeden - plus zehn Dollar Service – für jeden. Fürs Herauftragen. Na gut.

Cinda und Dave schauen genauso konsterniert auf ihre – absolut identische – Variante.

Wir bestellen ein Körbchen Brot, koste es, was es wolle. Die Küche muss hier ganz besonders gut sein. Wie war das noch gleich? Je weniger auf dem Teller, desto besser ...?

Um halb zehn kommt ein junger Mann an unseren Tisch. Er sei der Experte für die Sternenbeobachtung, stellt er sich mit einer knappen Verbeugung vor. In Kürze werde das nächtliche Stargazing beginnen. Ob wir wohl an der – ziemlich kostspieligen - Führung teilnehmen wollen?

Nein, unsere Unterhaltung ist gerade äußerst interessant, da das amerikanische Ehepaar auch sehr viel auf Reisen ist, und wir gerade abwechselnd immer neue Fragen und Themen diskutieren. Wir wollen nicht.

Der junge Mann schmollt ein wenig, zieht sich dann aber dezent zurück.

Als ich kurz darauf aufs Zimmer gehe, um mir eine Jacke zu holen, erschrecke ich erst einmal. Ich kann deutlich Stimmen hören. Einbrecher? Vorsichtig drücke ich die Türklinke auf. Das Radio ist an. Alle Lichter sind an. Sogar das Licht über dem Badezimmerspiegel brennt. Man hat, glaube ich, nichts ausgelassen, was mit Strom zu betätigen ist.

Soweit zu dem verantwortungsbewussten Öko-Gedanken, der angeblich die ganze Lodge beseelt.

Im Gegensatz zu uns besitzt die Trout Point Lodge nämlich einen richtigen Schlüssel, den sogenannten Green Key, eine Auszeichnung, die für Nachhaltigkeit und einen harmonischen Umgang mit dem natürlichen Umfeld steht. Komisch, *wir* machen immer gewissenhaft alles aus, bevor wir ein Zimmer verlassen ...

Vor drei Jahren wurde diese Gegend von der UNESCO zur Starlight Reserve gekürt. Eine Ehre und eine Bürde zugleich.

Aufgabe einer solchen Schutzzone ist es, die Reinheit des Nachthimmels und den ungetrübten Blick auf das Leuchten der Sterne zu bewahren. Ja, wir kennen das Problem von den dichtbewohnten Städten, wo der Himmel immer hell wirkt. Lichtsmog nennt man das Phänomen. Durch Millionen künstliche Lichtquellen wird der nächtliche Himmel so aufgehellt, dass man gar keine Sterne mehr erkennen kann. Auch wildlebende Tiere und Pflanzen sind natürlich von der Lichtverschmutzung betroffen. Sie beeinträchtigt ihre Lebensqualität und kann sogar ihr ganzes Verhalten negativ verändern.

In Anbetracht der hauchdünnen Besiedelung dürfte die Mission in dieser Gegend nicht allzu schwierig sein. Umso nachdenklicher stimmt es mich, dass man abends unaufgefordert und völlig sinnfrei alle Lichter in unserem Zimmer anknipst.

Das Grün der Blätter leuchtet schon hell in der Morgensonne, als wir aus dem Fenster blicken. Vor uns liegt wirklich eine wunderbare Ruhe-Oase.

Das Frühstücksbuffet ist dann allerdings sehr übersichtlich. Das gesamte Personal in der Lodge ist sehr jung. Ein junger Mann gießt uns Kaffee ein und fragt, ob wir - gegen Aufpreis wohlgemerkt - ein Frühstücksei wünschen.
»Soll das ein Scherz sein?«
Nein, der Kellner hat keinen Humor, von dem er wüsste … Also, bei 395 kanadischen Dollar pro Nacht möchte ich beim Kaffee nicht um ein weiches Ei schachern müssen, daher ein klares Nein. Aber ich hätte gerne etwas Sahne zum Kaffee. Mein Wunsch wird mit einer Rückfrage nach unserem Namen und unserer Suite und mit der Zusatzfrage, ob wir dann wenigstens ein Lunchpaket bestellen wollen, quittiert. Als wir

auch das ablehnen, wendet sich der Kellner enttäuscht mit den identischen Fragen dem Nachbartisch zu. Auch da sieht Begeisterung anders aus.

Die Sahne ist längst vergessen. Als ich aufstehe um den Kellner daran zu erinnern, werde ich wieder um unseren Namen und den unseres Zimmers gebeten. So langsam reicht es mir.

»Ja meinen sie vielleicht, wir haben uns hier hereingeschmuggelt? Ich denke, alles ist so super familiär bei ihnen, da müssten sie sich doch wenigstens ein paar Gesichter merken können«, platzt mir so richtig der Kragen.

»O, ich habe ein sehr schlechtes Gedächtnis«, grinst der junge Mann frech, »das geht mir auf der Uni auch immer so.«

»Also, wenn sie das hier schon hart an ihre Grenzen bringt, sollten sie das mit dem Studium vielleicht lieber lassen ...«, zische ich giftig.

Die meisten Angestellten der Lodge sind offensichtlich Studenten und - wie man sieht - nicht gerade die hellsten. Im Frühstücksraum herrscht eine Atmosphäre wie in einer Jugendherberge.

Endlich wird die Sahne gebracht und passenderweise ist es der Milchstraßenexperte von gestern Abend – der für das Stargazing zuständige Astronom – der sie vor uns auf den Tisch stellt.

»Möchten sie heute Nacht an unserem geführten »Stargazing« teilnehmen?«, fragt er auch prompt hoffnungsvoll.

Kopfschütteln. Ich komme mir langsam vor wie auf einer Kaffeefahrt. Wobei der Kaffee erstmal ausgegangen ist. Es dauert eine ganze Weile, bis man einen neuen aufsetzt.

Wir beschließen, das wunderbare Wetter für eine Kajakfahrt auf den angrenzenden Gewässern zu nutzen.

Der Himmel spiegelt sich im Wasser und erzeugt ein unglaublich tiefes, faszinierendes Ultramarinblau. Ringsum säumen Wasserpflanzen, Schilf und dahinter dichte Bäume das Ufer. Kiefern und Hemlocktannen sind hier zu Hause. Ein Traum aus Blau und Grün.

Das langsame Dahinpaddeln macht richtig Spaß. Kein Geräusch, außer dem gelegentlichen Tropfen des Wassers vom Ruder auf den Kunststoffrand des Bootes, trübt die Stille.

Wir treiben gemächlich auf einem der über hundert Seen der Tobeatic Wilderness Area dahin, einem Quellgebiet, dem neun große Flussläufe entspringen, die sich nach und nach entweder zum Atlantik oder zur Bay of Fundy hin verzweigen.

Hier und da ragen graue Felsbuckel, halbversunkene Relikte aus der Eiszeit, wie Nilpferde aus dem Wasser und hellgrüne Gräser sprießen aus dem leicht gekräuselten Blau. Hier bleibt die Zeit stehen.

Am frühen Nachmittag wandern wir durch den Wald zu unserem Wohnmobil und gönnen uns eine reichhaltige Brotzeit. Jetzt sind wir froh, in Yarmouth noch eingekauft zu haben, denn der Anblick unserer sogenannten Käseplatte gestern Abend war recht beunruhigend. Eine gute Grundlage vor dem heutigen Dinner kann vermutlich nicht schaden.

Um sechs Uhr gehen wir in die Halle.

Gérard packt gerade seine Gitarre aus, Cinda und Dave sitzen bereits an der Bar.

Auch andere Gäste sitzen schon plaudernd neben dem gemauerten Kamin, den ein wohlig knisterndes Feuer erhellt.

Wir setzen uns wieder an den langen Holztisch und unsere neuen Freunde aus Chicago kommen mit einem Drink in der Hand zu uns rüber. Mit einem Kelch Rotwein prosten wir uns lachend zu, während der Acadier die ersten Akkorde von Leonhard Cohens »Suzanne« anspielt.

Die Stimmung im Raum ist total entspannt und als wir nach einer guten Stunde zum Abendessen gebeten werden, fragt uns der junge Mann vom Empfang, ob es auch genehm ist, dass man uns vier zusammen an einen Tisch platziert hat. Ja, wir freuen uns alle sehr über diese aufmerksame Geste. Das Esszimmer im Untergeschoss ist pretty cold. Oben in der Halle prasselte gerade noch ein gemütliches Feuer, doch hier unten gähnen uns die zwei Kamine, die den Raum zieren, kalt und stumm an. Eine blasse Kerze flackert schwach in jeder der leeren Öffnungen.

Draußen sind knappe dreizehn Grad. Hier drinnen ist es vermutlich noch kälter.

Cinda zieht sich ihr Jäckchen enger um die Schultern. Ich habe einen Schal dabei.

Gemütlich sieht anders aus.

Wir lassen uns die Laune nicht verderben und führen unsere Unterhaltung bald lebhaft weiter. Japan, Thailand, Singapur - Dave hat beruflich an vielen Orten zu tun und erzählt sehr interessant über Land und Leute. Italien, Deutschland, Dubai – über die Länder, die wir gut kennen, gibt es auch viel zu berichten. So vergeht die Zeit im Flug bis zum ersten Gang: Ravioli mit Champignons und Spinat.

Ich lasse den Blick über den Teller schweifen und stelle fest, dass es noch schlimmer ist, als ich es befürchtet hatte. Die Ravioli fehlen. Tatsache. Vielleicht ist es ja auch ein Überraschungsmenü, und nur jeder Dritte bekommt die Ravioli ... egal, sie fehlen nun mal.

Sicherheitshalber starte ich noch eine halbherzige Suche unter dem mickrigen grünen Spinathäufchen und – man möchte es kaum glauben - da haben sie sich versteckt. Zwei winzige Teigtaschen. Vermutlich haben sie sich auf dem großen Teller einsam gefühlt und sind verängstigt unter die schützenden Blätter gekrochen. Wie dem auch sei, ich bin geradezu erleichtert, sie gefunden zu haben. Sie sind da und sie schmecken köstlich. Nur Hunger darf man nicht haben. Hunger hat die feine Gesellschaft nicht und eines haben wir schon oft festgestellt: je teurer das Restaurant, desto kleiner die Portionen. Wir essen also schweigend die zwei Häppchen und lassen uns nichts anmerken.

Auch Cinda und Dave stochern etwas enttäuscht auf ihrem Teller rum und halten es dann genauso.

Als zweiter Gang steht wahlweise Lachs oder Schweinefilet zur Wahl. Wir essen keinen Lachs, also bleibt das Fleisch. Über die Größe des Filetstückchens brauchen wir nicht mehr reden: nächste Stufe Molekularküche. Wieder köstlich, da gibt es nichts zu meckern. Auch allerliebst dekoriert. Aber ohne Beilagen, wenn man von einer gegrillten Zwiebelscheibe absieht. Manno.

Wir bestellen etwas Brot. Wieder einmal.

Dann kommt der Kellner und bietet uns - ich glaube, ich habe ein Problem mit den Ohren - mit Aufpreis eine Käseplatte an. Die besagte Käseplatte. Ich winke kühl ab. Cinda schüttelt kaum merklich den Kopf. Unsere Ehemänner beachten den Ober einfach gar nicht.

Der Kellner bekommt - wie könnte es anders sein - an jedem Tisch eine Abfuhr. Willkommen im echten Leben! Und bei einem Menüpreis von 96 kanadischen Dollar pro Person denkt sich wohl jeder recht ungehalten seinen Teil.

Inzwischen ist es so kalt geworden, dass ich aufs Zimmer gehen muss, um mir etwas Wärmeres anzuziehen. Selbst Gérard, der das Abendessen mit schönen alten Songs begleitet hat, kann die Atmosphäre nicht genügend aufheizen.

Als ich die Treppe hinaufsteige, kann ich den Radiomoderator bereits durch die Tür sprechen hören. Und natürlich brennen im Zimmer wieder ausnahmslos alle Lichter ...

Nach einer kleinen Nachspeise erwartet uns dann doch noch eine sehr nette Überraschung.

Draußen im Garten wird in der steinernen Feuerstelle ein großes Lagerfeuer angefacht. Bald lodern die Flammen mannshoch und wir stehen im Kreis um dicke funkensprühende Holzscheite. Alle lachen und reden durcheinander, vertraut, wie alte Bekannte. Wir prosten uns mit einem Glas Rotwein zu.

Es wird noch ein schöner, stimmungsvoller Abschied von der Trout Lodge und auch von Cinda und Dave.

Morgen geht es weiter nach Digby.

Digby Neck

Der Weg durchs Landesinnere ist eher eintönig. Wir fahren zwar an unzähligen Seen vorbei, aber die Bäume verdecken meist die Sicht auf das Wasser. Schöne Landvillen, imposante Holzhäuser mit Türmen, Giebeln und Erkern, ziehen an uns vorbei. Dazwischen immer wieder schindelverkleidete Farmen. Der Asphalt ist rissig und aufgearbeitet, also scheint hier ein reger Verkehr zu herrschen.

Tiefe Wolken hängen über den Feldern, als wir in Küstennähe auf den Evangeline Trail einbiegen. Man könnte meinen, der Name habe etwas mit Religion, mit Evangelium oder Evangelisten zu tun, denn wir sind auf dieser Fahrt schon vielen unterschiedlichen Kirchen begegnet. Anglikanisch, presbyterianisch, lutherisch, katholisch … viele Glaubensrichtungen sind hier vertreten. Aber nein. Die Straße heißt nach Evangeline, einer Romanfigur von Henry Longfellow.

Und schon wieder stoßen wir auf den Franco-Indianischen Krieg der hier von 1755 bis 1764 wütete und mit der Vertreibung der Acadier und der Mic'maks endete.

Evangeline Bellefontaine war eine junge Acadierin, die sich in den Wirren des Krieges auf die Suche nach Gabriel, ihrem verschollenen Geliebten, machte. Die Geschichte ist, wie könnte es anders sein, sehr traurig und nun da wir Gérard kennengelernt haben, fühlt sich alles noch viel echter an.

Als wir der Straße weiter folgen, entdecke ich auf einer Wiese ein Schild mit der Aufschrift »Grandma's Collectables«. Eine Kaffeepause wird Georg guttun, und ich sehe mir gerne wieder alten Krempel an.

Ja, sie faszinieren mich immer aufs Neue, die Altwarenhändler. Sie sammeln Erinnerungen, Dinge die liebevoll für jemanden ausgesucht wurden und die nun hier zwischen alten Kissen und zerschlissenen Büchern liegen.

Bei »Grandma« hängen Dutzende ausgediente Stühle von der Decke, was durchaus Sinn macht, denn es verhindert, dass sich jemand aus Versehen draufsetzt und dann damit zusammenbricht.

Der erste Stock ist überwältigend. An und über den alten Holzbalken hängen Hunderte von Deckchen und bunten Tüchern. Tassen, Gläser, Teller, Schüsseln und Porzellanvasen sind ordentlich sortiert. Leicht verbeulte Blechdosen mit nostalgischen Werbebildchen von Tee, Trockensuppen oder Hundekeksen leuchten farbenfroh von den Regalen und weihnachtliche Lichterketten hängen blinkend vor Bildern mit Elchköpfen, Forellen und Lachsen.

Grandma selbst thront gleich neben dem Treppengeländer. Sie erinnert mich stark an eine andere Gräma, der wir letztes Jahr bei Ottawa begegnet sind. Die beiden könnten Schwestern sein. Auch diese Frau ist ein extrem selbstgefälliges Exemplar, das wie ein Feldmarschall über sein – zugegebenermaßen buntes und hochinteressantes – Reich wacht. Sie verbreitet keine gute Atmosphäre.

Wir fahren weiter.

Der Evangeline Trail führt uns am Ufer der Gilberts Cove entlang und wir haben einen schönen Blick auf den niedlichen kleinen Leuchtturm am Ende der Lighthouse Road.

Nicht weit von hier liegt Marshalltown, der Heimatort der Malerin Maud Lewis. Hier hat sie die Farben Nova Scotias eingefangen.

Jetzt sind wir richtig neugierig auf unsere nächste und letzte vorgebuchte Etappe. Zwei Nächte werden wir dortbleiben.

Heute ist Sonntag, morgen ist Labour Day, ein Feiertag und noch immer sind Schulferien. Alles wird ausgebucht sein.

Digby Neck ist ein langgezogener schmaler Landrücken. Wie der Schnabel eines Pterodactylus ragt er weit hinaus, zieht sich von der Bay of Fundy bis zum Gulf of Maine. Die Hauptstraße befindet sich ungefähr in der Mitte der Halbinsel, was bedeutet, dass die Ausblicke aufs Meer eher bescheiden sind. Und der Schnabel zieht sich erstaunlich in die Länge. Es sind gute vierzig Kilometer bis zu unserem Ziel, der Whale Cove.

Sehr schön und abenteuerlich sieht die Sandy Cove aus, die ihren Namen ihrem breiten Sandstrand verdankt. Als wir vorbeifahren herrscht Ebbe und die Fischerboote am Anlegesteg drängen sich eng zusammen, als warteten sie gemeinsam auf die Rückkehr des Wassers.

Whale Cove Campground, der Name hat mir bei der Buchung das Bild einer weiten Bucht mit einem langen breiten Strand und hoch aus den Fluten springenden Walen suggeriert.

Was soll ich sagen: Es ist ernüchternd.

Der Platz liegt auf einer leichten Anhöhe, hat aber dennoch kaum Ausblicke aufs Meer. Das ganze Areal sieht eher wie eine umfunktionierte Kiesgrube aus. Die Stellplätze sind eng und dicht aneinandergereiht, auch wenn zwischen einigen von ihnen struppige Sträucher wachsen. Das bisschen Rasen zwischen den Kieswegen ist braun und abgetreten. Die Mülleimer quellen über.

Das Ganze wirkt nicht nur unwirtlich, es wirkt vor allem sehr ungepflegt. Dennoch ist der Platz voll belegt. Wir quetschen uns in unsere Nische, die Rückseite des Wagens dicht an einen Geröllhaufen gelehnt. Das einzig Witzige an unserem neuen Zuhause ist, dass die Feuerstellen aus gelochten Metallzylindern bestehen, die auf ausgediente

Rasenmäher montiert wurden. Sie sehen aus wie Kinderwagen für Holzscheite und die Konstruktion macht durchaus Sinn, denn in Anbetracht der eng bemessenen Einbuchtungen, könnte es passieren, dass nicht beide reinpassen: das Wohnmobil und die Feuerstelle. So kann man beides rangieren.

Ein starker Wind zieht auf.

Rasch ziehen wir uns warm an und gehen die breite Schotterstraße, auf der wir gekommen sind, hinunter bis zur eigentlichen Bucht.

Die Whale Cove liegt dunkel, fast unheimlich unter den rasch vorbeiziehenden schwarzen Wolken. Breite Himmelsschatten huschen über große eisengraue Felsbrocken die den immer und immer wieder heranrollenden Gezeiten trotzen und jetzt wie Kanonenkugeln im seichten Wasser liegen. Es herrscht noch immer Ebbe. Tide.

Möwen picken im Schlick nach Krebsen.

Jemand baut sich gerade aus frischen Baumstammscheiben ein Holzhäuschen mit einer schönen Terrasse über der Bucht. Ein Trampelpfad, der zu der zukünftigen Eingangstür führt, wurde mit alten Hummerfallen und bunte Bojen befestigt und verziert. Das Ganze ist noch im Rohbau, aber auf der Veranda weht bereits an einem stabilen Holzmast die Fahne Nova Scotias. Und das Dach: Es ist von vorne bis hinten blau-weiß-rot angemalt. Acadier.

Weiter hinten steht, in völligem Kontrast, ein eingefallener Schuppen. Auf der vom Wind zernagten Veranda steht ein rostbrauner Sessel, einsam, fast starrsinnig, und blickt auf die Bucht. Eine Farbe wie die der korrodierten Schiffsteile, die hier und da unter den Steinen eingeklemmt sind.

Es ist erstaunlich, sogar hier auf dem harten Boden lugen gelbe Sommerblumen aus dunklen Spalten und Rissen und selbst die Felsbrocken sind wunderschön. Im dahinschwindenden Tageslicht glimmen feine weiße Quarzadern in dem rauen Granit. Pompejirote und malachitgrüne Linien durchziehen wie Samtbänder das scharfkantige Gestein.

Dicke Wolken türmen sich jetzt am Horizont auf. Bedrohlich, duster, wie riesige Schiffe mit regennassen, sturmgrauen Segeln nehmen sie Fahrt auf und kommen rasch näher. Eilig machen wir uns auf den Rückweg.

Oben auf der Hügelkuppe zerrt der Wind schon heftig an den Ästen der dünnen Kiefern und Sträucher. Der Versuch, eine Tischdecke auf unseren Holztisch zu legen, scheitert kläglich. Ein Unwetter braut sich über uns zusammen. Neben uns steht ein Zelt, das sich wie ein Kugelfisch im Wind aufbläht. Ein Wunder, dass die Verankerung in diesem steinigen Boden überhaupt noch hält.

Notgedrungen ziehen wir uns zum Essen in den Wagen zurück.

Dann sehen wir uns die zwei länglichen Inseln, die die Spitze des Pterodactylus-Schnabels von Digby Neck bilden, auf der Landkarte schon einmal genauer an.

Die ganze Nacht über wird unser Wagen hin und her gerüttelt. Äste scharren mit ihren spitzen Dornen über das Dach. Der Wind heult wie ein Rudel Wölfe, und der Regen prasselt hart gegen die Scheiben.

Frühmorgens ist alles vergessen - das ist das Schöne am Meer.

Ich stelle mich auf eine Anhöhe. Nebelfetzen lösen sich über den Feldern auf und geben den Blick auf kleine Wasserstellen frei. Ringsum wilde Natur, ungeschönt, karg, schlicht.

Nach einem guten, heißen Kaffee verlassen wir den trostlosen Campingplatz und rumpeln den Kiesweg hinunter zur Hauptstraße.

Der Weg zur Fähre führt durch liebliche Felder und lichte Waldstreifen. Ab und zu taucht ein rot bemalter Bauernhof auf. Hummerfallen liegen vor den Schuppen. Ich muss immer wieder über die bildhaften, belehrenden Sprüche lächeln, die hier an den Kirchen stehen. Kleine Lebenshilfen. Vor der Kirche von Tiddville steht heute ein Schild mit den Worten: »The only cure for fear is faith – das einzige Heilmittel gegen Angst ist der Glaube.«

Kurz vor der Anlegestelle haben wir einen wunderbaren Ausblick über die Meerenge. Die East Ferry tuckert gerade über das aufgewühlte Meer. Sie wird uns gleich rüber nach Tiverton bringen.

Hoch auf einer Steilklippe strahlt der weiße Leuchtturm von Boar's Head in der Morgensonne.

Während die Ampel für uns noch rot ist, kommen uns die Autos aus dem Schiff entgegen. Es geht ruck, zuck. Die Strecke heißt ja auch Petit Passage – kleine Überfahrt.

So eine kleine Fähre ist auch ein willkommener Treffpunkt. Die Männer steigen aus ihren Pickups, grüßen sich freundlich, wechseln lachend ein paar Worte. Neuigkeiten werden ausgetauscht, man erkundigt sich nach der Familie, nach der Gesundheit, nach den Geschäften – ein dem Alltag gestohlenes, total entspanntes Zeitfenster, in dem man sich seelenruhig treiben lassen kann.

Die bunten Häuser in Tiverton sehen von weitem aus wie Pfahlbauten.

Lange, abgenagte Holzpfähle ragen unter den Lagerhäusern und Schuppen aus dem Wasser, ein endloses Spiel mit den Gezeiten.

Vor uns verlässt ein älteres Motorrad mit Beiwagen die Rampe und bleibt kurz darauf am Straßenrand stehen. Im Vorbeifahren muss ich laut lachen.

»Was ist?«, fragt Georg neugierig.

»Ach, nur Quatsch. Ich hätte schwören können, dass ich in dem Beiwagen gerade eben zwei Hunde mit Motorradbrille und Rucksack gesehen habe. Total verrückt natürlich.«

»Whalecome« steht auf dem Ortsschild von Tiverton. Ja, hier lebt man mit dem Ozean.

Gestern haben wir auf der Landkarte gesehen, dass es in der Nähe einen ganz außergewöhnlichen schwebenden Felsen über dem Meer geben soll, und tatsächlich gelangen wir schon nach kurzer Fahrt zu einem großen Parkplatz mit dem Schild »The Balancing Rock - Ein Geschenk von Feuer, Eis und Wellen«.

Das beschreibt mit wenigen Worten die unvorstellbar wilden, glühenden und ungezähmten Kräfte, die dieses Land geformt haben.

Als wir aussteigen, tuckert auch der Motorradfahrer von vorhin gemütlich heran und parkt neben uns. Und ich schlage total entzückt die Hände vor den Mund: Wie Astronauten aus einem fernen Universum starren mich vier große Hunde-augen durch dicke Fliegerbrillen an ...

Natürlich müssen wir die zwei außergewöhnlichen Beifahrer sofort ausgiebig streicheln. Die Hunde, ein großer brauner Jagdhund und ein rundlicher braun-weißer Mischling, springen aus dem Beiwagen und schütteln sich voller Wonne, als ihr Herrchen ihnen die Brillen abnimmt.

»Es ist zu ihrem Schutz«, erklärt der Motorradfahrer entschuldigend, »sonst bekommen sie leicht eine Augen-entzündung vom Gegenwind. Und sie begleiten mich nun einmal einfach überall hin.«

Wir lassen die drei nach dieser herzerfrischenden Be-grüßung in Ruhe und schlagen den dicht bewachsenen Pfad zur Küste ein.

Balsamtannen säumen den Weg. Die Heilkraft des duften-den Harzes wurde von den Indianern zur Wundheilung und gegen Infekte eingesetzt. Balsam nicht nur für die Haut: auch

Nähte und Sprünge in den Kanus wurden damit verfugt um die Stellen wasserdicht zu machen.

Auch für die Tiere sind die Bäume lebenswichtig. Die Nadeln der Balsamtannen haben einen außerordentlich hohen Vitamin C Gehalt und bilden, gerade in den langen harten Wintermonaten, eine wichtige Nahrungsquelle für die pflanzenfressenden Wildtiere. Von denen haben wir ja leider noch nicht viele zu Gesicht bekommen. Indianer haben wir allerdings auch noch nie getroffen ...

Aus undurchdringlichem niedrigem Gestrüpp ragen vereinzelt hohe Schwarzfichten auf. In dem dichten Bodengrün verbergen sich auch ganz stille Jäger wie der rundblättrige Sonnentau. Insekten tötet diese fleischfressende Pflanze in wenigen Minuten.

Wir dringen tatsächlich in ein immer feuchter werdendes, insektenreiches Sumpfgebiet ein und schon bald führt uns ein Holzbohlenweg über den löchrigen, nassen Boden.

Die gelblichen Fäden des Old man's beard kennen wir schon von Gaff Point und von der Trout Lodge, aber hier bekommen wir erstmals eine Erklärung für das Phänomen. Eine am Wegrand aufgestellte Infotafel besagt, dass es sich um Flechten der Gattung Usnea handelt und, dass diese gespenstischen Haare keineswegs giftig, sondern heilbringend sind. Sie sollen eine starke antibiotische Wirkung haben, wenn man sie auf Wunden legt.

Bartflechten, Waldsauerklee, Schattenblumen, Wiesenlilien und Nadelbäume – wir wandern durch die reinste Naturapotheke.

Ich habe einmal einen Vortrag der heilpflanzenkundigen Frau Aschenbrenner aus Kochel am See besucht, und ein Satz ist mir bis heute im Gedächtnis geblieben: »Die Natur sorgt dafür, dass wir alle Heilpflanzen, die wir für unsere

Gesundheit benötigen, in unserer nahen Umgebung auch finden können.«

Wie wahr.

Am Ende des Pfades führt eine verschachtelte Holztreppe unter schattigen Tannen steil nach unten, und dann liegt das offene Meer plötzlich funkelnd und leuchtend vor unseren geblendeten Augen. Die noch tiefstehende Vormittagssonne lässt Tausende von silbernen Sternen auf dem von Wellen gekräuselte Wasser tanzen. Es ist einfach fantastisch. Wie zerbrochene Pfeiler liegen Basaltsäulen an den Hängen, am Ufer und im Wasser. Die grellen Sonnenstrahlen zeichnen harte, gezahnte Schatten in das über Millionen von Jahren hinweg entstandene schwarzbraune Lavagestein.

Direkt vor unseren Füßen ragen die tropfnassen Köpfe urzeitlicher sechskantiger Säulen aus dem schäumenden Wasser der St. Mary's Bay.

Und dann sehen wir ihn: den Balancing Rock.

Wie ein Turmspringer, der sich noch einmal kurz sammelt, mit den Fußspitzen aber schon über dem Abgrund steht, balanciert er auf seinem steinernen Podest. Er ist der Letzte. Alle anderen sind in den vergangenen Jahrtausenden schon gesprungen. Und er wird ihnen folgen. Das aufgewühlte Meer, das wild gegen die zertrümmerte Felsküste donnert, lässt keinen Zweifel daran.

Wir setzten uns auf eine schmale Holzbank und genießen den grandiosen Ausblick, als sich der Motorradfahrer mit seinen beiden Gefährten zu uns gesellt. Die Hunde schauen sich freudig wedelnd um.

Greg kommt aus Portland, Maine. Die Welt ist erstaunlich klein: erst gestern sind wir einem Mann aus Portland, Maine, begegnet. Ja, Henry Wadsworth Longfellow, der Autor von Evangeline, wurde auch in der Küstenstadt an der Casco Bay geboren.

Von Portland ist es ja nur ein Katzensprung - wenn man das bei der riesigen Wassermenge und in Gesellschaft zweier Hunde so ausdrücken darf - rüber nach Nova Scotia. Greg hat in Saint John die Fähre nach Digby genommen.

»Ihr werdet eueren Freunden zu Hause viel zu erzählen haben«, flüstere ich dem braunen Jagdhund, der sein Zuckerschnäuzchen auf mein Knie gelegt hat, streichelnd zu.

»Ja«, lacht Greg, »und wenn sie ihm nicht glauben, muss er ihnen Fotos zeigen.«

Dann sitzen wir alle schweigend auf der Bank und blicken aufs Meer. Wenn ich den Kopf nach hinten lehne, sehe ich, wie verkrüppelte Kiefern hoch über uns ihre Wurzeln wie Handschuhe über die losen Steinbrocken stülpen. In hellstem Grau schimmert das Gestein in der morgendlichen Luft, unter einem durchscheinenden türkisfarbenen Himmel.

Im Wasser blinken Tausende kleine Schaumkronen. Nicht weit von hier haben einst acadische Fischer ihre Netze ausgeworfen. Die French Beach erinnert noch an jene Zeit und von hier aus blicken wir direkt hinüber zum Evangeline Trail. Acadien.

Die Fischer von einst dürften noch einiges in ihren Netzen gefunden haben: Flunder, Maifische, Heilbutt, Lachse, Makrelen und Rochen tummelten sich in der St. Mary's Bay. Und eine noch größere Vielfalt an Fischen bevölkerte die Bay of Fundy.

Aber natürlich wiederholt sich auch hier die traurige Geschichte der Bluenose und der vielen Fischerfamilien entlang der Küste. Was den Lebensunterhalt der Menschen in dieser kargen Gegend jahrhundertelang gesichert hatte, wurde innerhalb weniger Jahrzehnte von den mechanisierten Trawlern geplündert, ausgebeutet und vernichtet.

Hummer und Jakobsmuscheln werden heute noch aus dem Meer geholt Ansonsten werden die Fischerboote umfunktioniert und man wendet sich immer mehr dem Tourismus zu.

Ein Ehepaar aus Stuttgart gesellt sich zu uns. Die ersten Deutschen aus der »Neuzeit« denen wir hier begegnen. Sie kommen gerade von Briar Island, der nächsten und letzten Insel vor Digby Neck und erzählen ganz begeistert vom Whale Watching. Wir haben im vergangenen Jahr eine eher ernüchternde Erfahrung damit gemacht, und berichten auch kurz davon. In Tadoussac wurde mit dem Umfeld und den Tieren ziemlich niederschmetternd umgegangen. Laut und schrill war die fachkundige Begleitung. Die beiden Stuttgarter schildern eine ganz andere Stimmung. Ruhig und stimmungsvoll sei die Fahrt auf dem kleinen Schiff verlaufen und die Begegnung mit den Walen sei so schön und ergreifend gewesen, dass sie den Ausflug sogar gerne wiederholt hätten. Leider sei das Meer heute früh so aufgewühlt gewesen, dass alle Fahrten gecancelt wurden, deshalb seien sie jetzt schon auf dem Rückweg.

Vielleicht wagen wir es ja doch noch einmal.

Wir verabschieden uns von der netten Gruppe, die sich hier durch Zufall zusammengefunden hat und fahren weiter zur Beautiful Cove – angeblich ein Paradies für Mineralienliebhaber.

Der Scenic Drive führt uns mitten durch die Insel.

Die Bucht ist ausgeschildert und so biegen wir in einen schmalen Weg ein der uns, an einigen sehr schönen Häusern vorbei, durch blühende Wiesen zu einer U-förmigen Bucht führt.

Bunte Wildblumen biegen sich im Wind. Weißer Schierling, Kanadische Goldrute und Wiesen-Bocksbart leuchten in der warmen Mittagssonne. Schon als wir auf einem kleinen Wendeplatz aussteigen, können wir auf den Felsen über der Bucht feinste Quarzadern schillern sehen.

Wie Schneereste im Frühjahr leuchten ganze Quarznester auf den dunklen Kuppen.

Vom Strand herauf kommt uns eine Gruppe wedelnder Hunde, gefolgt von einigen Männern, entgegen. Einer von Ihnen geht auf uns zu und fragt, mit einem Blick auf das Wohnmobil, ob wir hier übernachten wollen.

»Nein, nein«, beruhigt Georg den Mann sofort, »wir wollen uns nur die Bucht ansehen und fahren dann gleich weiter.« Wir vermuten Sorge um wildes Campen hinter der Frage, doch der Mann lacht versöhnlich.

»Aber nein, so war das nicht gemeint«, klärt er auch gleich das Missverständnis und reicht uns die Hand. »Ihr seid uns willkommen, sofern ihr den Platz sauber hinterlasst.« Alex kommt jeden Morgen mit seinen Nachbarn und den Hunden über einen Küstenpfad hierher - eine wunderbare Gassirunde.

»Einen schöneren Ort zum Übernachten werdet ihr schwerlich finden«, schwärmt er mit einer ausladenden Bewegung zum Ozean. »Und ganz umsonst. Oder habt ihr schon etwas anderes geplant?«

Wir erzählen kurz und anschaulich von dem ziemlich abweisenden Campingplatz in Digby Neck, auf dem wir diese eine Nacht noch vorgebucht haben.

»Das kann nur der Whale Cove Campground sein«, meint Alex kopfschüttelnd. »Und da wollt ihr wirklich wieder hin? Bleibt doch einfach hier, wenn euch dieser Ort gefällt. Ihr hättet ja keinen finanziellen Verlust, da ihr bei uns nichts zahlen müsst. Außer ihr wollt unbedingt zurück ...«

Wir blicken uns um und nicken. Bezaubernde Wildnis wohin das Auge fällt. Ein Traum. Und natürlich hat er Recht, dieser Platz ist mit dem bereits gebuchten gar nicht zu vergleichen und dorthin zurückziehen tut es uns nicht im Geringsten.

»Falls ihr euch zum Bleiben entscheidet, solltet ihr unbedingt in Freeport bei Lavena zu Mittag essen«, rät Alex uns noch. »Das Restaurant ist sehr schlicht, aber glaubt mir:

Es ist das beste Essen zwischen Montreal und Halifax! Ihr findet Lavena direkt bei der Fähre, aber denkt daran, vorher zu reservieren, sie hat nur wenige Tische.«

Dann schüttelt er uns herzlich die Hand und folgt rasch seinen Freunden, die inzwischen schon auf den Hügel über der Steilküste zugehen.

Wir gehen erstmal runter zu dem kleinen Kiesstrand. An den Felswänden erkennt man deutlich die typisch gestreiften Achatformationen. Rosarot, bläulich und grüngeädert brechen farbige Krusten das verwitterte Gestein auf.

Der Wind jagt über das tiefblaue Wasser und die Brandung schlägt schäumend auf den Klippen auf.

Als wir zurückblicken und das Wohnmobil so friedlich zwischen Gräsern und Blumen stehen sehen wie eine Kuh auf der Weide, müssen wir nicht mehr lange überlegen: Wir werden heute hier übernachten, in der Beautiful Cove, die wirklich schöner nicht sein könnte.

Vorher aber werden wir uns Long Island noch genauer ansehen.

Dartmouth Point zum Beispiel ist uns auf der Landkarte bereits ins Auge gesprungen: vierhundert Millionen Jahre alte Basaltformationen am äußersten Ende der Insel. Steine sind einfach faszinierend. Sie können, wie kein anderer, Geschichten aus uralten Zeiten, manchmal sogar aus der Unendlichkeit des Weltalls, erzählen.

Aber bevor wir den Wanderpfad zu der Landspitze suchen, fahren wir noch bis zur Ferry. Von hier aus kann man nach Briar Island übersetzen. Und ein warmes Essen wäre nach der nächsten Wanderung bestimmt nicht schlecht. Ich nehme den Rat unseres neuen Freundes ernst und will rechtzeitig reservieren. Georg lacht mich aus. Das sei wohl stark übertrieben. Warum sollte man hier im Nichts, wo sich Hase und Fuchs – oder besser Waschbär und Streifenhörnchen – begegnen, einen Tisch reservieren?

Lavenas Catch Café ist in einem gelben Gebäude nahe der Mole untergebracht und an dem winzigen Hafen groovt tatsächlich nicht gerade der Bär.

In der Gaststube ist es urgemütlich. Drinnen nimmt Lavena unsere Grüße von Alex höchstpersönlich erfreut entgegen.

»Einen 2-er Tisch hätte ich um 14:00 Uhr noch«, meint sie mit einem prüfenden Blick in ihr Büchlein, »dann ist für heute alles voll.«

So kann man sich täuschen. Dankbar nehmen wir das Angebot an, denn das beste Essen zwischen Montreal und Halifax wollen wir uns auf gar keinen Fall entgehen lassen.

Und jetzt nichts wie auf zum Dartmouth Point.

Die schmale Küstenstraße umrundet in großen Schlaufen sumpfige Flächen und kleine Teiche und schließlich halten wir auf einem Parkplatz an der Over Cove Road.

Dutzende von Möwen genießen, den Kopf unter die Flügel gesteckt, die warme Mittagssonne auf den dunklen Findlingen der Ufermauer.

Bunte Fischerboote dümpeln wie angeleinte Hunde an verwaschenen Holzpfählen. Eine alte Hummerfalle liegt vergessen am Straßenrand. Durch die aufgesplitterten Holzstäbe schieben sich dicke Büschel wilder Rauke. Spitzwegerich und lila Astern schieben ihre Köpfchen zwischen den rostigen Nägeln ans Licht.

Das Meer ist hier von einem fast surrealen Blau und bildet einen fantastischen Kontrast zu den ockergelben Algenkissen, die sich am Ufer angesammelt haben.

Ein paar Fischerhütten stehen dicht gedrängt über der Bucht. Bunte Bojen hängen unter den Dächern. Zwischen den Schuppen stapeln sich meterhoch die neuen sterilen Hummerkäfige aus blauen und grünen Kunststoffstäben. Sie passen irgendwie so gar nicht in diese Landschaft. Nicht wie die traditionellen, halbrunden Holzkästen, die noch von

Handarbeit und einem soliden, überschaubaren Fischeralltag zeugen.

Zu Fuß folgen wir der Straße weiter.

Eng verschlungene Heckenrosen bilden überall ausladende Büsche. Zwischen den rosaroten Blütenblättern glänzen schon jetzt dicke Hagebutten, prall und rund wie kleine Granatäpfel.

Ein vertrautes altes Motorrad mit Beiwagen parkt am Straßenrand.

Von hier aus führt ein Kiesweg die Bucht entlang und dann quer über ein grünes, stoppeliges Feld. Und da kommen Gregs Hunde uns auch schon wedelnd entgegengelaufen und begrüßen uns wie alte Freunde. Auch ihr Herrchen grüßt uns lächelnd, wenngleich zurückhaltender - wohl eher ein einsamer Wolf als ein geselliger Wanderer. Wir wechseln ein paar Worte über die wunderbare Landschaft, die Farben, die Felsen. Greg spricht lieber über seine Hunde als über sich selbst. Ein einfacher Mann, bescheiden, fast unscheinbar, mit der liebenswerten Ausstrahlung eines Menschen der durch und durch anständig ist. Dann heben wir alle die Hand zum Abschied. Ob man sich je wiedersieht?

Eine Weile laufen wir noch durch die unscheinbare borstige Wiese, und dann – ganz unversehens - öffnet sich vor unseren Augen eine absolut atemberaubende Welt aus Stein. Bamm.

Wir bleiben wie angewurzelt stehen.

Vor uns steigt eine stolze Ritterburg, eine uneinnehmbare Festung, ein verloren geglaubtes Atlantis aus den Fluten. Von Wogen umspült, von den Gezeiten freigelegt, steil und abweisend türmen sich flache, glatte Basaltsäulen und dicke Basaltmauern dicht hintereinander auf.

Ich klettere über die Felsen auf eine tiefere Ebene. Das schäumende Meer rollt gegen die schwarztriefenden, eckigen Klippen an, immer und immer wieder. Weiße Gischt sprüht in dichten Schleiern hoch in die sonnendurchtränkte Mittagsluft.

Vor mir ragt ein dickes, verrostetes Metallrohr auf einem alten Betonfundament aus den rastlosen Wellen, einem erschöpften Dampfer gleich, der gerade von den Wogen verschlungen wird.

Von Sepia bis zu tiefstem Schwarz schimmert das narbige, zerfurchte Gestein.

Ich setze mich auf eine Felssäule und lasse den Blick über Briar Island und den aufgewühlten Atlantischen Ozean gleiten.

Diese Gestade sind pure Magie ...

Lautes Lachen und Geschwätz empfangen uns, als wir die Tür zu Lavinas Restaurant öffnen.

Ein kleiner Tisch an der Wand ist noch frei – unser Tisch - und vom Nachbartisch winkt uns jemand freudig überrascht zu. Es ist Alex.

Mit seiner Frau und Freunden sitzt er vor einem kühlen Bier. Aus der Küche duftet es wunderbar. Es gibt wenige Gerichte zur Auswahl und natürlich haben alle einen Bezug zum Meer.

Wir bestellen unsere erste neuschottische Fischsuppe und Schellfisch. Dazu ein local Beer: Oland Export Ale, von einer kleinen Brauerei aus Halifax – original haligonian.

Alex gesellt sich kurz zu uns. Sein Haus liegt nicht weit von hier am Hügel. Er möchte mit seiner Frau für immer herziehen, sobald auch sie in Rente geht. Nur noch zwei Jahre, erzählt er sehnsüchtig, dann werden sie die laute, quirlige Stadt endlich ganz hinter sich lassen. »Eine Großstadt?«, frage ich neugierig.

Alex muss laut über meinen Witz lachen. »Halifax natürlich, welche sonst?« Natürlich. Dumme Frage. Ich hatte Halifax nur nicht als lärmende, überfüllte Großstadt auf dem Plan.

Eher als besinnliches Städtchen mit einer fantastischen Waterfront. Es kommt eben immer auf den Gesichtspunkt an.

Hier in Freeport sitzt Alex an warmen Sommerabenden mit seiner Frau auf der Terrasse und genießt die langen, traumhaften Sonnenuntergänge. Und das Auftauchen der Wale mit ihren meterhohen Fontänen.

»Unser ganz privates Whale Watching«, lächelt er verschmitzt. »Manchmal tut uns direkt der Arm weh vom langen Fernglas halten, aber die Tiere sind so faszinierend, es wird einfach nie langweilig.«

Lavina serviert uns ein fantastisches Essen.

Die Fischsuppe, ganz ungewöhnlich für uns mit Sahne zubereitet, der Schellfisch mit Süßkartoffeln garniert. Alles schmeckt köstlich. Wie Alex bereits sagte: das beste Essen zwischen Montreal und Halifax …

Vom Nachbartisch prostet man uns augenzwinkernd zu.

Nova Scotia hat schon jetzt so viele Gesichter für uns: Da ist Alex, der sich jetzt wieder angeregt mit seinen Freunden unterhält und der uns in Long Island so herzlich empfangen hat. Dann Greg, eine Art Old-Hippie im allerbesten Sinne, einer der sich auf jeden Fall im Leben treu geblieben ist. Und natürlich Dwight und Debbie, die so herzlich an unserem ersten Abend am St. Martins River auf uns zugegangen sind. Und nicht zuletzt werden Cinda und Dave uns immer sehr lieb in Erinnerung bleiben.

Lavina erkundigt sich, ob uns alles geschmeckt hat. Wir strahlen übers ganze Gesicht. Ja. Und es gefällt uns hier sehr gut.

»Ja, es ist schön. Aber es ist auch eine unerbittliche, raue Gegend. So hat es hier einmal ausgesehen«, meint die junge Frau und deutet mit dem Finger auf ein Bild direkt über unserem Tisch. »Groundhog `76« steht auf einem Foto, das die verwüsteten Anlegestege eines Hafens zeigt. Ein Bild wie nach einer verlorenen Schlacht. Und jetzt wo sie uns darauf aufmerksam macht, erkennen wir auch den kleinen Hafen von Freeport wieder.

»Der 2. Februar 1976. Der Murmeltiertag. Da hat uns der schlimmste Sturm in der Geschichte unserer Insel überrollt!« Draußen strahlt die Sonne warm vom Himmel.

Als wir zurück zum Auto gehen, ist das Wasser am Kai deutlich zurückgegangen. An den freigelegten Holzpfählen unter dem Anlegesteg klebt überall glitschig brauner Blasentang voller gelber Kapseln.

Die Ferry nach Briar Island legt gerade an. Es gehen nicht viele Passagiere an Land, das Schiff wird gleich wieder ablegen. Keine Zeit mehr das Wohnmobil zu starten - wir laufen kurzentschlossen die paar Meter zur Anlegestelle und springen auf die Rampe.

Margaret's Justice steht in großen Lettern an der Brücke, und es ist eine erfreuliche Überraschung, dass wir für die Überfahrt nichts zahlen müssen. Kostenpflichtig sind nur Fahrzeuge. Eine großzügige Regelung für alle Anwohner, die oft hin- und her müssen.

Gleich am Hafen steht ein Whale Watching Office und wir erkundigen uns, ob heute vielleicht doch noch ein Schiff ausläuft. Möglicherweise hatte das stuttgarter Ehepaar ja Recht, und hier läuft alles etwas gemütlicher und respektvoller ab, als in Tadoussac. Aber wegen des hohen Wellengangs ist für heute immer noch alles gecancelt. Das schöne Wetter allein reicht nicht, um den Ozean zu beruhigen.

Die Freeport Whale & Seabird Tours von Lavenas Bruder Tim, gleich neben dem Restaurant, hatten heute aus demselben Grund ganz geschlossen.

Bis die nächste Fähre ankommt, spazieren wir noch die Küstenstraße entlang bis zu einem Punkt namens »High Knoll«. Da in Nova Scotia so ziemlich alle auf der Suche nach ihren europäischen Wurzeln sind, machen wir es heute mal umgekehrt: Wir suchen unsere Wurzeln hier in der Ferne, das sind wir der Familienehre schuldig. Aber so sehr wir auch Ausschau halten, die Spuren unserer Vergangenheit wurden von den Gezeiten wohl schon lange weggeschwemmt.

Hübsche Villen mit Erkern und hohen Sprossenfenstern blicken auf die Bucht. In fast allen Gärten türmen sich Hunderte rechteckiger Plastikkäfige zwischen romantischen Rosenhecken und blau blühenden Hortensien. Kleine Traktoren dösen still vor sich hin. Ende November wird Bewegung in die verträumten Gärten kommen.

Der Wasserspiegel ist inzwischen mehr und mehr gesunken. Als wir zur Ferry zurückkehren, ragen die Holzpfähle der schmalen Anlegestege nackt aus dem steinigen Sand.

Unser Wohnmobil steht jetzt einsam oberhalb der Beautiful Cove, in einem Traum aus wilden Feldern, halbedelsteinverkrusteten Felsblöcken, Meer und Himmel.

Ein nach Salz und Meerwasser riechender Wind fegt über die Hügel und biegt die langen Gräser bis zum Boden. Ein Lagerfeuer werden wir heute nicht machen können.

In der Abendsonne breiten wir eine Decke hoch oben auf einem Felsen aus und blicken, unser Reisefernglas in der Hand, hoffnungsvoll auf die Wellen. Vielleicht sehen wir ja doch noch die dunkle Schwanzflosse eines Wals auftauchen.

Finnwale, Buckelwale und Atlantische Nordkaper soll es hier geben. Aber es sieht so aus, als tummelten sie sich heute alle in einer anderen Bucht. Leider.

Und dann, während der Wind immer stärker an den aufschäumenden Wellen zerrt, verwandelt sich die ganze Atmosphäre.

Magenta, Wildorange, Karminrot: Die tiefstehende Sonne wird zu einer monumentalen, gleißenden Feuerkugel in einem purpurnen Himmel. Mit machtvoller Urgewalt leuchtet sie direkt über dem zaghaft aufblitzenden Licht des Leuchtturms von Briar Island. Dann krümmt sie sich, verbiegt sich zu einem strahlend weißen Oval, und sträubt sich mit aller Kraft gegen die eiskalten, dunklen Fluten.

Wir halten den Atem an, doch das Unvermeidliche geschieht: Ganz langsam versinkt der von Feuerstreifen durchzogene Stern im Ozean. Immer tiefer, bis nur noch vereinzelte rosarote Schaumkronen von dem überwältigenden Schauspiel zeugen.

Stumm bleiben wir noch eine Weile sitzen.

Im Halbdunkel der Beautiful Cove erkennen wir, dass das Meer inzwischen weit zurückgewichen ist, und eine bucklige, algenbedeckte Felsenlandschaft freigelegt hat.

Die ganze Nacht erbebt unser Fahrzeug immer wieder unter starken Windböen, obwohl nur ein kleiner, harmloser Sommersturm über uns hinwegfegt.

Als wir mit Blick auf die traumhafte Bucht endlich Kaffee kochen, strahlt die Sonne warm und golden auf die von Wildblumen überzogene Wiese. Als wäre nichts geschehen, als wäre sie gestern nicht in blutigen Streifen in den Tiefen des Nordatlantischen Ozeans versunken.

Ein neuer Tag beginnt.

Kejimkujik

Die Pfeiler der Anlegestelle stehen wieder tief im Wasser, als wir erneut nach Digby übersetzen.

Wir sind froh, die wunderbare Erinnerung an die Beautiful Cove mitnehmen zu können. Wäre der Whale Cove Campground nicht so abschreckend gewesen, hätten wir den atemberaubenden Sonnenuntergang über der Bucht niemals erlebt. Wie die Römer so schön sagen: »Non tutto il male viene per nuocere - Nicht alles Übel kommt um zu schaden.«

Auf der Fahrt durch Digby Neck begleitet uns am Lake Midway ein großer Blue Heron tieffliegend ein Stück des Weges. Elegant landet der Kanadische Blaureiher nach einer Weile im dichten Schilfgras.

Viele Häuser entlang der Straße stehen zum Verkauf. Auch hier haben die Menschen schon immer vom Meer gelebt. Sie sind von dem gnadenlosen industriellen Fischfang überrollt worden. Da können sie nicht mithalten und das schmale Einkommen an den leergefischten Küsten kann nicht mehr für alle reichen.

In Digby halten wir an der Walmart. Jetzt heißt es, eine neue Richtung festlegen.

Wir können den Highway entlang der Bay of Fundy einschlagen oder ins Landesinnere abbiegen und zum Kejimkujik Nationalpark fahren.

Der Kejimkujik Seaside Park hat uns so gut gefallen, dass wir uns heute ganz klar für die Wildnis entscheiden.

Nachdem wir unseren Reiseproviant wieder aufgefüllt haben, folgen wir erneut dem Evangeline Trail und überqueren die breite Mündung des Bear River. Es versteht sich natürlich von selbst, dass wir hier auf keinen Fall einem Bären begegnen werden.

Von der Brücke aus hat man einen tiefen Einblick in die Bucht von Digby, in der auch die Fähre anlegt, auf der Greg mit seinen Hunden von Saint John rübergekommen ist. Der Kejimkujik Scenic Drive selbst hingegen ist ziemlich unscheinbar. Vertrocknete Bäume stehen einsam und staksig am Straßenrand.

Am Eingang des Nationalparks kaufen wir zwei Bündel Feuerholz und buchen auch gleich für 2 Tage im Voraus. Ausnahmsweise, denn die Plätze sind schon ziemlich ausgebucht. Noch sind Ferien und der Wald ist groß und voller Wandermöglichkeiten.

Mit Platz 188 haben wir einen Volltreffer gelandet. Zwischen den hohen aber lichten Wipfeln der Tannen scheint die Sonne auf den feinen Kiesboden und durchflutet den Platz mit ihrem warmen Licht. Eine Feuerstelle und eine Holzbank stehen einladend unter den hohen Bäumen.

Wir »hooken up«, wie wir das anschließen von Wasser und Strom inzwischen locker nennen. Dann stapeln wir unser Holz neben dem Metallgestell, das fürs Lagerfeuer gedacht ist und machen uns nach getaner Arbeit neugierig auf den Weg zur Jeremy's Bay.

Ein von Wurzeln durchzogener Pfad führt uns hinunter zum Slapfoot Beach, einem absolut exotisch wirkenden, golden glitzernden Sandstrand, der am Seeufer von weichen langen Schilfgrasbüscheln durchwachsen ist.

Das ultramarinblaue Wasser des Kejimkujik Lake glitzert und funkelt in der Sonne. Unter den ausladenden Kiefern und Eichen ziehen sich breite Holzbänke, die zum Faulenzen einladen. Wäre da nicht der Duft von Wildnis, von Tannenharz und Rindenmulch in der Luft, wir könnten genauso gut an einem südländischen Traumstrand gelandet sein.

Georg geht schwimmen, ich lieber nicht. So gern ich auch auf dem Wasser bin, rein in das kalte Nass muss ich nicht unbedingt. Nicht wenn es sich vermeiden lässt.

Am späten Nachmittag machen wir einen ersten Erkundungsgang. Wir schlagen den Slapfoot Trail, der uns an dem malerischen Ufer entlangführt, in Richtung Jakes Landing ein. Kleine Wildbäche ziehen tiefe Furchen durch den Waldboden und münden dann im See. Grünes und gelbes Riedgras wächst im seichten Wasser, und die langen Halme fangen golden schillernd die Abendsonne ein.

In einem Waldstück stehen zwischen hohen Tannen einige Holzhütten, die an größere Familien vermietet sind. Ringsum liegen umgekippte Baumstämme und Äste kreuz und quer auf dem moosbewachsenen Boden. Es sieht aus wie nach einem Sturm, aber hier wird wirklich alles ganz natürlich liegengelassen und nicht von Menschenhand geordnet. Kinder spielen ausgelassen auf dem abenteuerlichen Platz.

An einem Strand namens Kedge Beach halten wir an. Hier wurde 1909 die Kedge Lodge, eines der ersten Wildnis-Ressorts der Region, eröffnet.

Gejagt wurden Elche und Hirsche, die damals noch zahlreich in diesen Wäldern lebten. Mi'kmaq-Führer begleiteten die Touristen mit ihren Kanus zum Fischen auf den See und in die weit verzweigten Wasserläufe. Bei den zahlreichen Inselchen und Buchten, die man von hier aus schon mit bloßem Auge erkennen kann, war es sicher nicht falsch, jemanden dabeizuhaben der sich auskennt.

Auf dem Wegweiser nach Jake's Landing ist ein Kanufahrer abgebildet.

Jake's Landing ist nur noch einen Kilometer entfernt, doch die Sonne steht schon tief und wir müssen ja den ganzen Weg auch wieder zurücklaufen. Aber Kanufahren wäre eine hervorragende Idee für den morgigen Tag.

Abends decken wir den Tisch für eine gemütliche Brotzeit und, da ich nun einmal im vergangenen Jahr in Ontario zu unserem Feuermacher aufgestiegen bin, walte ich meines Amtes. Ich versuche es zumindest. Das Holz erweist sich nämlich als frisch gehackt und durch und durch feucht, und es raucht ganz fürchterlich. Ein totaler Reinfall.

Ich zweifle schon an meinen Feuermacherqualitäten, als vom Nachbargrundstück ebenfalls eine beißende Wolke herüberweht. Jetzt verstehe ich auch, warum die Metallkästen mit dem Eisenrost auf einem hohen, drehbaren Fuß befestigt wurden: So kann man die Luftzufuhr wenigstens ein bisschen regulieren und versuchen, dem Qualm eine Richtung zu geben. Schlimmstenfalls muss man ihn halt, wenn es gar nicht anders geht, zu den Nachbarn rüber pusten …

Es dauert eine ganze Weile, bis alle Holzscheite lichterloh brennen, dann nimmt auch der Rauch deutlich ab und wir können endlich essen. Meine Jacke riecht grauenhaft. Meine Haare auch. Das erinnert mich an die Zeiten, als man in Restaurants und Kneipen noch rauchen durfte. Nach dem Verlassen der Lokale musste man die komplette Kleidung samt Mantel und Schal erst mal auslüften oder waschen. Wie schnell man so etwas doch vergisst.

Das Feuer lodert nun munter vor sich hin. Wir sitzen auf unserer Holzbank und genießen den ersten milden Abend im Keji, wie der Park auch liebevoll genannt wird.

Alle Plätze ringsum sind belegt, und ab und zu weht Gelächter oder leise Musik durch das dichte Grün der hohen Bäume.

Bis spät in die Nacht hinein schimmern die verglühenden Scheite noch rötlich in der Dunkelheit.

Am frühen Morgen packen wir unsere Rucksäcke für die geplante Kanufahrt.

Die vier Kilometer nach Jake's Landing fahren wir lieber, denn den Großteil des Fußweges sind wir ja gestern schon gelaufen.

Als wir langsam der kurvenreichen Straße durchs Camp folgen, tritt plötzlich ein schlankes hellbraunes Tier aus dem Wald. Ich rufe vorsichtshalber: »ein Reh, ein Reh!«, wohl wissend, dass es vermutlich nur ein großer brauner Hund sein kann.

Aber nein, wie einem Märchen der Brüder Grimm entsprungen, steht plötzlich eine zierliche Hirschkuh mitten auf dem Weg und blickt uns aus großen dunklen Augen an. Sie verweilt ganz still, während Georg so vorsichtig wie möglich auf die Bremse tritt und, voller Sorge sie zu verscheuchen, anhält. Ich halte sogar im Auto die Luft an - und dann kommen sie nach: zwei Junge. Neugierig lugen sie zwischen den Baumstämmen hervor, dann springen sie ausgelassen auf ihre Mama zu und überqueren gemeinsam den Weg. Die Mama zupft jetzt seelenruhig hier und da ein paar Grasbüschel ab, während die Kleinen munter am Waldrand über Wurzeln und Steine hüpfen und eindeutig eine Menge Spaß haben. Ganz langsam zieht die Hirschkuh weiter, bis alle drei im lichten Wald verschwinden.

In absoluter Hochstimmung fahren wir weiter nach Jake's Landing.

Wie eine Tafel bei den Anlegestegen berichtet, kaufte ein gewisser Jacob Kempton, auch Jake genannt, um 1838 die Auen und Feuchtwiesen am Meadow River und betrieb hier eine Farm. Über hundert Jahre lang wurde in diesem fruchtbaren Überschwemmungsgebiet Heu eingebracht. Jetzt nisten Rotschulterstärlinge im hohen Gras und Schnappschildkröten tummeln sich in den stillen Gewässern. Auch Weißwedelhirsche oder Virginiahirsche leben noch in den dichten Wäldern - das können wir heute ausnahmsweise bestätigen.

Rote und blaue Kanus liegen in langen Reihen am Ufer. Wir freuen uns, dass man welche ausleihen kann, um diese unbegehbare nasse Wildnis auf eigene Faust zu erkunden.

Andere Besucher sind mit eigenen Booten angereist und laden geschäftig lauter wasserdicht verpackte Taschen für den Tagesausflug aus.

Der Bootsverleih macht gerade auf.

»Haben sie vielleicht auch ein Kanu für zwei Personen?«, frage ich hoffnungsvoll.

»Absolutely«, lacht mich die junge Frau am Schalter an.

»Absolutely sounds great - das hört sich super an«, lache ich zurück.

Die Angestellte reicht mir mehrere Blätter über die Theke. Die sollen wir lesen und unterschreiben. Alles? Alles.

Soweit zur unkomplizierten Wildnis.

Als ich die Papiere seufzend entgegennehme, wirft sie einen Blick auf meine Ringe. Ich trage seit meiner Jugend an jedem Finger einen silbernen Ring. Im Laufe der Jahre ist der eine oder andere verloren gegangen und ersetzt worden, aber alle sind mit Erinnerungen an fremde Länder oder besondere Ereignisse verbunden.

Die junge Frau betrachtet jetzt neugierig jeden Finger einzeln und als sie zum Ringfinger gelangt, schreit sie begeistert:»Look what she has! – Schau was sie hat!« Ihre Kollegin kommt auch gleich aus dem Hinterzimmer angerannt, um zu sehen was es da so Aufregendes gibt.

»She has the one! The one who binds them all ... – Sie hat ihn! Den Einen der sie alle bindet«, flüstert sie nun tief beeindruckt und deutet auf den schmalen, von geheimnisvollen Runen überzogenen Silberring.

»Ja«, sage ich todernst mit tiefer Stimme, während die beiden meinen Herr-der-Ringe-Ring bewundern, »nehmt euch in Acht, ihr zwei. Ihr und alle verborgenen Geister in diesem alten Wald: Ein Ring, sie zu knechten, sie alle zu finden, ins Dunkel zu treiben und ewig zu binden ...«

Die beiden kichern entzückt. Sie freuen sich, dass sie DEN Ring endlich einmal in Echt sehen konnten.

Das erspart uns allerdings nicht die lange Litanei auf dem Vorgedruckten.

Man muss einen zweiseitigen Vertrag mit allen Risiken und Eventualitäten unterschreiben, wenn man ein Kanu mieten will. Auch nur für zwei Stunden. Auch wenn man DEN Ring trägt.

Wir überspringen kurzerhand das viele Kleingedruckte und unterschreiben einfach – zack - was mit einem zufriedenen »Pretty good« belohnt wird. Wenn schon Abenteuer, denn schon.

»Seid ihr schon Kanu gefahren?«, fragt unsere Betreuerin, während sie uns die Sicherheitswesten überreicht.

Ich denke an die kürzlich gemachte Erfahrung in der Trout Point Lodge. Das war zwar nur ein Kajak, aber ich finde, es zählt trotzdem.

»Einmal«, gebe ich an.

»Dann haltet euch lieber rechts, und paddelt den Fluss hinauf«, rät uns die junge Frau. »Es haben sich schon erfahrene Kanuten zwischen den vielen Inseln auf dem See verirrt. Außerdem ist es heute sehr windig, das erfordert deutlich mehr Geschick und Erfahrung, denn die Strömung ist sehr stark. Folgt geradewegs dem Mersey River, dann kann gar nichts schiefgehen. Ihr werdet schon merken, wenn es nicht mehr weitergeht - dann kehrt ihr einfach wieder um.«

Die Rucksäcke ins Boot werfen ist die einfachste Übung. Aber was ist mit uns?

Die erste Herausforderung besteht schon darin, beim Einsteigen nicht mit dem Kanu umzukippen. Das Kanu ist total leicht und schwankt völlig unberechenbar bei der kleinsten Belastung. Kunstvollendet kann man unseren Einstieg nicht gerade nennen. Auf Händen und Knien, das Boot fest an den Rand des Steges pressend, schaffen wir es schließlich beide, trocken auf den Sitzen Platz zu nehmen. Wir können nur hoffen, dass uns keiner zugesehen hat. Jetzt wird es leichter. Wir heben abwechselnd die Paddel und dringen langsam in die nasse Welt des Mersey River vor.

Geisterhaft hängen tiefe Wolken über dem Fluss und verleihen dem dichten Grün ringsum eine ganz besondere Intensität. Man hört nur noch das leise Platschen des Wassers, das von den Paddeln tropft, während wir ganz langsam durch diese ursprüngliche Landschaft treiben. Lange Schilfhalme biegen sich sanft im Wind und das Wasser schmiegt sich an der Böschung um die glattpolierten Wurzeln hoher Bäume.

Wir lenken das Kanu vorsichtig um smaragdgrüne Grasinseln und um ausgezehrte, knochige Äste, die an vielen Stellen wie lauernde Krokodile aus dem Wasser ragen.

Ab und zu hört man den Ruf eines Vogels. Sonst – eine übernatürliche Stille.

Zur Orientierung folgen wir immer den linken Abzweigungen. Durch das dunkle Wasser schimmern jetzt häufig die großen hellen Steine des Flussbettes durch. Manchmal spürt man auch schon einen kleinen Ruck - bald werden wir aufsitzen. Das also war mit »ihr werdet schon merken, wenn es nicht mehr weitergeht« gemeint.

Wir merken es – und notgedrungen kehren wir um.

Zwei Mi'kmaqs auf dem Weg nach Hause, so gleiten wir, hintereinander im Kanu sitzend, andächtig an den alten indianischen Gestaden vorbei.

Der Wind frischt immer mehr auf und vertreibt die tiefen Wolken.

Als die ersten Sonnenstrahlen sich in den Baumkronen und im Schilfgras fangen, schillert das ganze Ufer wie im changierenden Licht eines Regenbogens.

Noch ganz benommen von der Schönheit dieser Flusslande legen wir wieder am Steg an.

Es war herrlich.

Etwas steif gehen wir zurück zum Wagen. Ein Spaziergang wäre jetzt genau das Richtige, um die Knochen wieder zu sortieren.

Auf unserer Wanderkarte prüfen wir alle Hiking Trails, und entscheiden uns für den Hemlocks and Hardwoods Loop.

Fünf Kilometer um sich nach der Enge des Kanus die Beine zu vertreten werden uns guttun.

Auch in diesem Nationalpark – wie im Algonquin Park in Ontario - hat man mit gezielt gelegten und überwachten Bränden im trockenen Unterholz versucht, eine Erneuerung des Baumbestandes zu erwirken, ohne den alten Bäume Schaden zuzufügen.

Und so führt der Wanderpfad uns zuerst durch schmales, junges Gehölz.

Hunderte von Pilzen wachsen zwischen den Wurzeln und Farne und junge Eichensprösslinge begrünen den Waldboden.

Die jungen Pflanzen geleiten uns Schritt für Schritt in den älteren Teil des Forstes. Hier wird der Wald dichter, die Stämme höher und stärker. Und doch sind die Weymouth-Kiefern, die uns jetzt begegnen, erst um die achtzig Jahre alt.

Baumkinder, von denen viele durch Wind und Wetter, Licht-mangel oder zu enges Zusammenstehen noch zugrunde gehen werden. Doch jene die überleben, können bis zu fünf-hundert Jahre alt werden und ihrerseits wieder Teil eines ehrfurchtgebietenden, alten Waldes werden.

Auch die umstehenden jungen Balsam-Tannen werden nicht alle ihr mögliches Lebensalter erreichen, obwohl sie, im Vergleich zum biblischen Alter der Weymouth-Kiefern, mit zweihundertfünfzig Jahren direkt kurzlebig sind.

Der Weg verändert sich nun dramatisch und wir geraten in einen gespenstisch toten Teil des Waldes.

Die trockenen Äste der Großzähnigen Pappeln strecken uns ihre knochigen Finger entgegen. Zerborstene Baumstämme liegen auf dem dicht von welkem Laub bedeckten Boden. Hohle, moosbedeckte, Stämme stehen starr und leblos in der grauen Umgebung. Diese Pappeln sind eines natürlichen Todes gestorben, sie werden höchstens fünfundachtzig Jahre alt. Nun vermodern sie allmählich, werden von der Erde verschluckt, machen neuen Pflanzen Platz. Einzig das Klopfen der Spechte, die hier in den Hohlräumen ideale Nistplätze finden, hallt hin und wieder durch die Stille.

Schweigend gehen wir durch diese zeitlose Unterwelt, biegen hier und da einen spitzen Ast weg. Dann wird es lang-sam wieder grüner.

Ziegenbart und Butterpilze wachsen zwischen zarten Jung-trieben und saftigem Moos, die Bäume werden deutlich höher und kräftige Schösslinge wachsen in ihrem Schutz nach. Der holprige Pfad aus festgetretener Erde geht in einen akkurat angelegten Holzbohlenweg über.

Man kann es regelrecht spüren: Hier betritt man das Allerheiligste dieses Waldes. Einen Ort voll alter Magie und urtümlicher Kraft.

Staunend stehen wir inmitten uralter Kanadischer Hem-locktannen und verneigen uns zutiefst beeindruckt vor der

Majestät dieser geheimnisvollen Riesen, die bis zu tausend Jahre alt werden können.

Klein, nein winzig kommen wir uns vor.

Der Holzweg schützt nicht nur die flachen Wurzeln der uralten Bäume, sondern auch das kühle, feuchte und empfindliche Moos, das so wichtig für das Keimen der herabfallenden Zapfen und Samen ist. Ein dichter, wollig grüner Teppich erstreckt sich unter uns und umhüllt Wurzeln und Triebe. Alte Äste und tote Baumstämme verrotten im Unterholz.

Andächtig, wie im Inneren einer gotischen Kathedrale, blicke ich an den schier endlosen, säulenartigen Stämmen hinauf bis in die hellgrünen Wipfel - in Holz gemeißelte Pfeiler die das durchscheinende Himmelszelt hoch oben zu tragen scheinen.

Mir wird ganz schwindlig.

Am Ende des Rundweges kommen wir an einem weit abseits gelegenen Zeltplatz vorbei. Rough würden die Chippewa-Indianer aus Cape Croker dieses Gelände nennen. Natur pur und absolute Ruhe. Spuren von Zivilisation: keine.

Hier kommt man nur zu Fuß hin, und es besteht keine Gefahr, vom Zelt aus den nächsten Nachbarn sehen zu können oder gar gesehen zu werden.

Hundemüde und hungrig schleppen wir uns zurück zu unserem weniger einsamen Platz.

Wir basteln uns eine Pizza. So kann man das getrost beschreiben. Es ist der erste Versuch mit dem Gas-Backofen im Wohnmobil, und sicherheitshalber haben wir für das Experiment nur eine tiefgefrorene Pizza gekauft. Wir müssen die steinharte Scheibe zerstückeln, auf dünne Streifen Alufolie drapieren, und die Teile dem kleinen Ofen und den direkten Gasflammen anpassen. Das Resultat ist am Ende gar nicht so übel, aber müde und hungrig wie wir sind, hätten wir das Ding vermutlich auch halb gefroren gegessen.

Nach dem Essen geht Georg zum Strand. Ich setzte mich lieber auf unsere Bank unter den Bäumen, um ein bisschen zu lesen. Aber daraus wird nichts.

Der Platz schräg gegenüber ist heute früh frei geworden und der nächste Gast kommt gerade angerollt. Ein dunkelroter Pickup zieht einen enormen Trailer durch den engen Waldweg. Es sieht aus, als würde eine Ameise eine dicke Raupe durch den Wald ziehen.

Der Fahrer muss den überlangen Wohnwagen notgedrungen rückwärtsparkend durch die enge Einfahrt schieben, sonst kommt er mit seinem Pickup später nicht mehr aus dem von Bäumen umrandeten Platz raus.

Kann er aber nicht. Das heißt, er will schon, er ist nur nicht dazu fähig.

Das erkennt nach einigen misslungenen Anläufen auch seine Frau. Sie steigt aus und hilft. Was man halt so helfen nennt. Sie fuchtelt mit den Armen und schreit ununterbrochen: »No, no, noooo!«

Der Mann steigt also seinerseits aus und begutachtet die Lage. Dann fährt er wieder vor und wieder zurück, und wieder vor und wieder zurück – wieder unter lautem Nononooo.

Es hilft alles nichts: Die Raupe muss wieder raus aus dem Loch.

Nach dem siebten Versuch stinkt es so nach Benzin, dass ich mich in unseren Wagen verkrieche. So wird das nichts, das sieht auch der gute Mann endlich ein und beschließt, es nochmal ganz von vorne zu probieren. Eine weise Entscheidung.

Er fährt also den Waldweg ein Stück vor und setzt dann in einem völlig neuen Winkel zurück. »No,no, nooo«, hallt es durch den Wald und langsam verzweifle auch ich.

Es dauert eine Dreiviertelstunde, bis der Trailer auf seinem Platz steht. Und als dann Grill, Stühle und weiteres Gartengerät seelenruhig bei laufendem Motor abgeladen werden, verstehe ich endlich die Leute in den USA, die ein Gewehr griffbereit im Kofferraum liegen haben. Ich wäre jetzt bald soweit ...

Mangels Gewehr schließe ich unseren Wagen ab und folge meinem Mann zum Strand.

Da ist es wunderschön und ruhig, und erstaunlicherweise haben wir eine der langen Holzbänke ganz für uns allein.

Bis der Himmel sich am späten Nachmittag rosarot verfärbt genießen wir den warmen Platz und den von schattigen Kiefern umgebenen See.

Das Holz aus dem Park brennt wirklich miserabel. Mein neuer Versuch läuft nicht besser als gestern und nach einer Weile qualmt es auch aus den umliegenden Plätzen heraus, als würde jeder heimlich alte Autoreifen verbrennen. Den anderen Feuermachern geht es nicht viel besser als mir.

Außer einem. Unser neuer Nachbar, der Einparkspezialist, macht da die Ausnahme. Er hackt munter pfeifend sein selbst mitgebrachtes, strohtrockenes Holz klein. Für den Mann scheint die kategorische Regel »Don't move firewood!« nicht zu gelten. Man soll Feuerholz immer da kaufen, wo es auch verwendet wird und den Rest nicht in andere Gegenden mitnehmen. Einfach liegen lassen. Zu groß ist die Gefahr, dass sich fremde Schädlinge und Krankheiten in den Wäldern verbreiten. »Wen juckt's« sagt der Mann sich offensichtlich, setzt sich vor sein kuscheliges Feuer, und atmet tief entspannt seine rauchfreie Luft ein. Idiot ...

Aber er ist wirklich der Einzige, der sich nicht an die Vorschrift hält. Alle anderen verzweifeln wie wir an dem scharfen Qualm, der laut zischend aus den frisch gespaltenen Holzscheiten entweicht. Und so mancher gibt sich letztendlich geschlagen und lässt das kleine Ritual heute ausfallen. Wir auch.

Nachts beginnt der Regen. Erst langsam, dann stärker, schließlich gießt es aus Kannen. Ins Englische übersetzt man das Wort »Kannen« übrigens mit »cats-and-dogs«. »It rains cats and dogs« – ohne Schmarrn.

Frühmorgens stecken wir Wasser und Strom ab und fahren zu den Waschräumen. Es regnet immer noch Hunde und Katzen, aber ich muss dringend den bitteren Rauchgeruch aus den Haaren waschen.

Die böse Überraschung kommt, als plötzlich der Strom ausfällt und keine der Steckdosen mehr funktioniert. Das Wasser läuft inzwischen in reißenden braunen Bächen die Waldwege herunter, und ich versinke bis über die Knöchel als ich zum Wohnmobil zurücksprinte und quatschnass wieder einsteige. Was nun?

»Jetzt starten wir ganz einfach das Notstromaggregat«, beruhigt Georg mich, als er meinen jämmerlichen Ausdruck sieht. »Es ist für Notfälle gedacht, und für dich sind nasse Haare bei Regen ein klarer Notfall.«

Alle neuen Wanderpläne werden nach einem heißen Kaffee einstimmig gecancelt. Leider. Aber draußen bricht gerade die Sintflut über uns herein.

Ein Glück, dass wir gestern so viel unternehmen konnten. Nun zieht es uns zurück zur Küste, wo der Wind das Unwetter am ehesten vertreiben kann.

Und der Highway 8 führt von hier aus direkt nach Annapolis Royal.

Im Reich der Gezeiten

Das regennasse Städtchen begrüßt uns mit seinen schönsten Bauten. Links von uns, am Ufer des Annapolis River thront das historische Fort Anne. Rechter Hand flankieren wunderschöne alte Holzvillen die St. George Street. Es ist alles andere als leicht, in so einem kleinen Ort einen Parkplatz zu finden, auf dem wir unser unförmiges Schiff abstellen können. Schließlich finden wir zwei freie Plätze hintereinander, und stellen uns gekonnt auf beide. Wir hoffen, dass man uns das gnädig durchgehen lässt, wenn wir beide Parkuhren bedienen.

Dann gehen wir, fest in unsere Regenjacken gepackt, zu Fuß zurück zur Hauptstraße. Hier reiht sich ein historisches Gebäude an das nächste.

Das Adams-Ritchie House beispielsweise, ein hübsches dunkelrot gestrichenes Gebäude mit weiß umrandeten Sprossenfenstern, wurde 1747 gebaut. Zu jener Zeit war Annapolis Royal, nach etlichen erbitterten Kämpfen zwischen Franzosen und Briten, noch die Hauptstadt Nova Scotias. Erst nach der Gründung von Halifax im Jahr 1749 wurde sie abgelöst. John Adams war nicht nur ein erfolgreicher Kaufmann, er war auch Ratsmitglied, und in seinem Haus fand wohl so manche wichtige Sitzung statt.

Schräg gegenüber steht ein weißes Indianerzelt etwas verloren zwischen vier roten kanadischen Liegestühlen und blickt nachdenklich auf den Fluss.

Ja natürlich, auch hier haben die Mi'kmaq Indianer einst friedlich gelebt. Der Ort galt sogar als ein besonders beliebter Rastplatz auf ihren Wanderungen durch die Region. Und immerhin ist das einige Tausend Jahre lang gut gegangen, bis ...

Als erste Europäer erkundeten Monsieur Samuel de Champlain, der uns schon wie ein alter Freund vorkommt, und der Forscher und Kaufmann Pierre Dugua de Mons um 1604 die Gegend um den Annapolis River. Mit den ortsansässigen Mi'kmaq Indianern kamen sie bestens zurecht, und so gründeten die Franzosen 1605 den ersten befestigten Handelsposten in der Region und gaben ihm, zu Ehren des Königs von Frankreich, den Namen Port Royal.

Doch was hilft die schönste Festung, wenn es dem bösen Nachbarn nicht gefällt?

Port Royal wurde bereits acht Jahre später von den Engländern komplett zerstört.

An dieser Stelle möchte ich ganz deutlich sagen, dass es mir richtig weh tut, immer wieder schreiben zu müssen, dass die Engländer mit den indianischen Ureinwohnern und den französischen Siedlern in Nova Scotia nicht gerade zimperlich umgesprungen sind. Ich liebe England, und alle Engländer mit denen wir das Privileg haben befreundet zu sein, sind äußerst feinfühlige, liebe Menschen mit einem ganz subtilen, herzerfrischenden Sinn für Humor.

Aber was tun? Die Geschichtsbücher sind für die Völkerverständigung im Allgemeinen nicht gerade hilfreich ...

Wo war ich stehen geblieben? Ach ja: bei zerstört.

Die Franzosen sammelten also ihre Kräfte und bauten die Festung acht Kilometer flussaufwärts wieder auf. Und wieder wurde sie angegriffen, und wieder - und wieder. Ich glaube an die sechs Mal im Laufe der folgenden Jahre, bis sie 1710 dann endgültig von den Briten erobert wurde.

Zu Ehren von Anne Stuart - der ersten Königin des vereinigten Königreiches Großbritannien – wurde der Ort daraufhin in Annapolis Royal umgetauft.

Ja, mit dem Act of Union hatten sich nämlich auf einer anderen, weit entfernten Insel am 1. Mai 1707 das Königreich England und das Königreich Schottland zum Königreich Großbritannien vereint.

Sollte sich das so anhören, als wären die Politiker jetzt beschäftigt und es würde eine Zeit des Friedens folgen, kann ich alle Zweifel gleich zerstreuen. Die endlose Fehde zwischen England und Frankreich, sie war keineswegs bereinigt, und dementsprechend lief es auch hier in Neuschottland munter weiter:

Die Schlacht am Bloody Creek im Juni 1711, die Blockade von Annapolis Royal 1722, die Belagerung von Annapolis Royal 1745, sind nur einige der Scharmützel, die belegen, dass sich weder die französischen Acadier noch die Mi'kmaqs mit der britischen Übermacht abfinden wollten. In jenen unruhigen Zeiten schlossen sich Indianer oft mit französischen Siedlern in regelrechten Banden zusammen, und führten in den dichten Wäldern Nova Scotias eine Art Guerillakrieg gegen die Briten. So wurde der Bloody Creek im Dezember 1757 bereits zum zweiten Mal Schauplatz eines blutigen Gemetzels, das dem kleinen Fluss dann wohl auch seinen traurigen Namen einbrachte.

Ach - genug davon! Ich glaube fast, der dichte Regen fördert trübe Gedanken …

Als wir an einem niedlichen, kleinen Leuchtturm vorbeikommen hellt der Himmel endlich auf, und über der Festung spitzt zaghaft die Sonne heraus.

Fort Anne wurde 1917 offiziell zur ersten historischen Stätte Kanadas ernannt.

Die große Gedenktafel im Park ziert auch der indianische Name des Forts:

Waqlusan A'n.

Mehrere Gebäude ziehen sich hier über ein Areal voller rasenbedeckter Wälle, von denen aus man einen wunderbaren Blick über das breite Mündungsbecken des Annapolis River genießt.

Im Inneren des kleinen Museums von Fort Anne findet man Gebrauchsgegenstände aller Art: Hammer, Hobel und Holzzapfen für den Hausbau, aber auch Küchenutensilien, geschnitzte Holzpantoffeln und geflochtene Schneeschuhe.

Ein großer Wandteppich zeigt bunte Szenen aus dem Leben der Stadt.

Alle Räume sind sehr niedlich und anschaulich eingerichtet, doch es hilft alles nichts, wir müssen wieder raus in den Regen.

Durch die quatschnassen Grünanlagen kehren wir zurück zur Hauptstraße.

Direkt gegenüber steht ein zitronengelbes Haus. Auf einem schmiedeeisernen Schild neben der Eingangstür kann man in tadelloser Frakturschrift »German Bakery Sachsen Café« lesen. Darunter baumelt eine waschechte Brezel an einer Kette.

Wir müssen laut lachen. Ein sächsisches Kaffee ist das Letzte, was wir hier erwartet haben.

Als wir kurz darauf die Ladentür öffnen, hören wir auch schon eine Frau mit ebendiesem absolut unverkennbaren Akzent über die Theke hinweg mit einem der Kunden sprechen. Auf Englisch natürlich.

»You speak a very sächsisch english!«, stelle ich lachend fest, als ich an der Reihe bin. »Na und was sprechen sie denn so?«, kommt es prompt in reinstem Sächsisch zurück.

Es dauert nur wenige Sekunden und schon hat sich ein angeregtes Gespräch entwickelt. Die Bäckerin freut sich sichtlich über den Besuch aus der fernen Heimat, und ich staune nicht schlecht, als sie mir erzählt, dass sie erst vor 16 Jahren mit ihrem Mann hierhergezogen ist. Da ja viele der ersten Siedler Neuschottlands aus Deutschland kamen, dachte ich spontan, sie würde seit Generationen hier leben.

»Nix da!«.

Heidi kommt hinter dem Tresen hervor und zeigt uns stolz ihr kleines Reich. In der Gaststube zieren, schön gerahmt, die Lehrbriefe, die Gesellenbriefe und die Meisterbriefe einer ganzen Bäckerfamilie die Wände. Wir bewundern die lange Familientradition, bestaunen respektvoll die alten Urkunden.

Ja, das ist wahrhaft Geschichte in der Geschichte: Das Zeugnis der Gesellenprüfung von Heidis Großvater Kurt, ausgestellt im April 1917 von der Zwangs-Innung Werdau, einem Mitglied des Zentralverbandes deutscher Bäcker-Innungen »Germania«, muss sich in dem historischen Umfeld von Annapolis Royal wirklich nicht verstecken.

»Da haben sie sich einen sehr hübschen und gemütlichen Ort zum Leben ausgesucht«, meine ich freundlich, »noch nicht so von Touristen überlaufen.«

»Na bleiben sie mir mal bloß weg mit einsam und beschaulich«, winkt Heidi energisch ab. »Ohne die Touristen könnten wir hier doch gar nicht überleben, und zu unserem Glück kommen wirklich sehr viele! Das Dorf selbst hat doch nur 400 Einwohner!«

»490«, korrigiert die hübsche Tochter, die gerade einen Teller mit Apfelstrudel balanciert, im Vorbeigehen.

»Dagegen ist unser bayerisches Heimatdorf Oberammergau ja direkt eine Großstadt«, stelle ich erstaunt fest.

»Na sehen sie, also lassen sie uns bloß unsere Touristen«, lächelt die kämpferische Bäckerin. »Wegen der vielen Besucher haben wir von Mai bis Oktober sieben Tage die Woche auf. Das ist anstrengend, das können sie mir glauben, aber wir haben Arbeit. Und ausruhen können wir uns im Winter, wenn nichts los ist.«

Der Bäckergehilfe kommt übrigens aus Bayern, daher die Idee mit den Brezeln.

»Hier am Ort junge Leute zu finden, die in einer Bäckerei arbeiten wollen ist fast unmöglich«, stöhnt Heidi. »Die Nachtschichten und die lange Winterpause machen es schwer ... da hat keiner Lust drauf.«

Wir wünschen der ganzen Bäckerfamilie weiterhin viel Glück und treten mit einem sächsischen Apfelstrudel und einem großen Sonnenblumenbrot beladen wieder hinaus auf die St. George Street.

Ja das kaltnasse Wetter mag nicht ganz unschuldig daran sein, dass die Stadt heute so leer wirkt.

Für die Nacht haben wir einen Campingplatz ausfindig gemacht, der direkt an der »Bay of Fundy« liegt, einer Bucht, die durch ihre außerordentlich starken Gezeiten bekannt ist.

Es fängt wieder an, Hunde und Katzen zu regnen.

In der St. Anthony Street decken wir uns im Foodland Supermarkt noch mit Lebensmitteln ein, dann verlassen wir Annapolis Royal.

Am Ortsende führt der Evangeline Trail über eine Brücke auf eine schmale Halbinsel. Hier steht ein seltsamer moderner Betonklotz mit einem ovalen Vorbau und dicken Rohren, die sich an die Außenmauer klammern.

Es ist das erste und wohl auch einzige Gezeitenkraftwerk Nordamerikas und dafür, dass es Anfang der 80er Jahre gebaut wurde, sieht es immer noch richtig futuristisch aus.

Auf dem leeren Besucherparkplatz halten wir und schauen uns die Anlage durch die tropfnassen Fenster an. Dann fahren wir kurzerhand den Slide-Out aus und machen es uns mit heißem Kaffee und einem duftenden sächsischen Apfelstrudel gemütlich.

Mit 80 Dollar pro Nacht ist der »Parker's Cove Oceanfront Campground« zwar der teuerste den wir bisher besucht haben, aber er hält auch sein Verspechen: Der Ozean liegt in all seiner unendlichen Weite direkt vor unseren Augen.

Die Leute im Büro sind arrogant und unfreundlich. Immerhin ist der Platz, der sich terrassenförmig zum Meer hinunterzieht, fast leer und so dürfen wir uns eine schöne Stelle direkt über dem steinigen Ufer aussuchen. Ja, heute ist der 7. September und man kann es deutlich sehen: Die Ferien sind zu Ende.

Über einen schmalen Fußweg gehen wir wenig später zu einem nahegelegenen Fischerhafen.

Knallbunte Schuppen und Lagerhallen drängen sich am Anfang der langen Mole dicht aneinander. Wie fluoreszierend leuchten die Farben in der anbrechenden Dämmerung und dann – dann stehen wir nur noch sprachlos da.

Über zehn Meter hohe, von grünem Schlick und Algen bedeckte Bretterwände, Pfosten, Pfeiler und Stempen ragen aus dem schlammigen braunen Grund heraus. Ein hölzernes Labyrinth, eine seltsam anmutende, versunkene Stadt, die unverhofft aus den Tiefen des Ozeans aufgetaucht ist. Und zwischen den staksigen Gebilden liegen Fischerboote tief unten auf dem Grund, wie Kinder die im Sandkasten spielen.

Wo ist das Wasser geblieben? Wir folgen einem der schmalen Anlegestege bis zum Ende. Sanft, fast unauffällig liegt der Ozean jetzt in seiner ganzen Breite vor unseren Augen. Glucksend schwappt das Wasser gegen die kastenartigen Wände, harmlos, als wolle es für immer da draußen bleiben.

Auf dem Nachbarhügel stehen ein paar schöne Villen mit weitläufigen Gärten. Der gepflegte englische Rasen hört überall abrupt an einer durchlaufenden, klaren Grenzlinie auf. Dunkler, von schwarzbraunen Algenbüscheln bedeckter

Schotter löst an dieser Kante das lebhafte, satte Grün ab. Zwei Welten, die sich Tag für Tag im Takt der Gezeiten begegnen und doch immer getrennt bleiben werden. Die Ebbe hat ihren Tiefpunkt erreicht.

Durch die Frontscheibe unseres Wohnmobils haben wir einen fantastischen Panoramablick über die Bucht. Die Sonne geht glutrot in einem perfekten Rund unter. Ein langer Wolkenstreifen zieht sich orangefarben über den Horizont, dann färbt sich der Himmel langsam in ein dunkles Violett. Man kann es in der anbrechenden Dunkelheit schon erahnen: Das Wasser kehrt zurück.

Wir stehen früh auf, denn vor unserer Abfahrt möchten wir noch Wäsche waschen. Als ich im Büro die erforderlichen Münzen – sogenannte Quarters - einwechseln will, blickt mich ein weißhaariger Mann mürrisch über den Tresen an. Er hat gestern schon nicht gegrüßt und sieht auch heute keinen Grund mein freundliches »Good Morning« zu erwidern. Vielleicht hat er ja ein Problem mit dem Kiefer. Und mit den Fingern auch, denn er schiebt meine vier Dollar-Münzen wortlos mit gespreizten Fingerspitzen auf der Tischplatte zurück und zeigt demonstrativ auf eine gähnend leere Schublade, die wohl als Tageskasse dient. Doch so schnell lasse ich mich an diesem teuren Campingplatz nicht abwimmeln. Laundry stand schließlich ganz groß in der Beschreibung des Campingplatzes und die Münzen der anderen Gäste müssen ja auch irgendwo geblieben sein. Und wenn sie immer noch in den Waschautomaten stecken, dann muss der gute Mann sie eben da rausholen.
Ich lasse meine Geldstücke erneut über die Theke wandern.
»Dann werde ich eben solange hier warten bis sich die nötigen Münzen einfinden«, verkünde ich hartnäckig und

mache Anstalten mich auf einen Stuhl zu setzen. Ich glaube, der Mann erkennt, dass ich das bitter ernst meine, und die Aussicht auf meine weitere Gesellschaft findet er gar nicht lustig. Nein, die ist sogar so abschreckend, dass er sich ärgerlich schnaubend in Bewegung setzt. Mit lautem Schlüsselklappern sperrt er einen Büroschrank auf und zaubert mit zusammengekniffenen Lippen eine Geldkassette hervor. Missmutig knallt er die Kassette auf den Tresen und öffnet den Deckel. Na sowas: Da liegen sie ja, all die Vierteldollars, fein säuberlich in Rollen geordnet. Ja, so schöne Rollen bringt man natürlich nicht gerne durcheinander - all die viele Arbeit umsonst! In peinlichem Schweigen zählt mir der unangenehme Typ die Münzen in die Hand. Geht doch.

Erleichtert verlasse ich das ungastliche Office. Ich brauche dringend frische Luft.

Unter einem strahlend blauen Himmel warten wir auf unsere Wäsche. Die Waschmaschinen und die Trockner sind – wenn vorhanden – immer riesig groß. Da passt ordentlich was rein, und dann hat man wieder eine Weile Ruhe.

Wir vertreiben uns die Wartezeit, indem wir die Landkarte aufmerksam studieren, und entdecken auf einer Landzunge ganz am Ende der Bay of Fundy einen kleinen grünen Fleck. Blomidon Provincial Park steht daneben. Ich rufe den Park im Internet auf, und finde sogleich heraus, dass dort auch ein Campingplatz ist, in dem man übernachten kann. Ein perfektes Ziel für den heutigen Tag.

Nachdem die Wäsche verstaut ist, werfen wir einen letzten Blick auf den in der Ferne funkelnden Ozean. Das Wasser ist um diese Zeit schon wieder weit draußen. Die Flut wird erst in ein paar Stunden erneut ihren Höhepunkt erreichen.

Auf dem Evangeline Trail folgen wir den abenteuerlichen Windungen des Annapolis River. In der Flussebene grasen

Kühe friedlich auf saftigem Weideland. Sonnengelbe Kanadische Goldrute sprenkelt die grünen Wiesen.

Obstplantagen wechseln sich mit Maisfeldern ab. Hin und wieder stehen Holzkisten mit Gemüse zur Selbstbedienung am Straßenrand. Auch Feuerholz, ordentlich gebündelt, wird angeboten.

Auf einem Bauernhof tummeln sich Schafe und schwarze Hausschweine. Wo das Auge auch hinfällt, präsentiert sich eine friedliche ländliche Idylle.

Auf privaten Flohmärkten in zeitlosen kleinen Sommergärten werden Antiques oder Treasures – Schätze – angeboten. Einige der windschiefen Holzhäuschen sehen selbst wie altmodische kleine Schatztruhen aus.

In Bridgetown wird dieses Wochenende das Cider Festival gefeiert und wir fahren durch festlich geschmückte Straßen. Der Fluss ist hier nur noch ein schmales blaues Band, das sich friedlich durch Wiesen, Maisfelder, Obstgärten, Blaubeerfarmen und kleine Gehöfte schlängelt. Und Apfelplantagen. Äpfel wohin das Auge reicht, bis hin nach Berwick, der »Apple Capital of Nova Scotia«.

Wir sind ehrlich überrascht, denn auf unserem bisherigen Weg war Fisch – und alles, was mit dem Ozean zu tun hat - die wichtigste Erwerbsquelle. Wir waren ja sogar schon in Barrington, der »Lobster Capital of Nova Scotia«.

Das Meer scheint hier weit, weit weg zu sein.

Äpfel wurden erstmals um 1606 in Annapolis Royal eingeführt. Die Bäume, die Blüten, der Duft und der Geschmack der Früchte müssen für die Siedler damals ein Stück Heimat in der Fremde bedeutet haben.

Wir gehen ein paar Schritte durch den niedlichen Ort, dann kaufen wir in Nob's Farm Market etwas Obst und Gemüse ein und machen uns wieder auf den Weg.

Am Ende der schmalen Uferstraße taucht jetzt ein rötlich schimmernder Hügel auf.

Der schmale, langgezogene Blomidon Park liegt auf einer Anhöhe über dem »Minas Basin«, einem riesigen Wasserbecken, das mit der Bay of Fundy verbunden ist, und wie eine grob behauene Pfeilspitze auf die Stadt Truro zeigt.

Hier soll man die dramatischsten Gezeiten der Welt beobachten können.

Einen kleinen Vorgeschmack bekommen wir, als wir den Wagen am unteren Eingang des Parks abstellen und uns zu Fuß einem niedrigen Holzzaun nähern.

»Vorsicht, aktiv erodierende Klippe«, steht auf einem Warnschild. Irgendwie ist an dieser Küste ständig alles in Bewegung.

Eine Holztreppe führt steil nach unten. Und plötzlich stehen wir auf einem breiten Kiesstreifen unter einem roten, aus quer verlaufenden Schichten bestehenden Steilhang – vor uns das leicht gekräuselte hellblaue Meer.

Das Minas Basin. Gegen Mittag hat die Flut ihren Höchststand erreicht. Jetzt zieht sich das Wasser kaum merklich wieder zurück.

Ich drehe mich um und blicke nach oben. Als wäre ein Teil des Hügels mit einem riesigen Messer abgeschnitten worden, thront hoch über einer rostroten Wand der tiefgrüne Park mit seinen dichten Bäumen und Sträuchern.

Vom Parkplatz aus könnte man direkt über den Jodrey Trail bis zum Campingplatz laufen, aber da wir dort gerne über Nacht bleiben würden fahren wir die eineinhalb Kilometer bis zum Office natürlich mit dem Wohnmobil.

Obwohl hier kein Komfort angeboten wird - keine Hooks, kein Strom, kein Wasseranschluss - ist der Platz so gut wie ausgebucht. Wochenende.

Dennoch empfängt uns der Angestellte sehr freundlich und fragt, ob wir mit einem »Over flow«-Platz einverstanden wären. Das ist ein Zusatzplatz der für den Fall freigehalten wird, dass alle anderen belegt sind.

Wir dürfen uns besagten Platz selbstverständlich vorher ansehen, und - was soll ich sagen - er ist wundervoll: eine große Wiese inmitten von Wildblumenbeeten und großen Hortensienbüschen. Ringsherum beleben einzelne Tannen und Kiefern die welligen Grasbuckel. An einem über 180 Meter schroff in die Tiefe abfallenden Hang steht ein niedriger Holzzaun, über den man auf die azurblaue Weite des Minas Basin blickt.

Wir sind so begeistert von der an Südengland erinnernden Schönheit dieses Parks, dass wir gleich für zwei Tage buchen.

Neben dem Wohnmobil steht auch hier der obligatorische Tisch mit eingebauter Holzbank und so schnappt sich Georg ein Buch und möchte nur noch die Wärme und die Stille dieses verwilderten Gartens genießen.

Ich schau mich inzwischen ein bisschen um und entdecke, dass der Jodrey Trail direkt über uns auf der Hügelkuppe den Campingplatz durchquert, und kurz darauf im Wald verschwindet.

Neugierig folge ich dem Weg. Buchen, Gelbbirken und Tannen säumen den schattigen Pfad. Ich hoffe natürlich, vom äußersten Rand des steil abfallenden Hügels ab und zu einen Blick auf die glitzernde Bucht werfen zu können.

Leider bremst ein lästiger Maschendrahtzaun all meine Versuche, an den Rand des Abhangs zu gelangen, drastisch aus, und ich kann das Wasser nur an wenigen Stellen durch dichte Äste und Sträucher in der Ferne aufblitzen sehen.

»Danger«-Schilder hängen überall am Zaun. Dieser Steilhang ist gefährlich. Als der ziemlich eintönige, schattige Weg sich immer weiter von der Küste entfernt und nur noch durch den sicheren Wald führt, gebe ich auf und kehre zurück zum Campingplatz.

Ich freue mich auf ein Abendessen unter freiem Himmel und, nach dem gestrigen Regentag, auch auf ein gemütliches, wärmendes Lagerfeuer. Für die kommenden zwei Tage haben wir am Empfang zwei Bündel Feuerholz gekauft und haben fest vor, sie unter einem klaren Sternenhimmel zu verbrennen.

Gleich nach dem Frühstück starten wir bei herrlichem Sonnenschein los, um das Minas Basin bei Ebbe zu erleben. Zuerst gehen wir über die Schotterstraße bis zu dem recht hoch gelegenen Office. Bereits von dort hat man einen atemberaubenden Blick über die Bucht. Die orangefarbenen Steilklippen wirken heute ganz klein und unscheinbar gegen die endlose rotbraune, von schimmernden Pfützen durchwirkte Sandfläche, die sich jetzt weit in das Minas Becken hineinzieht. Es ist kurz nach neun und das Wasser erreicht mit 0,6 Metern gerade seinen absoluten Tiefstand.

Als wir den rasenbedeckten Hang hinuntergehen, stoßen wir wieder auf den Jodrey Trail, und folgen ihm diesmal in die entgegengesetzte Richtung.

Nach wenigen Schritten werden wir von dichtem Wald und Strauchwerk verschluckt. Einige Bäume sind für die Wanderer farbig markiert, denn der schmale, glitschige und von Wurzeln durchzogene Pfad ist nicht immer leicht zu erkennen.

»Rot für den Norden, gelb für den Süden«, erklärt mein Mann, während er sich die Zeichen genauer ansieht.

Wer in Italien zur Schule gegangen ist, versteht das sofort: Rot ist die internationale Farbe für Gefahr, und spätestens seit Langobarden und Alemannen im 2. Jahrhundert über die Alpen ins Römische Reich eingedrungen sind - und die Vandalen im Jahr 455 sogar die Stadt Rom selbst angriffen und plünderten! - lernt man in italienischen Klassenzimmern, dass die Gefahr immer im Norden lauert.

Wir folgen also den gelben Punkten: Gelb, Süden, keine Gefahr.

Dieser Teil des Jodrey Trails ist viel schöner, als der den ich gestern gesehen habe. Allerdings auch viel steiler. Ich halte mich immer wieder an dünnen Baumstämmen und biegsamen Ästen fest, um nicht gnadenlos abzurutschen.

Kleine Lichtungen öffnen sich hier und da, dicht bewachsen mit leuchtender Goldrute und hellblauen Astern. Verwilderte alte Apfelbäume stehen zwischen hohen Farnen und verhutzelte rote Äpfel hängen an den tiefen Ästen.

Und tief unter uns diese unglaubliche, faszinierende Landschaft.

Was für unermessliche Kräfte müssen da am Werk sein um - innerhalb weniger Stunden - so einen endlos breiten Sandstreifen freizulegen und dann wieder zu füllen. Immer wieder aufs Neue.

Endlich erreichen wir das Becken und setzen die Füße auf den nassen, roten Sand.

Das Wasser funkelt weit hinten am Horizont in der Sonne. Unsere Schuhe hinterlassen tiefe Abdrücke, aber nirgends kann ich Krebse, Krabben oder Muscheln entdecken. Nur vereinzelte Algen und Steine.

Einmal kreuzen wir die Hufabdrücke eines Hirsches. Es ist wie mit dem Duft von Essen in der Luft: Man kann riechen, dass da etwas Leckeres gekocht wird, und irgendwo muss das Essen ja auch sein, aber man bekommt es nicht zu sehen. Mit den wilden Tieren verhält es sich hier ganz ähnlich.

Auf dieser samtweichen, surrealen Ebene gehen wir langsam dem Meer entgegen, bis immer breitere Rinnsale unsere Füße umspülen. Und dann bleiben wir stehen, Hand in Hand, zwei kleine Menschen am Rand der stärksten Gezeiten der Welt, auf dem endlosen ockerfarbenen wasserdurchtränkten Meeresgrund.

Auf dem Rückweg frage ich mich mehrmals, wie ich jemals auf diesem extrem abschüssigen Gelände runterkommen konnte. Mühsam hangle ich mich mithilfe von Ästen, und schmale Baumstämme umklammernd, den glitschigen Trampelpfad wieder hoch.

Ein Mann quetscht sich mit einem gemurmelten »sorry« an uns vorbei. Der Rest des Pärchens taucht kurz darauf ächzend und jammernd hinter mir auf. Als ich rücksichtsvoll stehenbleibe, winkt die Frau dankend ab: »I'm the slower one!«

O nein, das glaube ich weniger.

»I'm by far the more slower one - ich bin ganz bestimmt noch langsamer«, lache ich und lasse sie vorbeiklettern.

»Jesus!«, stöhnt die Frau laut und setzt ziemlich unsicher einen Fuß auf die rutschigen Wurzeln.

»Genau!«- stöhne ich hinter ihr mindestens genauso erbärmlich.

Auf einer der einladenden Bänke für die Tagesausflügler legen wir oben am Office endlich eine Rast ein.

Ein französisches Ehepaar hat uns den Hügel hinaufkommen sehen und bombardiert uns jetzt mit Fragen. »Wie steil, wie lang, wie schwierig, wie schattig – wie ist der Weg und führt er auch runter bis zum Ufer?«

Als ich in ziemlich tadellosem Französisch antworte, wird das von der Frau mit einem begeisterten Händeklatschen belohnt. Und schon ist die Freundschaft da.

Claudine kommt aus Chartre, ja genau, das mit der berühmten Kathedrale. Seit vierzig Jahren lebt sie nun schon mit ihrem Mann in Québec, doch sie weigert sich vehement und erfolgreich – und auch ein wenig starrsinnig - auch nur ein einziges Wort Englisch zu lernen. Wegen der Identität. Ja, sie befürchtet, die tiefe Verbundenheit zu ihrem Land und ihren Wurzeln zu verlieren, sich selbst untreu zu werden, sollte sie jemals ein Wort Englisch sprechen.

»Für die Seele«, meine ich verständnisvoll.

»Für die Seele«, nickt Claudine.

Pierres Familie hingegen lebt schon seit Ende des 17ten Jahrhunderts in Kanada. Er sieht das Ganze recht locker. Schon aus beruflichen Gründen musste er perfekt Englisch lernen, denn er war Lehrer. Seit einem Jahr ist er in Rente und nun bereisen die beiden ihre Heimat mit einem kleinen Wohnwagen – une Roulotte. Und sie sind absolut begeistert von dem, was sie bis jetzt gesehen haben.

Da können wir nur zustimmen, und so haben wir schon wieder eine Gemeinsamkeit gefunden.

Wir verabreden uns für den Abend auf ein Glas Rotwein am Lagerfeuer. Fein.

Ein Weißkopfadler zieht hoch über den Wipfeln der Tannen seine Kreise, als wir zu unserem Wohnmobil zurückkehren. Die Ufer und Sumpfgebiete der Bay of Fundy sind vor allem für Zugvögel ein wichtiges Schutzgebiet. Sandregenpfeifer, Steinwälzer und Sandstrandläufer finden hier überlebenswichtige Rastplätze auf dem langen Weg nach Süden.

Pierre und Claudine kommen, als das Feuer schon munter prasselt. Das Holz brennt ausgezeichnet und kleine rotgoldene Funken fliegen wie Sternschnuppen in den kobaltblauen Abendhimmel.

Als die Feuchtigkeit langsam von den Wiesen hochzieht, gehen wir in unseren Wagen, denn an unserem Tisch haben vier Personen bequem Platz.

»Wir haben nur einen italienischen Chianti anzubieten, eine schwere Prüfung für die französische Seele«, wende ich mich lachend an Claudine.

»Das werde ich verkraften«, schmunzelt sie zurück und begutachtet die Flasche. »Bei Wein machen wir durchaus mal eine Ausnahme – natürlich nur für die Völkerverständigung!«

Natürlich. Es wird ein sehr fröhlicher Abend.

Wir kommen auf Samuel de Champlain und die Gründung Québecs zu sprechen. Und auf den Evangeline Trail, auf dem wir hierhergefahren sind. Pierre ist sehr gebildet, erzählt von der Déportation des Acadiens – der Vertreibung der Acadier im sogenannten French and Indian War von 1755 bis 1763. Die hier ansässigen Franzosen, meint er, hatten der militärischen Gewalt der Briten wenig entgegenzusetzen. Anfangs seien die Acadier in die dreizehn britischen Kolonien an der Ostküste Nordamerikas abgeschoben worden. Gegen Ende des Krieges seien sie dann nach England und Frankreich deportiert worden.

»Aber viele sind nach Nova Scotia zurückgekehrt. Ein zäher Menschenschlag, unerschrocken und stolz darauf, Franzosen zu sein«, beendet Pierre mit Nachdruck seinen Vortrag. Und darauf stoßen wir an.

»Wie schmeckt euch das Brot in Kanada?«, fragt Claudine freundlich, um das blutrünstige Thema zu wechseln.

»Ist das eine Fangfrage?«, frage ich vorsichtig. Das Thema Brot halte ich hier für nicht minder gewagt als eine Diskussion über vergangene Kriege.

Claudine lacht herzhaft. »Wir wissen, dass das ein Problem ist. Tatsächlich kommen in den letzten Jahren immer mehr gelernte Bäcker nach Québec. Teils weil es in Frankreich nicht genug Arbeit gibt, teils weil die Nachfrage hier wirklich sehr groß ist. Wenn bei uns ein neuer Bäcker aufmacht stürzen sich alle drauf. Und ganz ehrlich, was gibt es Besseres als ein frisches Baguette oder ein ofenwarmes Croissant?«

»Ja, wenn sie das Rezept nicht auf der Überfahrt verloren haben, ist das wirklich etwas Feines«, gebe ich lachend zurück.

Es ist spät geworden. Die beiden laden uns ein, morgen früh noch ihre »Goutte d'eau - ihren Wassertropfen« zu besichtigen. Dann werden wir alle wieder in verschiedene Richtungen aufbrechen.

Pierre und Claudines Wohnwagen sieht tatsächlich wie ein Wassertropfen aus. In der Tür befindet sich ein kreisrundes Fenster und innen sieht es aus wie in einer Hobbithöhle. Klein, putzig, liebevoll mit vielen Reisesouvenirs geschmückt und wunderbar gemütlich.

Wir verabschieden uns wie alte Freunde, dann starten wir in einen neuen sonnigen Tag.

Bevor wir der Küstenstraße in Richtung Truro folgen, möchte Georg noch einen kleinen Spaziergang ans Cape Split machen. Das ist die äußerste Spitze dieser Landzunge, quasi am Eingangstor zwischen der Bay of Fundy und dem Minas Basin.

Wir müssen nur einen kleinen Umweg über Blomidon machen, denn von hier aus kann man nicht einfach quer durch die Halbinsel fahren.

»Höchstens ein halbes Stündchen«, meint mein Mann als ich am Parkplatz fragend Rucksack und Wasserflasche hochhebe.

Gut, dann werden wir nicht viel brauchen.

Das halbe Stündchen zieht sich. Ein buckeliger, krummer Weg schlängelt sich durch riesige Matschlöcher und Pfützen bergan, bergab und wieder bergan. Der Wald ist anfangs licht und freundlich, dann wechseln sich hohe Birken mit dichten Sträuchern, Tannen und Kiefern ab. Saftige moosgrüne Farne säumen den Pfad.

Aus dem halben Stündchen ist längst ein zweites geworden. Stolpersteine, Stolperwurzeln, Löcher, ich konzentriere mich lieber auf den Boden, denn Ausblicke auf die Bucht ergattert man nur ganz selten. Und doch hat der Weg seine ganz eigene wilde Schönheit und die Baumkronen über uns leuchten wie hellgrünes Glas in der Herbstsonne.

Eine Gruppe junger Kanadier kommt uns entgegen. Die Mädchen tragen hauchdünne Hemdchen und Flip Flops, die Jungs Shorts und Sandalen. Locker springen sie über die

Wasserlöcher und die dicken Wurzeln auf dem Stolperweg. Wir leben eindeutig in verschiedenen Klimazonen: Ich trage Wanderschuhe und eine gefütterte Jacke.

»Hi«, begrüßen wir uns handhebend im Vorbeigehen und müssen alle grinsen, weil wir gar so unterschiedlich angezogen sind.

Die Zeit scheint hier stehenzubleiben. Ich weiß überhaupt nicht mehr, wie lange wir schon unterwegs sind.

Der Weg windet sich immer weiter hügelauf, dann tauchen vier fröhlich lachende Frauen auf. Sie sind zügig unterwegs. Ich bleibe stehen und frage, wie weit es noch bis zum Cap ist. Eine der Frauen, die ihr Tempo kein bisschen drosselt, um nicht aus dem Rhythmus zu kommen, ruft mir immerhin über die Schulter nach: »not so far – nicht besonders weit.« Also, das ist mir jetzt schon ein bisschen zu ungenau. Vielleicht geht es ja etwas präziser? »Was bedeutet not so far?«, rufe ich ihr also hinterher, »one hour, two hours, more …?«

»Twenty minutes«, hallt es um die Kurve. Zwanzig Minuten. Geht doch.

Das heitert mich gleich deutlich auf. Und ich addiere geistig die doppelte Zeit dazu, obwohl wir auch ein recht gutes Tempo draufhaben.

Nach einer Weile verengt sich der Pfad, die Bäume werden immer höher, stehen dichter. Alles ist in tiefes, geheimnisvolles Grün gehüllt. Eine magische Stille umgibt uns plötzlich, man möchte fast den Atem anhalten … und dann taucht er auf: Der Herr des Waldes, der »Lord of the Trail«. Ein respekteinflößender alter Haudegen, ein krummer Riese, ein alter Pirat – dicht tätowiert von Kopf bis Fuß.

Einem Oktopus gleich bohrt der uralte Baum seine langen Wurzeln wie Fangarme in den Waldboden. Der Stamm hängt schräg über den Pfad, von Wind und Wetter ausgehöhlt, von der Zeit zernagt. Und doch ragen noch einige gesunde Äste, vor Kraft strotzend, hoch hinauf. Und über den gesamten

Körper, über den dicken geborstenen Stamm, über jeden Ast, selbst über das dichte Geflecht der Wurzeln laufen Tausende Schriftzeichen.

Behutsam streichle ich über einen Ast, über seine tiefen Narben und Risse, über die vielen Namen und Erinnerungen, die jahrzehntelang in die Rinde geritzt wurden, wie über die brüchigen Seiten eines sehr alten Buches. Und der greise Baum erzählt leise Geschichten von Ebbe und Flut, von Wassergeistern und Waldelfen, aber auch von Liebe, von Sehnsucht und von Glück.

Einige Minuten lang verweile ich andächtig neben dem alten Baum und lausche dem zauberhaften Geflüster. Dann folge ich meinem Mann zurück auf den Pfad und der dichte Wald verschluckt mich wieder.

Zwischen den langen Kieferästen am Wegrand können wir jetzt immer öfter die steil abfallenden Klippen aufleuchten sehen. Wir müssen schon ziemlich weit oben sein.

Dann endet der Wald abrupt.

Auf fester, roter Erde treten wir schlagartig in die strahlende Mittagssonne. Wildblumen und gelbe Gräser biegen sich im Wind.

Wir folgen einem Trampelpfad, der über die Anhöhe bis zur äußersten Spitze eines schmalen Felsrückens führt. Und am Ende – ja am Ende halten wir schlichtweg den Atem an. Wir stehen hoch oben auf einem spektakulären, steil abfallenden Felsplateau, und rings um uns herum: Wasser. Wasser in all seinen Schattierungen.

Ozeanblau, himmelblau und in strahlendem Ultramarin rollt das Meer in funkelnden Strömen von der Bay of Fundy heran. Türkis und taubenblau kräuselt sich das rückläufige Wasser tief unter uns um die steilen Klippen des Cape Split und fließt schließlich in flachen, silberblauen, schaumgesprenkelten Wellen in das breite, geschützte Minas Basin.

Der beschwerliche Weg ist vergessen. Hier oben herrscht nur Schönheit und Harmonie.

Durch schmale Felsspalten kann man zwischen ockergelb gesprenkelten Klippen hinunter aufs Meer blicken. Familien und Paare haben sich auf der Hügelkuppe ins hohe Gras gesetzt und genießen den fantastischen Ausblick. Wir tun es ihnen gleich.

Ja, hier bleibt die Zeit stehen. Ebbe und Flut, Sonne und Wind bestimmen diese einzigartige Welt. Am liebsten würden wir hierbleiben und einfach nur in diesem Anblick versinken.

Voller Emotionen kehren wir zum Parkplatz zurück. Wir waren fast fünf Stunden unterwegs.

Jetzt folgen wir dem Ufer des wundervollen, großen Minas Beckens mit dem Wohnmobil.

Nach der Gladys Porter Bridge gelangen wir wieder auf den Evangeline Trail und kurz nach Wolfville erreichen wir die acadische Hochburg »Grand Pré -Große Wiese«.

Gestern noch haben wir mit Pierre lange über die Verschleppung der Acadier – Le Grand Dérangement - gesprochen, und nun fahren wir durch dieses Weltkulturerbegebiet.

Eine Statue erinnert an Evangeline, die junge Frau, die einst verzweifelt überall nach ihrem Gabriel gesucht hat.

Die ganze Umgebung ist uns ein bisschen zu gepflegt, zu aufgeräumt, zu perfekt. Kurz geschorener Rasen, adrett angelegte Blumenbeete, alles ist super ordentlich aber auch super steril.

Evangeline zuliebe fahren wir noch bis zum Ende der kleinen Halbinsel. Am Ende der Straße, direkt an der Bucht, liegt ein Campingplatz. Als wir die eng aneinander gepferchten Trailer aus der Nähe sehen, kehren wir sofort um.

Dies ist fraglos ein sehr interessanter Historic Site, aber die Gegend ist einfach nicht die unsere.

Die Sonne geht langsam unter. Wir müssen jetzt in die Pötte kommen, wenn wir noch eine Unterkunft für die Nacht finden wollen.

Der nächste Campingplatz liegt in Kemptshore. Das ist in Luftlinie genau gegenüber, auf der anderen Seite eines breiten, langgestreckten Wasserarmes. Aber eben nur in Luftlinie. Mit dem Wohnmobil werden es gute fünfzig Kilometer, da wir erst bei Windsor den Avon River überqueren können. Der Campground liegt weiter oben, direkt an der Mündung des Flusses in das Minas Becken.

Das wildromantische, leicht verlotterte Areal empfängt uns in der schönsten Abendsonne. Ein Trailer mit dem geheimnisvollen Namen »Titanium Mystique« dient als Office. Ich klopfe an.

Die Besitzerin kocht gerade ganz entspannt das Abendessen. Zwischen Zwiebelringen und Tomatenscheiben angelt sie sich einen Kugelschreiber, wischt sich die Hände an der Schürze ab und meldet uns ganz unkompliziert an. Die Frau ist mir auf Anhieb sympathisch.

»Ihr könnt euch einen Platz aussuchen«, meint sie und deutet mit einer ausladenden Handbewegung zum Fenster ihres riesigen Wohnwagens, durch das die tiefstehende Sonne den urigen Raum gerade in ein warmes Purpurrot taucht.

Wir stellen unser Wohnmobil neben einem abgekoppelten Trailer mit der Aufschrift Peterson's Campground ab. Darunter sind Gitarren, Bass, Banjo und eine Geige abgebildet. Sieht aus, als würde hier Musik gemacht. Wir steigen aus und sehen uns das weitläufige Grundstück gleich einmal näher an.

Auf der großen Wiese hinter dem Campingplatz finden im Juli und im August die Kempt Shore Festivals statt und man sieht, dass erst vor kurzem alles aufgeräumt wurde. Uralte kleine Traktoren stehen unter hohen Tannen, Parkschilder und Verkehrshütchen stapeln sich neben einem grauen Holzschuppen. Die Hütten am Rand des Feldes sind verriegelt, die Fenster der Imbissbuden geschlossen. An Sarah's Sweet Shop und am Hillside Diner werden erst nächstes Jahr wieder fröhlich schwatzende Menschen anstehen und sich auf einen schönen Sommerabend freuen. Gegen die gediegenen Wiesen des »Grand Pré« ist das hier für uns eine absolut herzerfrischende Überraschung.

Unten am Strand stehen wir kurz darauf auf weichem Schlicksand und Algen. Auf dem rückläufigen silberblauen Wasser ruht noch immer ein breiter funkelnder Sonnenstrahl. Dann zieht ein taubengrauer Wolkenstreifen am Horizont auf und verschlingt die letzte Rundung der Sonne wie ein hungriger Wolf.

Schwarz zeichnet sich der vertraute, langgezogene Rücken des Blomidon in der Ferne gegen den abendlichen Himmel ab.

Eine wundervolle Stille umhüllt den Platz, es ist niemand mehr zu sehen.

Heute verzichten wir auf ein Lagerfeuer.

Als wir morgens aufbrechen, liegt der Campingplatz noch ganz verschlafen da. Nur in den schlichten Waschräumen tönt schon Gord Bamfords »Breakfast Beer« aus einem tragbaren Radio und verbreitet gute Stimmung. Hier gehört Musik einfach zum täglichen Leben.

Wir verlassen diesen gastfreundlichen Ort wieder auf dem Glooscap Trail, der bis zur Stadt Truro reicht.

Im nebligen Grau des Morgens ziehen grüne Wiesen mit schmalen Baumgruppen an uns vorbei, die den Blick auf den von Wasserlöchern durchzogenen rötlichen Sand des Minas Basin freigeben.

Unter den tiefhängenden Wolken, zwischen Wildblumen und hohen Tannen, denkt man unvermittelt an den jungen Glooscap, den sagenumwobenen Helden der Wabenaki, einem indianischen Volk, dem auch die Mi'kmaqs angehören. Glooscap steht für das Gute, ein Krieger, der aus dem Dunst geboren wurde und mit Zauberkräften ausgestattet gegen das Böse kämpft. Der Legende nach erschuf er mit seiner übermenschlichen Kraft die Annapolis Valley und lehrte die Indianer mit Bedacht zu jagen, um das fragile Ökosystem in diesem außergewöhnlichen Reich der Gezeiten nicht zu gefährden. Er wird von den Abenakis noch heute als Beschützer der Menschheit verehrt.

Nicht so sein Zwillingsbruder Malsumis, sein Gegenpol, der für alles Übel in der Welt und den möglichen Untergang der Menschheit steht.

Die beiden Brüder erinnern mich stark an Kain und Abel. Die biblische Schöpfungsgeschichte zieht sich auf seltsame Weise und mit den verschiedensten Gestalten durch die Legenden aller Völker dieser Erde.

In Gedanken versunken gelangen wir zu einem blauen Straßenschild mit einem strahlend weißen Leuchtturm. Ein Pfeil zeigt zum Burntcoat Head Park. Hört sich interessant an und kurzentschlossen biegen wir auf eine kleine Halbinsel ab. Hier, an der Küste mit den höchsten Gezeiten der Welt, hoffen wir irgendwo einen Zugang zum Strand zu finden.

Alte Bauernhöfe stehen malerisch an der schmalen Landstraße, dicke Heuballen liegen auf den grünen Wiesen und saftige rote Äpfel hängen an den Bäumen. Ab und zu sehen wir eine eingezäunte Pferdekoppel und an den Hängen grasen schwarz-weiß gefleckte Kühe. Alte verrostete Busse ohne Räder scheinen ganz besonders beliebte Sammlerobjekte zu sein.

Lachend deute ich auf ein Werbeschild: Shangri-La Cottages. Paradies hin oder her – da denkt man vermutlich eher ans Himalaya Gebirge als an die Bay of Fundy.

Ab und zu haben wir freie Sicht auf die Bucht, die allerdings schlammig und unspektakulär daliegt. Als wir fast am Ende der Burntcoat Road angekommen sind, stellen wir fest, dass wir den Park verpasst haben müssen. Wir biegen in den allerletzten kleinen Uferweg ein, in der Hoffnung wenigstens den Leuchtturm irgendwo zu erspähen.

Als wir am Ende der schmalen Straße ankommen breitet sich das ausladende Minas Becken vor uns aus, als wäre gar kein Wasser mehr drin. Neben dem letzten Anwesen steht ein Schild mit dem trockenen, fast genervten Text: »Private! No Lighthouse here!«

Stimmt. Kein Leuchtturm weit und breit. Und dem Schild nach zu urteilen sind wir nicht die Ersten, die sich hierher verirren.

Wir beschließen, die kurze Strecke zurückzufahren, um noch einmal nach dem Park Ausschau zu halten. Und tatsächlich haben wir uns vorhin von der Werbetafel für die Shangri-La Hütten ablenken lassen: Genau hier entlang geht es auch zum Burntcoat Head Park.

Ein kleiner dicker Leuchtturm steht am Eingang des Parks. Kanadische Liegestühle stehen einladend auf einer Wiese.

Georg geht direkt hinunter zum Strand. Ich will mir, da die Bucht auf dem Weg hierher nicht gerade beeindruckend aussah, zuerst das Leuchtturmmuseum ansehen.

Innen ist der quadratische Bau ganz mit hellem Holz ausgekleidet und wirkt eher modern und ein wenig steril. Das ist aber auch nicht mehr der Originalleuchtturm von 1858, sondern bereits die zweite Rekonstruktion von 1994.

Als ich gerade in einer Vitrine die fossilen Reste eines 300 Millionen Jahre alten Lepidodendrons – auch Schuppenbaum genannt – bewundere, betritt Georg sichtlich aufgeregt den Raum.

»Das musst du dir ansehen«, raunt er mir zu und deutet auf den Ausgang. »Und zwar gleich.«

Ich folge ihm, ohne zu zögern, denn mein Mann ist nur selten so beeindruckt, dass er zur Eile antreibt.

Hinter dem Leuchtturm führt ein Weg zum Ufer hinunter, und ... Oh-my-God!

Rechts und links von uns türmen sich steile rote Wände auf, während glitschige, von smaragdgrün leuchtenden Algen überzogene Stufen uns zum Meeresgrund - und Schritt für Schritt in eine verzauberte Welt zwischen Wasser und Erde führen.

Auf breiten, ausgewaschenen rostroten Sandsteinplatten stehen wir plötzlich mitten im versunkenen Atlantis. Dunkle Höhlen fressen sich tief in die tropfnassen Klippen hinein, die tiefbraunen Wände von leuchtenden malachitgrünen Flecken gesprenkelt.

Vor uns ragen einzelne Inselchen auf, die aussehen als hätten vorsintflutliche Seeungeheuer mit scharfen Zähnen riesige Brocken Lehm und Stein aus ihren Flanken gerissen. Halb entwurzelte Tannen biegen sich hoch über uns gefährlich über die steil abfallenden Kanten. Hellgrüne Grasbüschel wachsen dort oben an einer scharf geschnittenen Grenzlinie zwischen Stein und Meer, zwischen Himmel und Wasser.

Aus dem 18. Jahrhundert werden verschiedene Legenden überliefert, weshalb man diese Landspitze »Burntcoat Head« nennt, aber ich stehe hier - bei Ebbe - auf einem Meeresboden der aussieht wie ein wellenförmig ausgebreiteter Mantel aus gebranntem Ton, und brauche eigentlich keine weiteren Erklärungen dafür. In den Falten des terracottafarbenen Mantels haben sich, silbergrauen Perlen gleich, Tausende von Seeschnecken verkrochen. Wie Halsketten aus Hämatit schmiegen sie sich in jede Ritze und warten sehnsüchtig auf die Rückkehr des Ozeans.

Zu meinen Füßen bilden sich bereits wieder kleine Rinnsale. Innerhalb von ziemlich genau sechs Stunden und dreizehn Minuten strömen an die 100 Kubikkilometer Wasser in die Bay of Fundy – und dann wieder hinaus. Das ist schlicht überwältigend, eine fast unvorstellbare Menge an Wasser, das in den nächsten sechs Stunden genau hier, wo die bisher höchste Flut der Erde gemessen wurde, bis zu 16 Meter ansteigen kann.

Bis jetzt schimmert das Meer noch seicht und harmlos in einiger Entfernung, aber man wird gewarnt, keine zu ausgedehnten Spaziergänge ins Innere des Beckens zu machen. Der Wasserstand steigt nämlich fast unmerklich, aber mit bis zu 2,54 Zentimeter in der Minute doch erstaunlich rasch, wieder an.

Wir hatten wirklich Glück schon kurz vor elf hier eingetroffen zu sein, und dieses Naturspektakel im allerschönsten Moment erleben zu können.

Wie immer, wenn wir einen so schönen Ort verlassen, können wir uns nur schwer losreißen.

Jetzt fahren wir langsam zurück zum Sankt-Lorenz-Golf und an die Northumberland Küste.

Die »Hector«

An schönen Villen und alten Bauernhöfen vorbei führt uns der Glooscap Trail wieder durch Maisfelder und ausgedehnte Weiden. Tief hängen graue Wolkenballen über den Wiesen. Kühe liegen faul im feuchten Gras.

Bei South Maitland überqueren wir den Shubenacadie River. Vom Fluss ist noch nicht viel zu sehen, aber das Wasser kehrt gerade in breiten Rinnsalen zurück. Neben der modernen Brücke ragen noch die Reste alter Pfeiler, ganz zerfressen von der Gezeitenströmung, aus dem roten Sand: ein kleines Kunstwerk, stimmungsvoll und wild, das an die Vergänglichkeit der Dinge erinnert.

Nach Truro verlassen wir den heimeligen Glooscap Trail und schlagen den windigen Trans-Canada-Highway ein. Tatsächlich sehen wir viele Windräder zwischen den Bäumen vorbeiziehen. Selbst ein Weißkopfadler nutzt den starken Aufwind und zieht seine Kreise über dem Wald.

Das Hafenstädtchen Pictou empfängt uns mit farbenfrohen Holzhäusern, mit weißumrandeten Fenstern und mit romantischen alten Stadtvillen mit Gauben und Erkern.

Die Mi'kmaq Indianer, die hier einige Jahrtausende lebten, nannten die Ortschaft Pictook. Ab 1660 versuchten auch die Franzosen, hier Fuß zu fassen. Hundert Jahre später, nach dem French and Indian War – dem Siebenjährigen Krieg zwischen Briten und Franzosen, auf den wir ja schon mehrmals gestoßen sind – ließen sich dann letztendlich die Briten hier nieder.

Ein ganz besonderes Schiff ist mit der Geschichte dieses Ortes verbunden: Die »Hector«.

Im Juli 1773 stach das Frachtschiff mit einer »Ladung« Menschen, im schottischen Loch Broom in See und erreichte

Brown's Point, den jetzigen Hafen von Pictou, am 15. September.

Als wir um die nächste Ecke fahren, können wir auf einem großen Wandbild an der George Street auch gleich sehen, wer hier einst an Land ging: in Kilt und Barrett, das Gewehr geschultert, den Dudelsack in den Händen, kommen uns drei Schotten von einer Hauswand entgegen. Im Hintergrund kann man ein großes Schiff erkennen. Und als wir auf die Uferstraße einbiegen, sehen wir einen wunderschönen, stattlichen Dreimaster an der Mole liegen.

»Das muss die Hector sein!«, rufe ich begeistert.

Wir parken neben einem kleinen Leuchtturm und gehen den Quay entlang.

Das »Salt Water Cafe«, vor dem sich dekorativ alte ausgeblichene Hummerfallen stapeln, ist bereits jetzt *closed for the season*, und - ganz ehrlich, ich muss lachen – *open again in june*.

»Na wenn das mal keine ziemlich kurze Saison ist!«, stelle ich trocken fest. Ich frage mich ernsthaft, wie man von jährlich drei Monaten Arbeit leben kann.

Die Hector schaukelt sanft in der Nachmittagssonne.

Es ist bereits halb vier und man lässt uns freundlicherweise noch in den »Cidhe-Dualchais-Eachainn« - wie der Hector Heritage Quay auf Gaelic heißt - hinein. Um vier Uhr schließt das Museum.

Rasch blicken wir uns in dem schönen Holzbau mit den Emporen, den hohen Dachschrägen und den massiven Deckenbalken um.

Hoch über unseren Köpfen hängen, wie Soldaten in Reih und Glied, die Tartans der verschiedenen schottischen Clans an den Wänden: Forbes, Stewart, MacIntosh, Matheson, MacLennan und Munroe lesen wir, während wir eine schmale Holztreppe hinaufsteigen. Natürlich kennen wir den Mac-

Leod Clan aus dem Film Highlander ganz besonders gut und sein Emblem, der nadelige Wachholder, passt auch recht gut nach Nova Scotia.

Das Museum ist liebevoll mit unzähligen Artefakten ausgestattet: Schiffsmodelle, Gemälde, ein ganzer Ausguck mit lebensgroßen Figuren die sehnsüchtig den Horizont nach Land absuchen, ziehen in den oberen Räumen an uns vorbei. Ein wunderschön geschnitztes Holzrelief mit einem Schiff und der Inschrift GaLGaeL hängt an der Wand. Die gälische Schrift – Gàidhlig - sieht sehr geheimnisvoll aus, als würde man ein altes Zauberbuch aufschlagen.

Große Wandgemälde geben Einblick in das beschwerliche Leben der Bauern aus Coigach, einer Region im Nordwesten der Highlands. Mühsam wurden die Steine auf den kargen Feldern mit einem»cas-chrom«, ein gälischer Begriff für einen eigenartig gekrümmten Spaten, umgewälzt. Kein leichtes Leben, schon ohne die Folgen eines Krieges.

Taurollen, Seemannsknoten und Kisten aller Art stapeln sich in den unteren Räumen, als wir auf der anderen Seite wieder eine Holztreppe hinabsteigen.

Dann treten wir hinaus ins Freie - und da ist sie: die Hector.

Ich weiß, es ist nur ein sehr guter Nachbau, und doch ist das Schiff wunderschön. Wie es sich da in der Nachmittagssonne auf den funkelnden Wellen wiegt, zeichnen die filigranen Schatten der Takelage dünne dunkelgraue Striche auf die Holzbohlen des Landesteges.

Obwohl wir heute die letzten Gäste sind, empfängt uns Rick noch sehr freundlich an Bord. Er gehört zu den freiwilligen Helfern, die dieses museale Projekt unterstützen. In England geboren, ist er irgendwann im Laufe seines Lebens nach Halifax übergesiedelt und hat sich hier so wohl gefühlt, dass er geblieben ist. Jetzt ist er in Rente und möchte sich nützlich machen, noch dazugehören, und auf der Hector hat er eine wunderbare Möglichkeit dazu gefunden. Das verstehen wir sehr gut.

Ein Rundumblick über das Schiff, das Meer, den kleinen Hafen mit dem winzigen rotweißen Leuchtturm, die pastellfarbenen Häuser des Ortes, genügt uns. Schön. Hier ist es einfach schön.

189 Passagiere hatte das Rundboden-Schiff an Bord, erzählt uns Rick bewegt, als es am 15. September 1773 hier anlegte: Highlander. Familien mit Kindern und junge Männer, die hier ein neues Leben anfangen wollten. Aber das Elend, das diese Menschen dazu brachte in ein so fernes Land und noch dazu völlig ins Ungewisse zu reisen, hatte schon viele Jahre vorher begonnen.

Charles Edward Stuart, der im römischen Exil geborene Sohn des letzten Thronprätendenten der Stuarts, war nämlich auf die glorreiche Idee gekommen, sich mit Hilfe einiger getreuen schottischen Clanführer die Ansprüche auf den englischen Thron wieder zu erkämpfen. Am Anfang sah es sogar recht gut für ihn aus. Doch dann wurde er am Culloden Moor nahe Inverness vernichtend geschlagen. Bamm.

Die englischen Truppen unter Prinz Wilhelm August Duke of Cumberland, dem Sohn König Georgs II, benötigten nur eine knappe Stunde um die Aufständischen in der berüchtigten Schlacht von Culloden endgültig zu besiegen. Verwundete und gefangene Jakobiten – die Anhänger der Stuarts - wurden auf Befehl Cumberlands nach dem Kampf exekutiert. Alle. Nein - halt - alle bis auf einen: Dem Anführer des Aufstandes, Charles Edward Stuart - auch »Bonnie Prince Charlie« genannt, gelang die Flucht.

Ansonsten muss es ein fürchterliches Blutbad gewesen sein. Man schrieb den 16. April 1746 und mit diesem Tag begannen für die Schotten bittere Jahre der Unterdrückung und der Demütigung. Folter und Hinrichtungen waren an der Tagesordnung, Bosheit und Grausamkeiten kannten keine Grenzen mehr.

Auch für die einfache Landbevölkerung war es eine entsetzliche Zeit.

Die Clanführer wurden entmachtet und entwaffnet. Als Teil eines Act of Proscription, untersagte der sogenannte *Dress Act* ab dem 1. August 1746 den schottischen Clans sogar das Tragen der traditionellen Highland Tracht. So etwas trifft die stolze, mit der Heimat verwurzelte Seele bis ins Mark.

An jenem dunklen Tag befand sich Charles Edward Stuart übrigens immer noch auf der Flucht quer durch Schottland. Er war ein Schotte – und ungeachtet der großen Gefahr, in die sich jeder der ihn versteckte begab, halfen ihm die Menschen weiter.

Das Tragen von Kilts oder Tartans wurde mit Haftstrafen von sechs Monaten geahndet und Wiederholungstäter riskierten eine siebenjährige Deportation. Eine gute Gelegenheit, Menschen nicht nur ihrer Tradition und ihrer Identität, sondern auch ihres Landes zu berauben. Ja, und Land konnte man plötzlich gut gebrauchen, denn das Züchten von Schafen war mit einem Mal angesagt. Und dafür brauchte man große grüne Weideflächen. »Woher nehmen, und nicht stehlen …?«, lautete da wohl die naheliegende Frage. Oder so etwas in die Richtung …

Die Landbevölkerung wurde jahrzehntelang gepiesackt, bedroht, verängstigt, enteignet und geknechtet. Und so kam es wohl auch, dass einige Familien an Bord der Hector gingen, um ihr nunmehr vollständig von den Engländern beherrschtes Land endgültig zu verlassen.

In Nova Scotia versprach man ihnen Farmland und fruchtbaren Boden. Das klang gut, nur musste man dieses ferne Eldorado erstmal erreichen! Und der Nordatlantik war berüchtigt für seine vernichtenden Unwetter.

Rick schüttelt traurig den Kopf: »Es war ein Desaster.« Schwere Stürme hatten die Hector vor Neufundland von der vorgesehenen Route abgetrieben, sodass man zusätzliche zwei Wochen benötigte um wieder auf Kurs zu kommen. Lebensmittel und Wasser wurden knapp, Krankheiten brachen aus. Die Pocken griffen mit tückischen Fingern nach den eng zusammengepferchten, ausgemergelten Passagieren. Rick steigt mit uns eine steile Leiter hinunter in den Frachtraum. Mit einfachen Brettern zusammengenagelt reihen sich Stockbetten dicht aneinander. Wäsche hängt an kurzen Leinen vor den winzigen Abteilen, schmale Wassertröge stehen am Boden. Viel Raum hatte niemand für sich, ganze neun Wochen lang und unter allerschwersten Bedingungen. Achtzehn Tote beklagte man auf dieser dramatischen Überfahrt, die man sich angesichts der lebendigen Erzählung von Rick direkt bildhaft vorstellen kann.

»Wie konnten diese Menschen überleben nachdem sie so völlig entkräftet und ohne Nahrungsmittel hier ankamen?«, frage ich, voller Bewunderung für den Mut der schottischen Familien, mit ihren Kindern ein derartiges Wagnis einzugehen. »Sie hätten nicht überlebt«, antwortet Rick entschieden. »Sie kamen Mitte September an, ohne die geringste Möglichkeit wegen des nahenden Winters noch etwas auszusäen oder zu pflanzen. Auch war alles dicht bewaldet und von den versprochenen blühenden Wiesen und Weiden war nicht viel zu sehen ...«, schüttelt er voller Anteilnahme den Kopf.

»Und dann?«

»Dann - man kann es kaum glauben - kamen ihnen die Indianer zu Hilfe.«

Wir haben ja inzwischen mitbekommen, dass die Mi'kmaqs sich eher zu den Acadiern als zu den Briten hingezogen fühlten. Auch was nach der Gründung von Halifax 1749 mit den dortigen Indianersiedlungen passiert ist, können wir nicht vergessen. Und wir erinnern uns an das Dorf Mirligueche, an dessen Stelle 1753 Lunenburg gegründet wurde ...

Es stimmt schon, auch die Schotten wurden von den Engländern nicht mit Samthandschuhen angefasst, aber immerhin gehörte Schottland seit dem »Act of Union« von 1707 zum vereinten Königreich Großbritannien. Und Port Royal wurde zu Ehren von Anne aus dem schottischen Hause Stuart, der ersten Königin des Königreiches Großbritannien, in Annapolis Royal umbenannt. Aus Sicht der Indianer hätte man also allen Grund gehabt skeptisch zu sein - Siedler ist nun mal Siedler ...

Doch was taten die Mi'kmaqs?

Sie blätterten nicht lange in den Geschichtsbüchern herum. Sie waren auch nicht nachtragend. Sie schauten auf diesen elenden, abgehärmten Haufen, der den Winter nicht überleben würde – und sie halfen. Ohne Wenn und Aber.

Nach allem was in den vergangenen Jahrzehnten in Nova Scotia vorgefallen war, gibt es für mich nur eine einzige plausible Erklärung dafür: Die Mi'kmaqs waren herzensgute Menschen.

»Ja«, plaudert Rick inzwischen weiter und reißt mich aus meinen weit abschweifenden Gedanken. »Die Indianer hatten Mitleid mit den Neuankömmlingen und halfen ihnen, den harten Winter lebend zu überstehen. Sie versorgten die Leute erst einmal mit dem Wesentlichen und dann zeigten sie den Highlandern, welche Früchte und Pflanzen essbar waren. Und im Frühjahr konnten die Siedler dann mit frischer Kraft damit anfangen, die ersten Flächen zu roden, und sich für ein Leben in diesem Land einzurichten.«

Wir danken unserem netten Begleiter ganz herzlich. Viel zu kurz war die stimmungsvolle Führung, aber es ist vier Uhr und wir müssen leider zum Ausgang zurück. Dort schenkt man uns zum Andenken an die Hector noch ein Tütchen mit

Eichenholzsplittern, die beim Nachbau des Schiffes entstanden sind.

Ich nehme das Tütchen wie einen kleinen Schatz in Empfang. Wir werden die Hector nie vergessen.

Als wir erneut die Uferstraße entlanggehen, merken wir erst, wie hungrig wir sind. Eine warme Mahlzeit wäre toll, aber die meisten Restaurants sind ja schon geschlossen.

Im Harbour House - Ales and Spirits on the Pictou Waterfront – allerdings brennt noch Licht, und wir gehen hoffnungsvoll hinein.

Das Lokal ist schlicht eingerichtet. Ein älterer Mann sitzt allein vor einem Glas Bier und schaut aus dem Fenster, sonst ist nicht viel los.

Wir bestellen eine Seafood-Platte und als ein frisch gezapftes Bier vor uns steht, setzt sich der Nachbar ganz spontan zu uns.

So etwas freut mich immer sehr. Wir sind, aus Sorge aufdringlich zu wirken, immer etwas zurückhaltend, aber in Kanada geht man das ganz locker an.

»Excuse me, ich habe sie Deutsch sprechen hören und – wissen sie - ich habe einen Brieffreund in Hamburg!«, entschuldigt sich der Mann lächelnd, während er sein Bier vor sich hinstellt. Einen Brieffreund. Ein schönes Wort, das ich schon lange nicht mehr gehört habe.

Unser Nachbar stammt aus Pictou, hat viele Jahre in Yarmouth als leitender Angestellter in einem Liquor-Laden gearbeitet, und ist nun als Rentner wieder in den geliebten Heimatort zurückgekehrt. Jetzt arbeitet er als Taxifahrer – halbtags. Nicht nur weil die Rente recht knapp ist, sondern weil er noch im echten Leben stehen, noch gebraucht werden möchte. Das haben wir hier schon öfter gehört, und am meisten gefällt uns, dass die Menschen solche Dinge ohne

Bedauern erzählen. Eher stolz, und immer sehr zufrieden mit ihrem Alltag und mit ihrem Dasein.

Dann werden Fisch und Meeresfrüchte, mit Käse überbacken, in einer kleinen muschelartigen Schale vor uns auf den Tisch gestellt. Dezent zieht sich unser Nachbar sofort an seinen Tisch zurück. Das Seafood schmeckt köstlich.

Zum Abschied heben wir die Hand zum Gruß. Wir müssen weiter, denn wir haben noch gar keine Unterkunft für heute Abend gefunden.

Auf der Suche nach einem Campingplatz verlassen wir Pictou auf der Küstenstraße und folgen der Three Brooks Road, bis wir einen Wegweiser zum Caribou Provincial Park sehen. Georg fährt ganz zuversichtlich in den Park hinein und der bewaldete Weg führt uns tatsächlich direkt zu einem Empfangshäuschen.

Wir haben Glück. Auf dem Areal befindet sich ein weitläufiger Campground, und es gibt noch freie Plätze.

Unsere Nummer neun ist im Loop A, einem grasbewachsenen Rondell mit einem fantastischen Blick über die Northumberlandstraße und den Sankt-Lorenz-Golf.

Der Wind zerzaust uns die Haare, als wir aussteigen. Ein Bretterzaun grenzt den Platz vom Steilhang ab. Wieder steht hier die Warnung: *Danger – actively eroding Cliff.* Der ganze Küstenstreifen ist ständig in Bewegung, Abrasion und Erosion nagen an den Hängen.

Erste Sturmböen fegen über den Platz und zerren an den langstieligen Stauden der Kanadischen Goldrute.

Wir folgen einem Pfad, der sich hinunter zum Strand windet. Auf dem golden schimmernden, feinen Sand biegen sich lange Riedgrasbüschel im Wind. Weiße Schaumkronen brechen sich über den breiten Wellen, die bis vor unsere Füße rollen und erstmals seit langem werden wieder viele Muscheln angeschwemmt. Direkt vor uns erkennen wir die Umrisse von Pictou Island.

Ein Wanderpfad würde uns über eine lange, schmale Landzunge bis nach Munroes Island führen, eine Art Insel, die Teil des Provincial Parks ist. Mir fällt auf, dass Munroe einer der Clannamen ist, die wir heute im Eingangsbereich des Museums unter den bunt karierten Tartans gelesen haben. Es würde uns sehr reizen dem Pfad in den letzten Strahlen der Abendsonne zu folgen, rechts und links nichts als Wasser, aber der Sturm nimmt so bedrohlich zu, dass wir bei jedem Schritt regelrecht gegen den Wind ankämpfen müssen. Es hilft nichts, wir müssen zum Wohnwagen zurückkehren.

Ein älterer Mann kommt aus einem der umstehenden Wohnmobile zu uns gelaufen, und bietet uns einige Holzbretter an, um unseren leicht schiefstehenden Wagen zu stabilisieren. »Wegen des aufziehenden Sturmes«, meint er freundlich. Ein Kanadier wie er im Buche steht: kariertes Hemd, hochgekrempelte Ärmel (wir tragen Windjacken), Schirmmütze und – er hinkt leicht.

Georg wehrt dankend ab. »Wir werden schon nicht kippen«, meint er zuversichtlich und gibt unserem dicken Wohnmobil einen liebevollen Schubs. Ich wäre mir da ganz und gar nicht so sicher, aber die Männer fachsimpeln kurz lachend unter sich, dann kämpft sich unser Nachbar, die Hand zum Gruß gehoben, gegen den Wind zurück zu seinem Wagen.

Ich freu mich, dass wir um diese Jahreszeit noch so viele nette Menschen auf den Campingplätzen antreffen. Letztes Jahr im Oktober war das nur sehr selten der Fall. Die Plätze waren meist schon menschenleer, allerdings hat uns dafür der Indian Summer auf allen Wegen treu begleitet.

Der Himmel ist inzwischen schwarz vor Wolken, das aufgewühlte Meer noch schwärzer. Magere Bäume biegen sich tief unter der Gewalt der Böen. Wir verschließen die Tür. Die ganze Nacht über wackelt unser Wohnmobil wie ein Schiff auf hoher See. Wir hören, wie eines der Fahrzeuge neben uns mitten in der Nacht den Motor anlässt, und sich auf einen geschützteren Platz im Wald stellt.

»Keine Sorge«, meint Georg kopfschüttelnd, während wir durchs Fenster den leuchtenden Scheinwerfern nachblicken. »Unser Wagen hält das aus.«

Frühmorgens reißen die Wolken tatsächlich auf, der Wind hat sich beruhigt.

Nach einem kleinen Frühstück folgen wir der Küstenstraße wieder ein kurzes Stück, bis wir an eine Kreuzung gelangen. Auf einem blauen Straßenschild steht: PEI Ferry – die Fähre nach Prince Edward Island.

Claudine hat uns die Insel als ganz reizend und hübsch beschrieben, und auch Debbie erwähnte wie niedlich »Pi I Ai« sei.

Uns ist nach der beeindruckenden Schönheit der Bay of Fundy jetzt aber mehr nach wildem Land und nach rauen Küsten, daher überlegen wir nicht lang und biegen in die andere Richtung ab. Unser nächstes Ziel heißt definitiv Cape Breton.

Bei Antigonish verlassen wir den Trans Canada Highway um uns in dem Städtchen ein wenig die Beine zu vertreten. Kurz darauf bummeln wir durch die Main Street. Der Ort ist nicht sehr ansprechend und auch das Wetter ist eher grau, und so entscheiden wir uns kurzerhand für eine Mittagspause in einem Pub auf der Hauptstraße.

Die Tische sind aus dunklem Holz, die Stühle altmodisch und gemütlich, in einer Ecke stehen Musikinstrumente. Über uns kleben unzählige Schallplattenhüllen von kanadischen Musikern und Sängern aus Cape Breton und Neufundland an der Wand. Interessiert schauen wir auf die Namen, während wir auf unseren Burger warten: Dick Nolan, Annie, Scotty

Fitzgerald. Keiner davon ist uns bekannt, und doch sind es für die Menschen hier alte Weggefährten.

»Die sind gut«, nickt der Kellner mit einem Blick auf die vollgepflasterten Wände, und stellt uns ein frisch gezapftes Sleeman Bier auf den Tisch. »Und das Bier ist es auch«, lache ich, als ich durstig einen Schluck probiere.

Wir fühlen uns in dieser freundlichen Atmosphäre sehr wohl. Ein guter Stopp vor einem neuen Kapitel dieser Reise.

Cape Breton

Es regnet in Strömen als wir auf dem Canso Damm die »Straße von Canso« überqueren, eine Meerenge die Cape Breton vom Rest Nova Scotias trennt.

Der Weg nach Port Haskins dürfte eine der engsten Stellen des fast 27 Kilometer langen Wasserarmes sein.

Große Steine häufen sich auf beiden Seiten des Dammes, Eisenbahnschienen laufen rechts von unserer Fahrbahn. Am Ufer liegt ein großes Lastschiff mit zwei Kränen an Deck vor Anker. Die Küste sieht aus, als würde hier Gestein abgebaut. Dann sind wir auch schon auf der anderen Seite.

»Welcome to Cape Breton«, steht auf einer dunkelgrünen Eisenbrücke die uns, an einem kleinen Leuchtturm vorbei, über einen letzten schmalen Kanalabschnitt führt.

»Unama'kik« haben die Mi'kmaq Indianer einst diese Insel genannt.

Wir halten am Cape Breton Souvenirshop, der sehr sinnvoll vor einem großen Kreisverkehr liegt, der in alle drei der möglichen Richtungen führt.

Wir könnten jetzt, rechts oder links des Bras-D'Or Sees, die Insel durchqueren, oder aber auf dem Ceilidh Trail der Westküste folgen.

Da wir ziemlich unsicher sind, ziehen wir den Campingführer zu Rate. Und als wir im nahe gelegenen Port Hood einen Campingplatz namens Sunset Sands ausmachen, fällt die Entscheidung zugunsten der Westküste aus.

Die Wolken hängen tief über der weiten Bucht, als wir der Uferstraße folgen. Dieser Küstenabschnitt wird auch Musical Coast oder Celtic Shore genannt. Hier wird die keltische Tradition - auch die musikalische - noch sehr intensiv gepflegt. In der kleinen Ortschaft Judique gibt es sogar ein Celtic Music Informationszentrum, in dem sich Studenten aus aller Welt jeden Oktober zum »Buddy Macmaster Fiddle Camp« treffen, um mit Lehrern aus Cape Breton auf der Geige zu fiedeln. Wir lieben die keltische Musik – sie ist melodisch, voller Wärme und Emotionen - und wenn die Musiker einmal in Schwung kommen, dann kommt richtig Stimmung auf.

Am Ortsrand verlassen wir den Ceilidh Trail kurz, um uns auf einem der vielen Wanderpfade ein bisschen die Füße zu vertreten.

Der Flyer Trail, ein Abschnitt des langen Celtic Shores Coastal Trails, führt uns ein Stück durch stoppeliges Gras und blühende Goldrutenstauden. Wir genießen den Ausblick auf das bleigraue Meer und den frischen Wind, der über die Hänge streicht. Dann geht es weiter. Mal sehen, ob die Sonne heute am Sunset Sands Park doch noch hinter den dichten Wolkenbergen auftaucht.

Der Campingplatz liegt wunderschön, nur durch die Wharf Road von der Bucht getrennt. Ein Pfad führt hinunter zu einer kleinen Mole vor der sich, zum Greifen nah, Port Hood Island ausstreckt. Hinter dem Campground zieht sich auf einem sanft ansteigenden Hang ein Friedhof bis hin zur St. Peters Kirche.

Der Campingplatz selbst ist ein Desaster.

Hier sieht es aus wie auf einem Rangierbahnhof. Lieblos aneinandergereiht stehen unzählige Wohnmobile und Trailer dicht an dicht auf sehr eng bemessenen Plätzen. Der stoppelige Rasen ist zertreten und geschunden, die Kieswege wirken nicht sehr gepflegt. Ein trister Maschendrahtzaun umgibt das Areal, stilgerecht, passend zum Gesamteindruck. Am Eingang steht eine beigefarbene Hütte - das Office - und es ist closed. Allerdings darf man selbständig einen der letzten Plätze belegen. Die vier noch verfügbaren Nummern stehen auf einem Blatt an der Tür. In einer Stunde soll das Büro dann auch wieder besetzt sein.

Was tun? Es ist schon fast fünf, der Platz gefällt uns nicht besonders, aber weiterfahren möchten wir auch nicht mehr. Also machen wir unser Hook-up gleich auf dem ersten freien Platz - es ist ja nur für eine Nacht. Keinen Moment zu früh, wie sich herausstellt, denn die drei restlichen Lücken füllen sich in den nächsten fünfzehn Minuten und dann ist alles dicht.

Als wir alles angeschlossen haben, machen wir einen Spaziergang hinunter zur Mole. Bei Sonnenuntergang muss über dieser Bucht, auch durch den Blick auf die Insel, eine traumhafte Stimmung liegen. Eine schmale Sandbank soll Port Hood Island einst mit der Küste verbunden haben, doch sie wurde schon vor über hundert Jahren von Wind und Wellen zernagt und weggespült.

Das Büro ist und bleibt »closed«. Auch um acht Uhr rührt sich noch nichts. Vermutlich gefällt dem Besitzer der Platz auch nicht besonders.

Ein strahlend blauer Septemberhimmel begrüßt uns am Morgen. Wir würden gerne gleich nach dem Frühstück losfahren. Geht aber nicht, weil wir nicht zahlen konnten. Das Office ist immer noch geschlossen.

Um halb neun sehe ich einen Mann auf einem kleinen Rasentraktor über einen der Kieswege fahren. Rasch laufe ich zu ihm und frage, ob wir bei ihm für die Übernachtung zahlen können.

»Der Besitzer kommt vielleicht um neun«, wimmelt mich der Mann erst mal ab. »Sicher?«

»Vielleicht auch um zehn«, räumt der Mann großzügig ein.

»Wir müssen aber los«, stelle ich ziemlich ungehalten fest.
»O, sie können *mir* das Geld geben«, spricht der Rasenmäherfahrer - und hält auch prompt die Hand auf. »Sechzig Dollar.«
Warum sind die hässlichsten Plätze immer die teuersten?
»Bekomme ich denn von Ihnen auch eine Quittung?«, frage ich mehr als skeptisch.
Hahaha. Es darf gelacht werden. Und das tut der Mann auch gleich ausgiebig.
»Wie denn, wenn das Büro zu ist und ich keinen Schlüssel habe?«, grinst er mich erheitert an.
Netter Versuch. »Keine Quittung - kein Bargeld!«, erkläre ich resolut. Doch ich möchte jetzt einfach weg von hier. Also schreibe ich unsere Telefonnummer und unsere E-Mail-Adresse auf einen kleinen Zettel und drücke ihn dem Witzbold in die Hand.
»Falls der Besitzer tatsächlich wieder auftauchen sollte, kann er uns ja die Rechnung schicken. Wir überweisen den Betrag dann.«, sage ich dem verdutzten Mann und lasse ihn samt Minitraktor einfach stehen.
Ich atme tief durch, als wir durch das hässliche Maschendrahttor endlich ins Freie fahren.

Sanfte Hügel, grüne Wiesen und weite Felder dehnen sich zu beiden Seiten der Straße aus und schon nach einer halben Stunde erreichen wir das Ortsschild von Inverness – Sithean. Alle Namen werden hier zweisprachig geschrieben, und wirken in der alten keltischen Sprache als hätten sie eine ganz besondere Aura.
Der Sankt-Lorenz-Golf liegt so verführerisch vor uns, dass wir am Ortseingang anhalten und in unserer Broschüre nach einem möglichen Campingplatz suchen.

»Weit sind wir ja heute nicht gekommen«, lacht mein Mann, als wir kurz darauf auf einer – zugegebenermaßen sehr nassen – Wiese im Inverness Beach Village parken. In den vergangenen Tagen muss es aus Kannen geregnet haben. Aber jetzt blicken wir von unserer Anhöhe aus auf einen endlos langen Strand. Golden funkelnder Sand wird vom Meer umspült und von etlichen Wasserarmen bis tief ins Land hinein in kleine Sandbänke geteilt. Möwen picken im nassen Sand geschäftig nach kleinen Krebstieren.

Unser Platz und der angrenzende, von Buckeln durchzogene, frühlingsgrüne Golfplatz stehen auf einem alten Kohlenflöz. Kaum zu glauben, dass hier einhundert Jahre lang Kohle abgebaut wurde, denn jetzt blicken wir schlichtweg auf ein kleines Paradies.

Ich gehe zum Büro, um mich über die Gegend und über die Celtic Festivals zu informieren. Eine junge Frau gibt mir bereitwillig Auskunft und zeigt mir eine Broschüre mit allen geplanten Veranstaltungen. Leider finden die nächsten Konzerte erst im Oktober statt. Wie man es macht, ist es falsch: Letztes Jahr, als wir im Oktober dem Indian Summer durch Ontario und Québec gefolgt sind, war so ziemlich alles geschlossen und es war nicht viel los. Hier hingegen scheint gerade im Oktober der Bär zu grooven.

Wegen des nahegelegenen Golfclubs frage ich sicherheitshalber, ob man den Strand entlanggehen darf.

»Aber sicher«, meint die Frau freundlich, »sie können unten am Wasser oder über den etwas höher gelegenen Beach Boardwalk bis zum Hafen gehen. Der Strand ist wirklich sehr lang und schön und außerdem ist er berühmt für das »Seagrass«.

»Wird das Seegras hier denn zum Kochen verwendet, wie in Asien?«, frage ich erstaunt, denn bis jetzt habe ich noch nirgends Seegras oder Seetang gesehen.

»Aber nein, sowas kann man doch nicht essen!«.
Die Frau schüttelt energisch den Kopf und sieht mich ziemlich entgeistert an. Dann holt sie ein großes Glas voller durchscheinender Steine von einem Regal und hält es mir vor die Nase. »Sea-glass!«, betont sie jetzt deutlicher. »Alle sammeln das hier am Strand. Glauben sie mir, das macht richtig Spaß. Probieren sie einfach ihr Glück!«
Ja, jetzt sehe ich die von Wellen und Sand abgeschliffenen hellgrünen und milchig weißen Glasscherben. Seeglas.
»Sie haben recht, sowas isst man auch bei uns nicht oft!«, lache ich über das Missverständnis. Dann verlasse ich das nette Office mit einem ganzen Stapel Faltblätter und Prospekte im Arm.
In der strahlenden Sonne, das sanft gewellte azurblaue Meer vor uns, setzen wir uns trotz des durchweichten Bodens an den Tisch neben unserem Wohnmobil und fühlen uns ein bisschen wie in Italien. Wir essen einen bunt gemischten Salat und genießen den herrlichen Sommermittag.

Nach dem Kaffee schlagen wir einen von buschigen Grasbüscheln gesäumten Pfad ein, der hinunter zum Strand führt.
Der rotgoldene Sand ist ganz weich und sieht aus, als habe man die Auslage eines Juweliers auf ihm ausgebreitet: Tausende von bunten Steinen sind von den Wellen angeschwemmt worden, und liegen in weiten Bögen wie funkelnde Edelsteine auf dem feuchten Boden. Zwischen all den nassen Kieseln die wie Jaspis, Karneol und Obsidian glänzen, blitzt tatsächlich hin und wieder das charakteristische Flaschengrün einer kleinen Glasscherbe auf. Es geht mir nicht anders als den anderen Urlaubern: Ich fange an zu suchen. In dieser ungeheuerlichen Vielfalt an farbigen Steinen suche ich nach dem auffälligen Leuchten von Absinthgrün, tiefem Flaschengrün oder durchscheinendem Mintgrün und schon nach zehn Minuten liegt

ein kleines Häufchen schimmernder, samtiger Splitter in meiner hohlen Hand. Ich fühle mich, als hätte ich gerade einen Schatz gehoben.

Zwei Frauen kommen uns leicht gebückt entgegen. Den Blick angestrengt auf den Boden gerichtet, trägt jede eine gut gefüllte Tüte in der Hand ... gnadenlose Konkurrenz. Obwohl wir uns gerade deutlich ins Gehege kommen, halte ich an und frage die beiden ob sie wissen, woher all das Glas wohl kommt. So etwas habe ich noch nirgends gesehen. Oder es ist mir einfach bisher nie aufgefallen.

»Das Glas wird mit der Zeit aus den vielen Schiffswracks die hier auf dem Meeresgrund liegen herausgespült, und dann nach und nach an Land geschwemmt«, meint eine der Frauen freundlich.

»Das ist natürlich die romantische Version«, meint die andere und zwinkert mir zu. »Ein bisschen hat weggeworfenes Altglas, das im Meer landet, schon auch damit zu tun ...«

»Also meine Beute stammt ganz sicher aus der eleganten Kapitänskajüte eines alten Schoners, der während eines fürchterlichen Sturmes im Sankt-Lorenz-Golf gesunken ist!«, erkläre ich todernst.

»Dann gilt für sie eben die romantische Version ...«, lacht die Nüchterne der beiden Frauen achselzuckend auf und wendet sich dann wieder aufmerksam dem nassen Sand zu. Genug geplaudert.

Eine ganze Weile gehen wir barfuß am Wasser entlang, bis wir zwischen großen Haufen aus Geröll, das sich aus den locker abfallenden Hängen gelöst hat, einen Zugang zu dem höher gelegenen Boardwalk finden.

Neben uns liegt jetzt ein Golfplatz. Die gepflegten lichtgrünen Rasenflächen werden immer wieder von struppigen Wildblumeninseln und buschigen Grasbüscheln unterbrochen.

Der Weg endet an einem kleinen Hafen. Altmodische und neue Hummerfallen türmen sich hinter einem großen Schuppen. Eine Treppe aus grob gehauenen Steinblöcken führt hinunter zum Strand.

Einige Besucher, mit Sonnenbrille und Kamera bewaffnet, sitzen schon geduldig auf den Felsen und warten auf den Sonnenuntergang.

Und der wird von ergreifender Schönheit.

Wir sind langsam am Meeressaum zurückgegangen und haben den Campingplatz schon fast erreicht, als die Sonne kreisrund über dem dunkelblauen Horizont stehen bleibt. Dann versinkt sie ganz allmählich unter einem rosarot leuchtenden Himmel.

Nach jedem überwältigenden Sonnenuntergang könnte man meinen, die Sonne werde nie wieder aufgehen, sie sei für immer verloren gegangen. Und doch, genauso märchenhaft wie sie gestern versunken ist, geht sie heute früh in einem transparentblauen Himmel wieder auf. Als sei nichts geschehen.

Ein perfekter Tag, um ein ganz besonderes Ziel ins Auge zu fassen: den Cape Breton Highlands National Park.

»Hit the road, George – auf zum legendären Cabot Trail!«

Wir folgen der Küstenstraße mit ihren wunderbaren Ausblicken auf Klippen und Steilhänge und auf die endlose silberblaue Weite des Sankt-Lorenz-Golfes. In Margaree Harbour biegen wir auf eine große Brücke ein, und da steht es endlich schwarz auf weiß: Cabot Trail North.

Wie würde ein Italiener einen Namen wie »John Cabot« aussprechen? Ich bin in Italien aufgewachsen und würde diese Frage ohne zu zögern mit »Giovanni Cabotto« beantworten.

Was soll ich sagen? Umgekehrt ist richtig? Soweit bekannt ist, wurde der Kaufmann und Seefahrer Giovanni Caboto um 1445 in Genua geboren, zog aber dann nach Venedig und erhielt 1476 die venezianische Staatsbürgerschaft.

Mit seinen drei Söhnen unternahm er viele erfolgreiche Schiffsreisen in den reichen Orient. Der Gewürzhandel zog damals alle magisch an.

Doch als sein genuesischer Landsmann Cristoforo Colombo begeistert von einer transatlantischen Reise zurückkehrte, wollte auch Cabot neue Handelswege erkunden. Wenn möglich mit etwas Unterstützung.

Leider waren die Venezianer an einer Ausweitung ihrer Geschäfte am anderen Ende des Atlantischen Ozeans überhaupt nicht interessiert. Auch von der Spanischen Krone erhielt der Seefahrer eine freundliche, aber doch bestimmte Absage.

Dennoch ließ der Gedanke an eine neue Seestraße Giovanni Caboto nicht mehr los. Er träumte davon eine Nordwestpassage - einen kürzeren Seeweg nach Indien, China oder »Cipango«, dem heutigen Japan, zu finden.

Kurzentschlossen zog er 1495 nach Bristol, ließ sich dort unter dem englischen Namen John Cabot nieder und wandte sich mit seinem Anliegen direkt an König Heinrich den VII.

Dieser hatte es seinerzeit versäumt, Christoph Kolumbus zu unterstützen, und erkannte nun eine neue Chance. Bereitwillig ließ er sich von Cabots Vorhaben überzeugen. Auf eigene Kosten versteht sich – und damit meine ich auf Cabots Kosten. Im Gegenzug wurde John Cabot mit einem königlichen Schutzbrief und einem ebensolchen Auftrag, fremde Länder zu entdecken und zu erkunden, ausgestattet. Was die Krone erstmal nur ein wohlwollendes Lächeln kostete, John Cabots Unterfangen aber einen wunderbar offiziellen Charakter verlieh.

Es war also sicher nicht von Nachteil, dass Cabot auf seinen früheren Geschäftsreisen bereits ein beachtliches Vermögen aufgebaut hatte. Ja, ja, lieber reich und gesund als arm und krank. Sein durch erfolgreichen Handel verdientes Geld, gepaart mit dem königlichen Auftrag, überzeugte einige italienische Kaufleute in Bristol. Und die investierten jetzt gerne finanziell in seine Expedition. Bingo.

Und nun wird die Geschichte auch für uns interessant: Am 2. Mai 1497 stach John Cabot mit achtzehn Mann in Bristol auf seinem Segelschiff, der »Matthew«, in See und erreichte am 24. Juni die Küste Cape Bretons. Cabot's Landy heißt der legendäre Ort, an dem er erstmals an Land ging. Hier hisste er die Englische Fahne - und wo er schon mal dabei war auch gleich das Banner von Papst Alexander VI. Ach ja, und eine Fahne mit dem venezianischen St. Markus nebst einem Kreuz hatte er auch noch im Gepäck. Es ist einfach so: Ein Italiener kann in die Fremde ziehen, er kann seinen Familiennamen ändern, er kann mit ganz viel Mühe sogar eine andere Sprache erlernen … aber tief im Herzen bleibt er immer Italiener. Durch und durch. Und in diesem Sinne betrachtete John sein Gesamtkunstwerk sehr zufrieden und nahm das neue Land feierlich im Namen König Heinrichs VII in Besitz.

Das war die Kurzfassung.

Was sich vor 500 Jahren wirklich an diesen Gestaden abspielte, ob Cabot zuerst die Küste Neufundlands erreichte – das er bezeichnend »Prima Terra Vista« nannte – oder aber Cape Breton: Wir werden es nie erfahren. Die Wahrheit verliert sich im Dunst der Zeit.

Als John im August 1497 nach Bristol zurückkehrte, war Heinrich VII jedenfalls so erfreut über den Erfolg dieser Expedition, dass Cabot bereits im darauffolgenden Jahr, mit dem Segen seiner Majestät, zu neuen Taten aufbrechen sollte. Fünf Schiffe mit zweihundert Mann Besatzung sollten unter seinem Kommando segeln. Und diesmal wurde das Flaggschiff vom König selbst gestellt.

Im Mai 1498 stach John also mit einer kleinen Flotte und großen Plänen wieder in See.

Der Auftrag des Königs lautete, die neuen Länder für England zu besiedeln und möglichst weitere, für die Krone interessante, Länder zu entdecken.

Die Händler, die ihr Geld in die anderen vier Schiffe investiert hatten, versprachen sich neue Handelswege, die ihnen einen direkten Zugang zu dem märchenhaft reichen Orient verschaffen sollten.

Wir wissen, dass John Cabot Neufundland und Labrador erreichte. Möglicherweise erreichte er sogar die südliche Küste Grönlands. Wir wissen, dass eines seiner Schiffe, durch einen Sturm schwer beschädigt, nach Bristol zurückkehren musste.

Er selbst setzte mit den anderen vier Schiffen die Reise fort … und dann verloren sich ganz plötzlich seine Spuren. Und zwar für immer.

Das Verschwinden John Cabos und seiner Schiffe im wilden, unberechenbaren Nordatlantik wird eines der großen, ungelösten Rätsel in der Geschichte der Seefahrt bleiben.

Ich muss an die furchtbaren Stürme vor der Küste Neufundlands denken, von denen uns Rick auf der Hector erzählt hat. Was sich in Wirklichkeit damals auf hoher See abgespielt hat, können wir nur erahnen. Vier schwere Schiffe, die inmitten tosender Orkane wie Treibholz auf wütende, meterhohe Wellenkämme gehoben wurden, um wenig später in tiefe, schäumende Täler zu stürzen - wieder, und wieder, und wieder.

Mutige Männer waren diese Seeleute allesamt. Todesmutig.

Und all diese Bilder gehen mir durch den Kopf, weil ein einfaches Straßenschild mit der Aufschrift »Cabot Trail North« vor uns aufgetaucht ist…

Die Straße führt uns jetzt an der Küste entlang durch Wiesen und Felder.

Wir fahren durch eine kleine acadische Gemeinde, die sogenannte »Terre Noire – Schwarzes Land«. Auch hier wechseln sich wieder schottisch-gälische, irische und französische Siedlungen ab.

An einem Aussichtspunkt werden auf einer bebilderten Tafel die uralten Gesteinsarten beschrieben, aus denen diese felsige Küste besteht: Sedimentgestein, Lavagestein und Metamorphit. Alles Bestandteile der Erdkruste.

Ein Pfad führt runter zum Strand. Zwischen lockerem rosarotem, braunem und grauschimmerndem Schotter haben Wanderer am Ufer stämmige Steinmännchen errichtet, die hoch aufgerichtet auf das Meer blicken.

Nach Grand Ètang entfernt sich der Weg wieder vom Wasser und wird von jungen Birken und unzähligen verwilderten Apfelbäumen gesäumt. In einem unserer Prospekte steht, dass man unbedingt Floras Geschenkladen einen Besuch abstatten muss. Also halten wir ganz brav an einem großen weißen Gebäude, auf dessen Dach in Riesenlettern »Flora's« steht. Ich bin immer neugierig auf Kinkerlitzchen aller Art, sofern es nicht die gesichtslosen Souvenirs sind, die überall gleich aussehen, egal ob man in Italien, Griechenland oder Spanien unterwegs ist.

Mein Mann teilt meine Neugier nicht. Kein bisschen. Er bleibt draußen und genießt sie Sonne. Meine Neugier ist nach spätestens drei Minuten auch gestillt: in diesem Laden gibt es nur sehr wenige hübsche Dinge. Hier starren einen sogar die von der Gattung her undefinierbaren koreanisch-chinesischen Plüschtiere aus ihren herzzerreißenden überdimensionalen Augen an. Ich hätte eher Elche oder Papageientaucher erwartet, und bin gleich wieder draußen.

Kurz nach Chéticamp erreichen wir das Visitor Centre des Cape Breton Highlands Nationalparks, zu dem auch ein breit angelegter Campingplatz gehört. Die Touristeninfo ist groß, kühl, effizient und ungemütlich. Der Campingplatz inspiriert uns auch nicht sonderlich, obwohl er hier am Rande des Parks im Grünen liegt. Wir trinken in unserem gemütlichen Wohnmobil in Ruhe eine Tasse Kaffee und breiten dann die Landkarte auf dem Tisch aus. Pleasant Bay beispielsweise ist nicht weit von hier. Der Name hört sich gut an und – wenn man der positiven Erzählung des Stuttgarter Ehepaars am Balancing Rock vertrauen kann – könnten wir dort noch einmal einen Versuch mit dem »Whale Watching« starten. Also los.

Große Streckenabschnitte des Cabot Trails werden gerade instandgesetzt und lange Lastwagenkolonnen ziehen vor uns her.

Zuerst haben wir einen wunderbaren Blick auf den Sankt-Lorenz-Strom, dann biegt die Straße ins Landesinnere ab. An einem kleinen Parkplatz steht ein Wegweiser zu dem berühmten Skyline Trail, der quer über die nahegelegenen Hügel führt. Debbie hatte am St. Martin's River so davon geschwärmt, aber wir entscheiden uns bei dem traumhaften Wetter lieber für eine Schifffahrt durch die Pleasant Bay.

Kurz bevor wir den Park verlassen, haben wir von der Straße aus noch einen atemberaubenden Blick über die nördliche Westküste. Wir halten – nicht gerade vorschriftsmäßig – mitten in einer großen Kurve an. Es ist zu schön. Zum Glück haben alle anderen Reisenden am Skyline Trail gehalten und hinter uns kommt niemand. Dann geht es den Hügel runter zu dem kleinen Hafen.

Drei Unternehmen bieten Bootstouren an. Die »Guaranteed Whales.com« hören sich besonders gut an und sie haben den großen Vorteil, dass sie gleich losfahren. Genauer gesagt um 13:00 Uhr, also in fünf Minuten.

Ich laufe zum Office, das sehr niedlich in einem kleinen Leuchtturmhäuschen untergebracht ist und frage ziemlich aus der Puste, ob wir noch mitfahren können und noch Zeit haben, unseren Rucksack zu packen.

Die Frau lacht. »Gaaanz ruhig«, winkt sie ab, »wir haben die Abfahrt um eine halbe Stunde verlegt, weil sich erst zwei Leute angemeldet haben.«

Ich zahle also ganz entspannt die 98 Dollar für uns zwei und werfe dann einen Blick auf die Bank an der Anlegestelle. Ein Ehepaar mit Hund sitzt gemütlich in der Sonne und wartet auf das Boarding.

Wir sind froh, noch ein Käsebrot essen zu können, denn unsere Mahlzeiten waren in den letzten Tagen eher spartanisch und – je nach Vorhaben – auch sehr unregelmäßig. Nur Dosensuppen und Toastbrot und ab und zu ein wenig Obst. Und Zitronenkuchen. Der schmeckt hier richtig gut.

Pünktlich um halb zwei tuckert unser Schiff mit einer achtköpfigen Gruppe aus dem Hafen. Wir setzen uns auf die mittlere Bank unter das Deck. Der Hund entpuppt sich als ausgewachsener Riesenpudel, schlank, cremefarben, mit einer schmalen dunklen Schnauze, fast so schön wie ein Afghanischer Windhund. Er merkt, dass ich ihn liebevoll ansehe – die Seefahrt taugt ihm offensichtlich nicht besonders – und beschließt kurzerhand neben mich auf die Bank zu hüpfen und seinen Kopf auf meine Knie zu legen. Alle lachen. Das Köpfchenkraulen tut dem süßen Kerl offenbar gut, und mir macht es viel Freude.

Als wir die Hafenmole umrunden, ist der Wellengang gleich erstaunlich hoch, denn im Hafen hat das Wasser noch ganz still in der Sonne gefunkelt. Wer an der Reling steht, wird ordentlich nass gespritzt.

Der Pudel schmiegt sich prompt enger an mich.

»Es ist sein erstes Whale Watching«, meint der Besitzer, und deutet auf seinen Hund. »Und für die Wale vielleicht das erste Dogwatching«, gebe ich lachend zurück und knuddle den großen Teddy ein bisschen.

An Bord herrscht bald eine fröhliche Stimmung. Der Bootsführer zeigt ab und zu ganz dezent in die eine oder andere Bucht, erklärt etwas über die Robben und die Wale, denen man hier mit etwas Glück begegnen kann, und verhält sich sehr zurückhaltend und ruhig. Wirklich ein riesiger Unterschied zu unserem ersten Whale-Watching-Abenteuer in Tadoussac im vergangenen Jahr.

Wir entfernen uns immer mehr vom Festland, dann wird der Motor stark gedrosselt, und schließlich schaukelt das Schiff auf der Stelle, nur noch von den Wellen getragen.

Und sie kommen.

Zuerst erkennen wir nur einige schwarzglänzende Buckel mit leicht gebogenen Rückenflossen, dann löst sich eine ganze Formation dunkler Körper aus dem tiefen Blau und das Meer neben uns gerät schäumend in Bewegung. Sie tauchen auf, drehen sich leicht, tauchen wieder ab - elegant und geschmeidig – nur um gleich verspielt prustend wieder an die Oberfläche zu kommen.

Vier von uns klettern eine schmale Treppe hoch auf das Oberdeck. Die anderen bleiben lieber unten. Das Schiff schaukelt stark und die Reling ist oben so niedrig, dass man bei jeder anrollenden Welle das Gefühl hat, gleich über Bord katapultiert zu werden. Die Sorge ist wahrscheinlich nicht ganz unberechtigt. Wir klammern uns also recht und schlecht an den Eisenstangen fest und versuchen möglichst nicht aufzuschreien, wenn wir mal kurz die Bodenhaftung verlieren.

Eine ganze Weile schwimmt und springt die Walfamilie fröhlich neben dem Boot hin und her - es mach richtig Spaß. Und dann ist sie schlagartig weg – verschwunden - genauso plötzlich wie sie erschienen ist.

Das waren »Long-finned Pilot Whales - Grindwale«, erklärt uns der Bootsführer jetzt ganz in Ruhe und zeigt uns auch einige Bilder. »Wir haben hier in der Pleasant Bay den weltweit größten Bestand dieser Wale«, fügt er sichtlich stolz hinzu.

Kurz vor drei legen wir wieder im Hafen an. Auf dem Infoschild an dem kleinen Leuchtturmhaus steht: »Next Tour 3:00 p.m.«

Die Frau aus dem Büro hat sich auf einen Stuhl neben den Eingang gesetzt und genießt die herrliche Sonne. Ein Tag wie im Juli. Als wir uns zehn Minuten später mit einer Tasse frischem Kaffee an unseren Tisch setzen um wieder die Landkarte zu studieren, sehen wir sie mit dem Bootsführer und dem Maschinisten in einen Pickup steigen. Wir winken ihnen zum Abschied und sie winken lachend zurück. Dann fahren sie in einer Staubwolke davon. Auf dem Schild steht jetzt: »Next Tour 9:30 a.m.« Morgen früh.

Da haben wir echt Glück gehabt. Die Anlegestelle ist jetzt menschenleer, es hat sich heute niemand mehr angemeldet.

Pleasant Bay befindet sich außerhalb des Nationalparks. Der nächste Campingplatz innerhalb des Parks ist der kleine MacIntosh Brook Campground, nur zehn Minuten von hier entfernt. Es wäre toll, wenn wir dort noch einen Platz für heute Nacht bekommen könnten.

Kurz darauf biegen wir vom Cabot Trail direkt auf einen kleinen Schotterweg ein, der schlaufenartig eine frisch gemähte hellgrüne Wiese umschließt.

Die wenigen Stellplätze sind hell und freundlich und sehr großzügig bemessen. Wir parken auf Nummer neun unter zwei ausladenden Laubbäumen, in deren Krone sich die warme Nachmittagssonne fängt.

Vor einem großen Gemeinschaftshaus stehen Infotafeln und Wegweiser. Das Geld für die Übernachtung – erschwingliche 21,5 Dollar - steckt man in ein Kuvert mit dem Autokennzeichen und dann in den dafür bereitgestellten Briefkasten. Alles hier ist einladend, schön und absolut unkompliziert.

Der MacIntosh Brook Trail führt von einem kleinen Parkplatz direkt in den uralten, lichten Laubwald hinein. In diesem Wäldchen sollen erstaunlicherweise keine Elche oder Bären, sondern Kojoten leben. Der von dicken Wurzeln durchzogene Wanderpfad folgt dem steinigen Bett des gleichnamigen Wildbaches bis hin zu einer schmalen Schlucht, aus der ein niedlicher Wasserfall über ein paar hohe Felsstufen springt. Hier endet der Weg.

Nach einer dreiviertel Stunde sind wir zurück. Kojoten sind wir leider nicht begegnet und die Tagesausflügler sind auch schon alle weg. Nur zwei weitere Wohnmobile stehen auf der Wiese und werden die Nacht hier verbringen.

Die Sonne geht heute in einem hellrosa Himmel hinter dem hohen Wald unter.

Das erste Mal seit Langem plätschert kein Wasser weit und breit. Nur sanfte Stille und das immer dunkler werdende, nach Heu duftende Gras der Wiese.

Bei Sonnenaufgang fahren wir weiter. Der Wald wirkt wie verzaubert, als die ersten zarten Strahlen das hellgrüne Laub berühren. Schon nach drei Kilometern halten wir am nächsten Wanderweg, dem Lone Shieling Trail. In der frühmorgendlichen Stille stehen wir fast andächtig am Rande des größten der uralten Laubwälder der Seeprovinzen. Zum Schutz der ehrfurchtgebietenden Bäume darf man hier nur einen eingegrenzten kleinen Rundweg von etwa zwanzig Minuten beschreiten. Und das machen wir sehr gerne.

Auf halbem Weg stehen wir vor einer aus groben Steinen errichteten Hütte mit einem kuppelförmigen Strohdach. Eine Gedenktafel zeugt noch immer von der unerschütterlichen Liebe zur alten Heimat Schottland:»... yet still the blood is strong, the heart is Highland, and we in dreams behold the Hebrides ... - und in unseren Träumen erblicken wir die Hebriden ...«

Im frühen 19. Jahrhundert wurden immer mehr Menschen aus den Hebriden - vor allem aus der Insel Skye - vertrieben, gelangten über den Nordatlantik nach Cape Breton und besiedelten die Küste um die Pleasant Bay.

Warum klingelt es bei mir, als ich den Namen »Skye« lese? Aber natürlich: Die Schlacht von Culloden! In Pictou, auf der Hector, haben wir uns daran erinnert, aber die Geschichte ging damals ja noch weiter:

Ja. Bonnie Prince Charlie Stuart war immer noch auf der Flucht. Er irrte durch die Highlands, bis weit hinaus auf die Hebriden, monatelang, auf der verzweifelten Suche nach einer Möglichkeit nach Frankreich zurückzukehren. Man versteckte ihn, man half ihm, aber auf seine wirkliche Retterin traf er erst auf den Hebriden: Flora MacDonald hieß die junge Frau, eine schottische Patriotin mit dem Herz am rechten Fleck, und sie war – wie sich herausstellte – auch noch einfallsreich. Sie steckte den unglückseligen hübschen Prinzen in Frauenkleider und nahm ihn - als ihre Magd Betty Burke getarnt - unter ihren Schutz und mit auf eine riskante Reise quer durch die Insel Skye. Die Engländer fahndeten natürlich mit Hochdruck nach dem Prinzen. Doch Flora und ihre Getreuen schafften es, den Gehetzten bis zu einem Hafen zu schleusen, von dem aus er sich im September 1746 endlich wieder nach Frankreich einschiffen konnte – dorthin zurück wo sein tragischer Feldzug ein Jahr zuvor so hoffnungsvoll begonnen hatte.

Der Inschrift auf der Tafel entnehmen wir, dass der in Pleasant Bay geborene Donald MacIntosh nach seinem Tod im Jahr 1934 der Provinz Nova Scotia dieses Stück Land vermacht hat. Er wollte, dass hier ein Naturpark erhalten bliebe. Und darin sollte eine Hütte nach dem Vorbild der Sommerunterkünfte der Schafhirten auf der Insel Skye erbaut werden. Ja, das klingt nach Sehnsucht. Wir lassen die Hütte hinter uns. Der Waldweg führt uns durch 350 Jahre alte Zuckerahornbäume. Die hohen, von Furchen und Kerben durchzogenen Stämme sind manchmal bis tief ins Innere ausgehöhlt und zerfressen. Dieser Ort strahlt einen ganz besonderen, sanften und stillen Zauber aus. Und es ist schön, zu sehen wie zu Füßen der alten Riesen Hunderte winziger Ahornbäumchen ihre hellgrünen Blätter entfalten. Neues Leben entsteht.

Wir fahren auf dem Cabot Trail durch endlos lange Baustellen weiter in Richtung Cape North. Dicht bewachsene grüne Hügel wechseln sich immer wieder mit traurig dastehenden, abgestorbenen Wäldern ab.

Hoch oben bleiben wir an einem Aussichtspunkt über der Aspy-Verwerfung stehen. Die beeindruckende Spalte ist über Millionen Jahre hinweg durch das Aufeinanderprallen tektonischer Platten und das langsame Schmelzen der Gletscher entstanden. Sie setzt sich auf dem Grund des Ozeans fort, durchquert Neufundland und reicht vermutlich bis zum europäischen Kontinent.

Kurz bevor wir den Nationalpark verlassen, fällt uns noch ein kleiner Wegweiser auf: »Beulach Ban Falls«. Wasserfälle. Ein Grund, hier einen letzten Stopp einzulegen.

Zum Glück kann man mit dem Wagen ein ganzes Stück über eine holprige Schotterstraße in den eher langweiligen Wald hineinfahren, der mit den schönen alten Bäumen des Lone Shieling Trails nicht vergleichbar ist. Eine deutliche Warnung, dass man mit einem Wohnmobil nicht bis zum Parkplatz fahren kann, übersehen wir – natürlich versehentlich - einfach, denn wir müssten den langen Weg ja auch wieder zurücklaufen.

Da wir die ersten Besucher sind, können wir auf der tatsächlich sehr begrenzten Parkfläche vor dem Wasserfall gerade noch wenden, und uns gleich wieder in Fahrtrichtung hinstellen. Eine weise Entscheidung, denn gleich nach uns kommt ein Pickup und parkt direkt neben unserem Wagen. Das Rangieren wäre jetzt kein Spaß mehr gewesen.

Ein Trampelpfad führt uns durch den schattigen Wald zu dem kleinen Wasserfall in der Beulan-Schlucht. Leise plätschernd rieselt das Wasser am Ende des Weges in funkelnden Perlenketten mehrere breite Felsstufen herab. Dann fängt es sich im kühlen, steinigen Bett eines Wildbaches. Über der ganzen Schlucht hängt ein zartgrüner feuchter, Schleier – friedlich, voller verborgener Magie.

Zwei Frauen tauchen hinter uns auf, packen vorsichtig zwei Gläser und eine Flasche Wein aus ihrem Rucksack und setzen sich zu Füßen des Wasserfalls auf einen Stein. Es sieht aus wie ein kleines Ritual, als kämen sie nicht zum ersten Mal an diesen Ort. Schweigsam gehen wir zurück.

Gleich nachdem wir zurück auf dem Cabot Trail sind, verlassen wir auch schon den Cape Breton Nationalpark.

An einer der hohen Scheunen mit dem typischen Mansardgiebeldach hängt ein großes Werbebanner der »Friends of Cape Breton Moose« quer über der Fassade. Zwischen zwei durchgekreuzten Hubschraubern steht geschrieben: »Stop the cull – Stoppt das Erlegen«. Was ist denn hier los?

Wir halten an und sehen uns das Banner genauer an.

»Es kostet den Steuerzahler 430.000 Dollar, 37 Elche zu töten«, steht unter der Überschrift. Was wir über das Internet in Erfahrung bringen ist, dass ab Dezember 2015 neunzig Prozent der Elche im Cape Breton Nationalpark getötet werden sollten, um den Wald – vor allem die nachwachsenden jungen Bäume - zu schützen. Allerdings scheint die Jagd auf die Tiere aus dem Ruder gelaufen zu sein. Man kann Elche schwer zählen, da sie sich natürlich über die Grenzen des Parks hinweg – hinein und hinaus bewegen. Die Regierung soll, in einer sehr umstrittenen Aktion, Hubschrauber eingesetzt haben um die Elche ausfindig zu machen, zu erschießen und abzutransportieren. Das erklärt die hohen Kosten für den Steuerzahler.

Diverse Naturschützer stehen sich jetzt feindselig gegenüber: die einen für - die anderen gegen das Abschlachten der Tiere. Wobei beiden Fronten vermutlich das Wohl der Wälder am Herzen liegt.

Einer der »Freunde der Cape Breton Elche« hat in einem Interview berichtet, er sei im Sommer vergangenen Jahres jeden Tag durch den Nationalpark gewandert, und habe in der ganzen Zeit nur sechs Elche gesichtet. Tja, da wurde wohl bereits ganze Arbeit geleistet ... Wir selbst haben noch gar keine Elche gesehen, und die Leute mit denen wir uns bis jetzt in Nova Scotia darüber unterhalten haben auch nicht. Nicht einen. Wilde Tiere haben einfach gar keine Chance gegen uns Menschen.

Es geht weiter nach Cape North, wohlgemerkt der Ort, nicht die äußerste Landesspitze. Zwei Schilder am Straßenrand fallen uns auf: Eines wirbt für den Hideaway Campground Oyster Market mit Ozeanblick – Pfeil nach rechts, das andere weist zur Meat Cove und zur Sankt-Lorenz-Bucht, Pfeil nach links.

Wir entscheiden uns für die Variante nach rechts. Bei dem herrlichen Wetter wollen wir heute nicht mehr weit fahren. Im Cabot Trail Food Market, einem Supermarkt in einem niedrigen roten Lagerhaus, füllen wir noch unsere restlos erschöpften Vorräte auf. Knäckebrot, Butter, Käse, Eier, Tomaten, Gurken und Orangensaft gehören zur Grundausstattung. Diesmal purzeln auch noch ein paar blauweiße Dosen »Tall Ship«, ein helles Bier – natürlich aus der Region – in den Einkaufswagen. Und wir können endlich tanken, denn im Nationalpark gibt es natürlich keine einzige Tankstelle.

Der Campingplatz mit dem interessanten Namen Oyster Market liegt auf einem dicht von Wasserarmen und Binnenseen durchzogenen Landstrich. Man könnte fast sagen, mehr Wasser als Land.

Die Straße führt uns an der in der Mittagssonne funkelnden Duggans Cove entlang, dann zweigt ein Schotterweg links ab und führt uns auf einen Hügel direkt zu einer Holzhütte mit der Aufschrift »Camp Office – Oyster Bar«. Wir sind da.

Es ist ein Wochenende wie im Hochsommer und alles ist natürlich ziemlich ausgebucht. Dennoch werden wir sehr freundlich aufgenommen und bekommen einen Platz oben auf der Hügelkuppe, zwischen einem Trailer und einer Holzhütte, zugewiesen. Wir schrauben unsere Erwartungen aufs Minimum herunter – an einem Freitagmittag sollte man möglichst nicht unangemeldet auftauchen - und starten, mit einer Platzkarte versehen, den Motor.

Was uns am Ende des sandigen Weges erwartet, raubt uns dann schlichtweg den Atem.

Eine breite grüne Wiese tut sich vor unseren Augen auf. Blaue Astern, strahlend gelbe Goldruten, wilde Dornenranken mit glänzenden roten Hagebutten, lange Gräser und Wildkräuter, hier und da eine schmale, vom Wind zerzauste

Kiefer, geben unter dem sommerlichen Himmel den Blick auf die funkelnde Aspy Bay und den Ozean frei. In der Ferne erkennt man die Konturen einer langgestreckten Insel. Wir steigen aus und blicken völlig überwältigt auf dieses fantastische Panorama. Tief unter uns, von Sandbänken durchzogen, leuchtet türkisblau das Wasser des Middle Harbour auf. Wir stehen in einem wildromantischen Traum aus Blau und Grün. Maud Lewis hätte diese Landschaft geliebt.

Unser Nachbartrailer ist ein winziger »Airstream«. An eine kurze Kette gelegt wirkt der silberne Wohnwagen wie ein braves Hündchen, das geduldig auf seinen Herrn wartet. Links von uns steht eine leere Hütte mit einem Holztisch davor. Der Campingplatz ist zwar gut besetzt, aber alles ist luftig und die Fahrzeuge sind weit über den ganzen Hügel verteilt.

Wir kochen Eier, machen einen gemischten Salat und decken unter den dichten Ästen einer Tanne den Tisch. Es ist ein Sommertag wie in einem bayerischen Biergarten, deshalb stoßen wir jetzt auch lachend mit einem kühlen »Tall Ship« an.

Nach dem Essen folgen wir einem Wanderpfad, der quer durch den weitverzweigten Campingplatz zu einem Ausläufer des Middle Harbour und – vermuten wir jedenfalls – zum Aspy River führt. Bei den vielen Wasserarmen, die aus allen Richtungen kommen, ist es oft richtig schwer, eine Zuordnung zu finden.

Ein wahres Schmuckstück von einem Lastwagen steht auf halbem Weg völlig überwuchert im Dickicht. Die ausgebrannten Rostlöcher und der welkende Lack versprühen zwischen Astern und gelben Wildblüten den wehmütigen Charme einer längst vergangenen Zeit. Sie erzählen von mühsamen Fahrten auf holprigen Wegen, von harter Arbeit und von längst verklungenen Gesprächen.

Unten erwarten uns ein kleiner goldener Sandstrand und ein von Inselchen, ockerfarbenen Schilfteppichen und Sandbänken durchzogenes, kobaltblau leuchtendes Gewässer. Eine zauberhafte Stille hüllt alles ein.

Zurück auf unserem Hügel gehe ich zum Office, um mich zu erkundigen, was es im näheren Umkreis alles zu sehen gibt. Es ist erst drei Uhr, und über diese Gegend wissen wir noch gar nichts.

In dem kleinen Holzhaus wirkt alles sehr familiär. In einer Kühlvitrine stehen neben einem Dutzend grünen Alexander Keith's Bierdosen zwei Wannen mit frischen Austern. Einige Tische für die Gäste, ein schlichtes Regal mit Snacks und ein paar Drogerieartikeln, ein großer Kühlschrank – die Einrichtung ist sehr zweckmäßig.

Die Besitzerin steht lächelnd hinter dem Tresen, über dem auf einem Holzschild »Enter as Strangers, leave as Friends – tretet als Fremde ein, geht als Freunde hinaus« steht.

Dieser Aufforderung folge ich gerne. Der Hausherr sitzt auf einem kleinen Sofa neben der Eingangstür. Ich bringe also mein Anliegen vor, etwas über die Gegend erfahren zu wollen. Und in Anbetracht des netten Schildes, frage ich den Besitzer ganz spontan, ob er mir vielleicht ein paar Geschichten vom Campingplatz, von seiner Familie und von der Region erzählen würde, da ich sehr gerne über die Menschen und das Land in dem er lebt schreiben würde.

Der Mann schaut mich zugegebenermaßen eher skeptisch an, das mit dem Schreiben nimmt er mir wohl nicht ganz ab, aber, ja, er habe gerade ein Stündchen Zeit und – warum nicht?

Alex wurde bereits in 5. Generation in der nahegelegenen schottischen Siedlung South Harbour geboren. Wie bereits

Gérard, Rick und Pierre berichtet er, dass Franzosen, Schotten und Iren hier friedvoll und einträchtig miteinander gelebt hätten. Und die Mi'kmaqs hätten sie immer unterstützt, ihnen geholfen, sich in ihrem Land zurechtzufinden. Bis die Engländer auftauchten … Da war es dann nicht mehr so gemütlich. Alex schüttelt leicht den Kopf.

»Wo sind die Indianer hin?«, frage ich. Wir sind ihnen noch nie begegnet.

»Fort natürlich«, meint Alex erstaunt. »Die Küstenbereiche waren ja sehr begehrt und umkämpft, wegen der Häfen und der Fischerei. Und so zogen sich die Überlebenden Indianer immer mehr ins Landesinnere zurück. Es soll noch eine kleine indianische Gemeinde am Bras D'Or See geben.«

Alex und seine Frau haben vier Kinder. Den Campingplatz haben sie 1994 gegründet. »Er ist wunderschön«, schwärme ich, und meine es ernst. »Arbeiten ihre Kinder auch hier bei ihnen? Wir fragen uns immer, welche Zukunftsperspektiven die jungen Leute hier auf dem Land haben, denn die Orte sind ja meist sehr klein.«

»Nein, sie haben ihren eigenen Job«, wehrt Alex ab. »Es gibt viele Möglichkeiten, lassen sie sich nicht von der Größe der Ortschaften täuschen. Einer meiner Söhne ist Zimmerer, der andere Schreiner. Hier wird viel gebaut – alles aus Holz. Die anderen zwei arbeiten im Hummerfang. Und es geht allen gut«, fügt er stolz hinzu. Ja, hier scheint wirklich alles sehr harmonisch zu sein.

Ich deute auf ein Foto mit zwei kleinen Hockeyspielern, das auf einer Dose auf der Theke klebt. »Sind das ihre Enkel?«

Alex und seine Frau blicken liebevoll auf die Knirpse in voller Montur, auf deren Trikots der Name »Tim Hortons« prangt.

»Ja. Sie spielen jetzt schon recht gut Hockey«, meint Alex, »und wir sammeln Spenden für den Club.«

»Hockey scheint in ganz Kanada sehr beliebt zu sein. Tim Horton war doch ein berühmter Hockeyspieler aus Cochrane«, kann ich jetzt auch mal mit meinem letztes Jahr in Ontario aufgeschnappten Wissen punkten. Wir haben damals auf unserer Reise oft genug im »Tim's« Kaffee getrunken. Alex macht auch gleich große Augen.

»Hockey ist nicht nur wichtig. Hockey is a re-li-gion! Alles dreht sich bei uns um Hockey.« Ich lache. »Nein, ernsthaft« - Alex hebt beschwörend die Handflächen - »und wir sind total stolz auf Sidney Crosby - hier aus Nova Scotia – der in den letzten zwei Jahren die Goldmedaille bei der Weltmeisterschaft und beim World Cup of Hockey gewonnen hat.« Ich teile seine Freude und gratuliere den Neuschotten.

»Some people are born to be a Hockey Player – manche sind einfach dafür geboren«, stellt Alex begeistert fest.

»Was ist mit der Gegend hier, gibt es da ganz besondere Orte oder vielleicht alte Legenden?«, hake ich den sportlichen Teil der Unterhaltung nun lieber ab.

»Ja natürlich. Haben sie die Insel am Horizont gesehen? Das ist St. Paul Island. Da hat sich so einiges abgespielt: Über 300 Schiffe sollen vor der Insel gesunken sein. Die Klippen, die Steilküste, die Stürme – ja, da erzählt man sich so manche Geschichte.« Alex überlegt kurz.

»Die Auguste zum Beispiel, ein mächtiges Handelsschiff, das wohlhabende französische Funktionäre nach Frankreich zurückbringen sollte. Am 14. Oktober 1760 verließ sie den Hafen von Québec City, doch die Herbststürme setzten ihr nahe St. Paul gewaltig zu. Am Ende hatte die völlig erschöpfte Crew keinerlei Chance und das Schiff ging - nicht weit von hier - bei Dingwall unter.«

»Oje, was ist aus den Passagieren geworden?«

»Nur sieben von ihnen überlebten, und das auch nur dank der Hilfe einer Gruppe von Mi'kmaqs, die sie aus dem Wasser gezogen und gesund gepflegt haben. Unzählige Taucher sind schon hier gewesen und haben nach dem Wrack gesucht. Eine Menge Münzen aus dem Schatz der Auguste sind ins »Maritime Museum of the Atlantic« in Halifax gebracht worden.«

Ja, das Museum haben wir an unserem ersten Tag an der Waterfront gesehen. Ein Grund mehr, es auf der Rückreise zu besuchen.

»Dann wird es bei all den Wracks sicher jede Menge Seaglass an ihren Stränden geben?«

»Seaglass? Was ist das?«, fragt Alex erstaunt.

Ich dachte, das käme überall da vor, wo viele Schiffe versunken sind. Ein Irrtum.

»Wenn sie sich für unsere Geschichte interessieren, sollten sie unbedingt morgen früh runter nach Dingwall fahren und sich den Leuchtturm und das kleine Museum ansehen. Das ist nämlich der ehemalige Leuchtturm von St. Paul.«

Mit diesem wertvollen Rat erhebt sich Alex. Er muss wieder an die Arbeit. Es war toll, dass er sich so viel Zeit genommen hat, unser Gespräch hat mir viel Freude gemacht.

Ich bedanke mich ganz herzlich bei den beiden und gehe zurück zu unserem Platz.

Georg hat die Ruhe und die Sonne genossen, aber es ist erst halb fünf und wir beschließen, noch eine kleine Rundfahrt entlang der Küste zu machen. Da wir morgen früh auf jeden Fall nach Dingwall fahren wollen, schlagen wir jetzt die andere Richtung ein. Nach einer kurzen Strecke verlassen wir den Cabot Trail für die White Point Road. Diese Küstenstraße umrundet eine kleine Halbinsel und stößt dann bei Neils Harbour wieder auf den Cabot Trail. Mit ein bisschen Glück finden wir ja später ein hübsches Restaurant mit Blick auf den Sonnenuntergang.

Die Straße schmiegt sich eng an die ausladende Bucht von South Harbour, die wie ein Binnensee durch schmale Sandbänke vom Ozean getrennt ist, und sie gibt wunderschöne Ausblicke frei. Als wir den offenen Ozean erreichen, stapeln sich vor den wenigen Häusern und Lagerhütten wieder hölzerne Hummerfallen. Dann gabelt sich die Straße und führt uns zu der kleinen Landzunge »White Point«.

Der gleichnamige Weiler döst friedlich in der Nachmittagssonne. Ein Hund bellt. Wir fahren an einem dunkelroten Schuppen voller Elchgeweihe vorbei, dann parken wir an dem winzigen Hafen, in dem nur ein einsames Fischerboot an der Mole schaukelt.

Wir durchqueren den Hafen, laufen etwas unschlüssig ein paar Schritte an den Häuschen vorbei und wollen gerade umkehren, als uns ein Mann entgegenkommt, der mit ausgestrecktem Arm auf einen kaum sichtbaren Trampelpfad zeigt.

»Ihr solltet unbedingt noch den White Point Trail entlanggehen. Es lohnt sich. Der Blick ist amazing – fantastisch!«

»Hier den Hügel hinauf?«

»Genau, immer geradeaus bis ans Ende der Landzunge.«

Dem Rat folgen wir gerne. Der Pfad schlängelt sich durch niedrigen Wildwuchs, Blaubeeren, struppigen Wacholder, borstige rostfarbene Gräser und Moos. Runde Steine liegen wie schlafende Schäfchen im Gras. Ab und zu eine schmächtige, windgebeugte Tanne, dünn und fast kahl.

Dann erreichen wir die Kuppe und blicken auf eine langgestreckte, zerklüftete Landspitze. Felsbrocken, blaue Astern und kanadische Goldrute begleiten uns jetzt wieder bergab, bis zum Ende, wo heftige Orkane und die donnernde Brandung die Steilklippen über Jahrtausende hinweg zerschlagen und zersplittert haben. Wie ein prähistorisches Puzzle liegen Platten aus schwarz gesprenkeltem rosa Granit vor uns. Die dünnen Fugen zwischen den bizarren Formen sind von trockenem Gras durchwachsen. Mehrere zerborstene Riesentrümmer ziehen sich wie Felsinseln in den heute geradezu zahmen Atlantik hinein. Der Mann hatte recht: Es ist umwerfend.

Der Himmel färbt sich schon rosarot als wir in Neils Harbour ankommen. Am Ortseingang werden bunte Bojen und Hummerfallen zum Verkauf angeboten. Angezogen von einem weißen Leuchtturm mit der typisch quadratischen Form und einem roten Lampenhaus obenauf, parken wir auf der Lighthouse Road, einem schmalen Landstreifen zwischen der Back Cove und Neils Harbour.

Der Hafen ist wunderhübsch und wirkt so fröhlich wie in einem Kinderbuch. Grüne und blauweiß gestreifte Fischerboote liegen in der Feierabendstimmung vor Anker. Ringsum stehen gemütliche Häuser und selbst die weißen Schuppen direkt an der Mole sind liebevoll mit roten Zierstreifen bemalt.

Der Leuchtturm steht auf einer Anhöhe mit einem wunderbaren Blick auf die Bucht. Dutzende Möwen tummeln sich auf einer struppigen Wiese, und vor uns steht die Erfüllung unserer geheimen Wünsche: das Chowder House. Spezialität: Seafood - Fisch und Meeresfrüchte.

Jetzt muss das Restaurant nur noch aufhaben, dann sind wir für heute restlos glücklich.

Und – es hat.

Innen ist alles super schlicht: ein schmaler Raum mit rot lackierten Tischen und Bänken, auf jedem Tisch ein rotweiß kariertes Wachstuch, kein Schnickschnack. Über zwei Stufen gelangt man direkt in die Küche. Wir fühlen uns sofort wohl und – obwohl das Restaurant um sieben schließt - bekommen wir noch einen Tisch am Fenster. Einige Gäste tragen ihre Teller raus und setzen sich an die Gartentische direkt über der Bucht. Ja, bald geht die Sonne unter.

Unsere Seafood-Platten sind eine Wucht. Die Teller mit dem Fisch, den Muscheln, den Süßkartoffeln und den kleinen

Diptöpfchen sind so malerisch, dass ich ein Foto mache – für die Ewigkeit.

Als die Bedienung anfängt, die leeren Tische abzuwischen, zwinkert sie uns zu. Oje, ich sehe schon, wir sind die Letzten. »Gaaanz die Ruhe, wir müssen eh noch aufräumen. Enjoy your meal! – genießen sie ihre Mahlzeit!«, winkt sie freundlich ab, als sie meine Unruhe bemerkt.

Ja das machen wir gerne, denn das Essen ist wirklich ein Genuss.

Die letzte kleine Rundung der Sonne versinkt in einem himbeerroten Märchenhimmel, als wir das Restaurant endlich verlassen.

Kurz vor zehn sind wir in Dingwall.

Wie in einer maritimen Puppenstube stehen der kleine runde Leuchtturm und das mit ausgeblichenen Schindeln verkleidete St.Paul Island Museum auf einer grünen Wiese über dem langgezogenen Hafenbecken von Dingwall. Es ist verdächtig still, sogar die kanadische Flagge mit dem roten Ahornblatt hängt schlaff über dem Treppengeländer. »Free admittance – sorry closed«, steht auf einem Schild im Leuchtturmfenster. Da hilft auch der freie Eintritt nichts.

Wir umrunden das Ganze, doch es bleibt zu. Dabei hatte ich mich so auf diesen ganz besonderen Leuchtturm gefreut. Als wir gerade wieder gehen wollen, parkt ein Auto vor dem Museum. Hoffnungsvoll erkundige ich mich bei der Fahrerin, ob heute vielleicht doch noch geöffnet wird.

»Das weiß ich nicht«, meint sie kopfschüttelnd, »aber ich habe den Schlüssel und sie können gerne kurz mit mir hineingehen. Vielleicht kommt ja meine Kollegin heute noch.«

Was war denn das für eine seltsame Antwort? Eine Art Jein?

Der Aufforderung kommen wir auf jeden Fall gerne nach, und wenige Minuten später stehen wir im Eingang des kleinen Museums.

»Gehen sie ruhig rauf«, fordert die Frau uns jetzt ganz unerwartet auf und deutet auf eine enge Holztreppe, die ins Obergeschoß führt. »Ich sag meiner Kollegin Bescheid, falls sie kommt!«, fügt sie noch freundlich hinzu und verschwindet dann einfach in der Küche.

Wir freuen uns natürlich. Das ist ja wider Erwarten total locker und unkompliziert.

Im ersten Stock stehen mehrere kleine Ausstellungsräume offen. Die Wände mit den nostalgischen Blumentapeten hängen voller Fotos und Erinnerungen. Darunter stehen Regale mit alten Gebrauchsgegenständen und Artefakten, die aus den Tiefen des Meeres und aus den Wracks herausgefischt wurden: eine Pumpe aus Bronze, Nägel, Bolzen, Münzen und Schmuck. Und über all diesen Zeitzeugnissen hängt – auch hier und heute noch – eine undefinierbare Aura von Bedrohung und Unheil, als spüre man immer noch das gewaltige Tosen der Stürme und das schäumende Anrollen der Brandung.

Auf einem der Fotos sieht man das Haus des Leuchtturmwärters, in dichten Nebel gehüllt, über einer steilen Felswand. Weiße Gischt spritz an den Klippen hoch. Ein knochenhartes Leben war das für die Wärter und ihre Familien.

Ein Kupferstich zeigt den Untergang der »Adalia« und die verzweifelte Rettungsaktion des Dampfschiffes Pictou, das den Ertrinkenden in der aufgewühlten See zu Hilfe eilt. »Friedhof des Golfes« wird die Insel St. Paul nicht ohne Grund genannt, denn über dreihundertfünfzig Schiffe sind nachweislich bereits an ihren Klippen zerschellt. Hier ging es bei schlechten Wetterverhältnissen drunter und drüber, eine Fahrt durch diese Gewässer war auch für hartgesottene

Seefahrer eine Herausforderung. Für viele von ihnen wurde sie zum Albtraum.

In Anbetracht dieser erschütternden Bilanz stellte man auf St. Paul um das Jahr 1840 vorsichtshalber gleich zwei Leuchttürme auf: einen im Nordosten und einen im Südwesten. Wobei der letztere 1914 einem Feuer zum Opfer fiel, da man damals noch extrem leichtbrennbare Fette wie Dorschöl oder Walöl für die Befeuerung verwendete. Sehr leichtfertig, wenn man bedenkt wie oft wir schon gelesen haben, dass hölzerne Leuchttürme an der neuschottischen Küste niedergebrannt sind. Sein Nachfolger wurde daraufhin ein Jahr später aus Gusseisen hergestellt. Eine weise Entscheidung, denn er leistete rund achtzig Jahre lang treue Dienste bevor er, nach einigen erstaunlichen Umwegen, am Ende neben diesem Museum landete.

Wir blättern in alten Zeitungsartikeln und Berichten.

Der kleine Leuchtturm, können wir nachlesen, wurde erst einmal auf der Insel St. Paul in seine Bestandteile zerlegt und dann nach Dartmouth, einer Gemeinde im Halifax Harbour gebracht. Er, der jedem Sturm getrotzt hatte, der bei Wind und Wetter in Seenot geratene Schiffe wieder auf Kurs gebracht hatte, dort stand er nun, völlig entwurzelt, und blickte befremdet auf das spiegelglatte Wasser des Hafenbeckens und auf die Stadt Halifax. Was sollte er hier?

Das fanden auch einige Einwohner von Dingwall gar nicht lustig. Und nachdem sie sich das Trauerspiel eine Zeit lang angesehen hatten, holten sie sich 2010 – die ganze Aktion soll alles andere als einfach gewesen sein – ihren Leuchtturm zurück.

Noch einmal wurde er in seine Einzelteile zerlegt. Aber dann wurde er ganz liebevoll wieder aufgebaut - zu Hause. Und wenn er jetzt auf den vertrauten, wilden Ozean blickt, kann er sogar seine Geburtsinsel sehen.

Als wir uns gerade so richtig für den tapferen kleinen Kerl freuen, taucht Gloria auf. Sie ist die Hüterin des Allerheiligsten, sie kennt jede Einzelheit, jede Geschichte, die sich um diesen Leuchtturm rankt, sie ist sehr sympathisch und – sie hat den Schlüssel. Und angesichts unserer großen Begeisterung führt sie uns jetzt durch eine Hintertür in den Hof hinaus zu ihrem Schützling.

Das Innere sieht aus wie in einem Schiff: weiß lackierte, mit dicken Schrauben und Muttern zusammengefügte Metallpaneele bilden die runden Wände. Eine rote Wendeltreppe – das einzige nicht originale Bauteil - führt hinauf ins Lampenhaus, das fast vollständig von den in allen Regenbogenfarben schimmernden Fresnel-Linsen ausgefüllt wird.

»Der französische Physiker Fresnel hat diese beeindruckenden, Stufenlinsen um 1822 ganz speziell für Leuchttürme entwickelt«, schwärmt Gloria und fährt liebevoll über das Glas. »Auch diese hier wurden extra in Frankreich angefertigt.«

Unter dem Leuchtkörper befindet sich ein technisches Wunderwerk aus ineinandergreifenden Zahnrädern, denn die schwere Lampe wurde über ein aufziehbares Uhrwerk gedreht. »Manufactured at Prescott Ontario«, steht auf einem kleinen altmodischen Metallschild, in dessen Mitte noch der Name »Dominion Lighthouse Depot« prangt. »Dieses Unternehmen wurde 1903 gegründet. Es sollte die Abhängigkeit unserer Küstenregion von den langen Lieferzeiten aus dem Ausland reduzieren und wichtige Artikel für die Schifffahrt auf Lager nehmen«, erklärt unsere Führerin, als sie sieht, dass ich mich interessiert über die Schilder beuge. Ja, das monatelange Warten auf Ersatzteile kann ein Schiff – oder einen Leuchtturm - natürlich in starke Bedrängnis bringen.

Sehr beeindruckt steigen wir die enge Treppe wieder hinunter und treten ins Freie.

Wir werden Dingwall und Glorias liebenswürdige Führung für immer in sehr schöner Erinnerung behalten.

Der Cabot Trail hat uns kurz darauf wieder, nur für ein kurzes Stück, dann nehmen wir mit unserem Schiff auf Rädern Kurs auf Meat Cove, die nördlichste Gemeinde Nova Scotias - mit dem allernördlichsten Campingplatz der Insel. Kleine Farmen mit grünen Feldern wechseln sich auf der Bay-St.-Lawrence Road mit dichten Wäldern ab. Verwilderte Apfelbäume mit reifen Früchten stehen zwischen Eichen, Birken, Ahornbäumen und Ebereschen am Wegrand.

In Capstick steigt der Weg deutlich an, und wir haben wunderbare Ausblicke auf die Sankt-Lorenz-Bucht. Auf einem Riff sitzt eine ganze Kolonie Seetaucher und putzt sich das Gefieder.

Es geht immer höher hinauf und über das strohgelbe Gras hinweg, das sich neben den Leitplanken im Wind biegt, blicken wir jetzt auf die steil abfallende, zerklüftete Küstenlinie der Meat Cove Bucht.

Der Name klingt nicht gerade poetisch – genauer gesagt eher grausig. Und tatsächlich scheint er aus den Tagen zu kommen, in denen Fischer und Jäger die Bucht dazu nutzten, die erlegten Tiere für den Verzehr oder für den Verkauf und den Transport vorzubereiten.

In der Ferne erkennen wir schon einige Wohnmobile, die auf einer Wiese über dem Steilhang stehen. Es ist erst Mittag, als wir den sandigen Weg zum Campground hinauffahren, dennoch sind fast alle Plätze belegt.

Kenneth McLellan, unser neuer Gastgeber, begrüßt uns sehr freundlich in seinem winzigen Büro-Kabäuschen. Man möchte sich fast bücken, um hineinzugehen. Auf die schmale Holztür ist ein Schild genagelt: Tee Shirts Ice. Ich brauche einen Moment, um das auseinanderzuklamüsern. Tee Shirts? Schreibt man T-Shirt wirklich so? Das »Ice« hilft mir letztendlich auf die Sprünge. Tee – Shirts – Ice. Jepp. Tee – Hemden - Eis. So sieht's aus.

Kenneth weist uns einen der nur drei möglichen Plätze für ein Fahrzeug unserer Größe zu.

Oh-my-God! Wir müssen mitten in einer steilen Kurve in einen sehr schmalen Trampelpfad einbiegen. Wie soll das gehen? Das wird mal wieder eine Challenge – eine echte Herausforderung. Ich bin natürlich der Einweiser und schreie mehrmals ängstlich auf, denn bei dem gewagten Manöver habe ich den Eindruck, dass der Wagen schlicht und ergreifend jeden Moment zur Seite kippt.

Georg lacht mir aus dem Fenster zu: »Nur die Ruhe, wir kippen schon nicht!«

Ich würde da keine Wette eingehen. Nicht hier in der Steillage… aber zum Glück behält er am Ende Recht.

Unsere Nr. 26 hat einen spektakulären Blick über die Bucht, bis hinaus auf St. Pauls. Noch vor wenigen Tagen wäre das für uns nur irgendeine langgezogene Insel am Horizont gewesen. Jetzt aber ist sie uns ganz vertraut, mit ihrem kleinen Leuchtturm, ihrer wilden Vergangenheit und ihren sturmgepeitschten, tückischen Klippen. Andächtig stehen wir da und blicken aufs Meer und auf die kleinen Strände tief unter uns. Meat Cove.

Oben auf dem Hügel thront die »Chowder Hut«. Die große Hütte ist von einer breiten Holzveranda umgeben, von der man auch wieder einen wunderbaren Panoramablick hat.

Kenneth hat uns vorhin am Empfang stolz mitgeteilt, dass seine Frau höchstpersönlich kocht. Und gut! Das werden wir jetzt mit Vergnügen testen, denn wir sind sehr hungrig.

Als Erstes bestellen wir ein *local beer*, und prompt taucht Frau McLellan mit einem kühlen Alexander Keith's und einem perlenden Oland Export auf. Zum Probieren. Und dann bestellen wir - zu Ehren des Hüttennamens - natürlich Chowder.

Eintopf wäre falsch. Es ist auch keine Fischsuppe, wie wir sie kennen. Es ist ein kleiner Traum aus Fisch, Meeresfrüchten, zarten Gewürzen und Sahne. Wir sind begeistert. Es war ein weiter Weg bis hierher. Und er hat sich gelohnt. Wir sitzen in der »Most northern Community« Nova Scotias, wo wir nur Einsamkeit und Wildnis und schon gar kein Restaurant erwartet haben, blicken auf den von weißen Schaumkronen gesprenkelten Ozean, und genießen dieses fantastische Fischgericht.

Biker, Truckfahrer und Camper, so langsam füllt sich die Veranda mit Gästen und wir freuen uns über die behagliche, familiäre Atmosphäre. Das Meer, der zartblaue Himmel, die warme Sonne, der Blick über die Steilküste und dieses unvergessliche Essen: Was könnte man sich noch wünschen? Nichts. Einfach gar nichts.

Wir sind wunschlos glücklich.

Nachdem wir uns im Wohnwagen einen starken Kaffee gekocht haben, studieren wir die verschiedenen Wanderwege. Den Weg zum Strand sparen wir uns für den Abend auf und entscheiden uns nach dem ungewohnt reichhaltigen Essen vorsichtshalber für den relativ kurzen »Meat Cove Mountain Trail«. Der führt über einen Hügel auf den nächsten Steilhang und sieht schon von hier aus sehr schön aus.

Durch dichtes Gestrüpp und Strauchwerk voller roter Beeren gelangen wir über einen äußerst schmalen Trampelpfad schon bald in ein vertracktes Waldstück. Hohe, schmale Kiefern stehen eng an eng und Hunderte abgestorbener Äste strecken ihre langen trockenen Arme bis zum Boden und über den Weg. Drunter und drüber liegen abgestorbene Baumstämme quer über dem Pfad und wir müssen uns unter die stacheligen Hürden quetschen oder mühevoll drübersteigen. Ich reiße mir beim Durchkriechen ordentlich die Kopfhaut an einem dürren Ast auf. Die Fangarme stechen aus allen

Richtungen auf uns ein und man kann gar nicht genug auf die Augen aufpassen. Dann ist der Wald schlagartig zu Ende und wir stapfen unter freiem Himmel durch niedrige Heckenröschen voller Hagebutten, bis struppiges gelbes Gras die zarten Blüten ablöst.

Jetzt fällt der Hügel an beiden Flanken steil ab. So wie es hier aussieht, muss schon viel Schotter und Geröll den Hang heruntergerutscht sein. Schiefergraue, schuppige Steinplatten festigen den Kamm gegen die heftigen, winterlichen Stürme und die ungestüm anrollende Brandung tief unten in der Bucht. Auf dem schmalen Grat, der jetzt über den Höhenrücken führt, kann einem schwindelig werden, doch der Blick ist fantastisch. Man sieht zerklüftete kleine Buchten und hoch oben die holprige Straße, auf der wir hergekommen sind. Der Campingplatz sieht ganz klein aus, verliert sich regelrecht vor dieser gigantischen Kulisse, und die großen Wohnmobile sind über den Hang verstreut wie Spielzeugautos.

Dichte Wolken ziehen am Horizont auf, das geht immer sehr schnell zwischen dem Sankt-Lorenz-Golf und dem Nordatlantischen Ozean. Da machen wir uns lieber auf den Rückweg.

Von unserem Stellplatz aus sieht man tief unten einen kleinen Strand voller Steinmännchen. Wie indische Miniaturstupas stehen die kleinen Kunstwerke Seite an Seite und blicken aufs Meer. Und tatsächlich, als wir den Schotterweg finden, der uns runterführt, haben wir das Gefühl einen interaktiven Skulpturenpark zu betreten. So viele Steinmännchen habe ich noch nie und nirgendwo gesehen. Breite und lange, schmale und hohe, zweibeinige und vierbeinige, mit Bögen, Brücken, Erkern und Nischen - überall sind die pastellfarbenen Granitkiesel liebevoll in den wunderbarsten Formen und Gestalten aufeinandergelegt worden.

Natürlich stelle auch ich eine Figur auf: Dunkelgrau, hellgrau, rosa und bläulich wächst der Körper in die Höhe, und zum Abschluss vollendet ein ovaler, grauweiß gestreifter Kiesel mein Werk. Wer weiß, wie lange unser Steinmännchen wohl an diesem Ort stehen wird?

Wir lassen es bei seinen neuen Kameraden und schlendern bis zum Ende der kleinen Bucht. Hier spürt man hautnah die Urkraft, die Wucht der gewaltigen Erdverschiebungen, die vor Millionen Jahren an dieser Küste stattgefunden haben. Wir stehen vor einer steilen Wand aus Schichtgestein, das sich in riesigen, schrägen, nassgrauen Lamellen den Hang empor-zieht. Weiße Quarzadern durchlaufen wie fein gesponnene Fäden die grauen Kolosse. Wie schon so oft vor einer derart alten, kraftstrotzenden Wand fühlen wir uns verschwindend klein und nichtssagend, unser Leben nur ein kurzes Auf-blitzen, alle Hast ganz unbedeutend angesichts der epochalen Geschichte unseres Planeten.

Das Wetter schlägt jetzt endgültig um – es nieselt.

Von einem Felsen aus halten wir Ausschau nach Walen, können aber bis zum Horizont keine Bewegung entdecken. Nur ein schwarzer Reiher tanzt vor uns auf den Wellen und steckt ab und zu den langen Hals blitzartig so tief ins Wasser, dass nur noch der Rücken und das Hinterteil sichtbar sind.

»Der Wal des kleinen Mannes«, meint Georg lakonisch, und deutet auf den runden Buckel des Vogels, »man nimmt eben, was man kriegt.« Ja, er sieht wirklich wie ein winziger Wal aus. Lachend machen wir uns auf den Rückweg.

Frühmorgens reißen die Wolken etwas auf, und in tiefem Violett zeichnet sich St. Paul am Horizont ab. Wir werden die kleine Insel vermissen.

Unten am Ufer stehen die Steinmännchen im aufsteigenden Nebel wie eine Schar Pinguine, die sich im Morgengrauen zum ersten Bad versammelt.

Wir atmen tief durch und genießen noch einen Moment lang die Stille und die ungewöhnliche Kraft, die die Natur hier ausstrahlt. Als wir gerade in den Wagen steigen wollen, macht uns unsere Nachbarin auf einen großen Vogel hoch oben in einer Baumkrone aufmerksam. Es ist ein Weißkopfadler, der sich seelenruhig in der kühlen Morgenluft das Gefieder putzt. Ein traumhafter Abschied von diesem wundervollen Platz.

Wir beschließen, der Ostküste bis Ingonish zu folgen, denn dort muss irgendwo auch die Keltig Lodge sein, von der Dwight und Debbie so geschwärmt haben.

Bei Neils Harbour, wo wir vor Kurzem so lecker bei Sonnenuntergang gegessen haben, stoßen wir wieder auf den Cabot Trail. Wir sind jetzt wieder mitten im Cape Breton Nationalpark: »Where the Mountains meet the Sea«.

Fantastische Ausblicke lassen uns immer wieder kurz anhalten, bis wir schließlich auf einem Rastplatz direkt an der Black Brook Cove stehen bleiben. Von hier aus verzweigen sich mehrere Wanderwege. Nachdem wir uns auf einer Infotafel den Verlauf der einzelnen Wege angesehen haben, entscheiden wir uns für den Jack Pine Trail.

Der nur knapp zweieinhalb Kilometer lange Rundweg führt uns erst einmal durch einen Strauchkiefernwald. Viele der eher niedrigen Bäume sind, im Gegensatz zu so manchen Wäldern die wir bisher durchwandert haben, grün bis zu den Bodenästen. Das erzeugt eine frische und heitere Stimmung.

Silbergraue Felsrücken wachsen aus dem von Wurzeln durchzogenen Waldboden. Weiße Flechten überziehen das harte Gestein wie weiche Kissen und wenn die empfindlichen Fasern sich über den Fußweg fortziehen, läuft man auf

Holzbohlen weiter. Die perlweißen Gebilde mit den korallenartigen Ästchen sind wunderschön anzusehen aber, da sie keine richtigen Wurzeln besitzen, würde man sie mit den Schuhen leicht zerstören. Die Flechten sind wohl mehr Pilze als Pflanzen und sie sind für dieses empfindliche Ökosystem außerordentlich wichtig, denn Wind und Stürme würden ohne ihren Schutz gnadenlos die dünne Erdschicht von dem harten Boden abtragen. Eine dünne, fruchtbare Schicht, ohne die in dieser kargen Gegend kein Leben möglich wäre. Und so sieht man Hunderte von kugelrunden Blaubeeren zwischen den Flechten, weiches Wollgras streckt die buschigen Köpfchen in die Luft und schwarze Wacholderbeeren schimmern geheimnisvoll zwischen den kurzen, schuppigen Ästen. Zartes Wachstum überall, trotz des kalten Granitgesteins.

Ein wurzeldurchwirkter, von hohen Felsbrocken gesäumter Waldweg führt uns zu einem Aussichtspunkt: Steil abfallende rosa Klippen umranden eine kleine Bucht, unendlich weit ist der Blick über den blassblauen Atlantik. Durch die unzähligen Bruchstellen und Risse in den pastellfarbenen Gesteinsbrocken ziehen sich feine weiße Quarzadern, zarte Fäden der Vergangenheit. Auf einem kleinen Riff vor der Küste genießt eine Kormoranfamilie die Stille. Nur der Wind raschelt leise in dem niedrigen Gestrüpp und weiße Schaumperlen umschmeicheln die feenhaften Felsen.

Kann ein Weg eine Seele haben? Kann ein Wald, kann eine Küste Märchen erzählen, Sagen aus verlorenen Zeiten? Vom samtigen Heranschleichen der Wölfe, vom vorsichtigen Blick der Elche, vom Kratzen der Bärenkrallen auf nacktem Fels?

Dieser Weg hat es getan. Er hat uns durch eine Zeit getragen, die wir nicht kannten, durch ein Land, das einmal war. Und es ist ein immenses Privileg hier stehen zu dürfen, auf diese silberblaue Bucht schauen zu können und für einen kurzen Augenblick Teil dieser mystischen, übernatürlichen Schönheit zu sein.

Zurück führt uns der Pfad über zahlreiche schluchtartige Buchten. Hoch oben ein Saum dunkelgrüner Kiefern, tief unten zartrosa und schiefergrau gestreifte Felsbrocken. Die Buchten sehen aus, als hätten mächtige Schwertwale voller Wucht in den Steilhang gebissen und große Stücke herausgezerrt - die letzten wegbröselnden Brocken noch überall im aufschäumenden Wasser verstreut.

Dann wieder dichter Wald. Schwarz wie Obsidian schlängelt sich der Black Brook leise plätschernd zwischen hellen Granitblöcken durch die Bäume, als wir zu unserem Parkplatz zurückkehren.

Der Cabot Trail führt uns jetzt an der Küste entlang nach Ingonish. Raus aus dem Nationalpark – rein in den Nationalpark. In der Mitte eine Aussparung.

Das »Seagull Restaurant«, von dem Dwight und Debbie so geschwärmt haben, liegt in dem Raus-aus-dem Park Stück. Und da halten wir natürlich an, denn auf dieses Mittagessen direkt am Meer freuen wir uns ja schon seit Langem.

Auf dunkelblau gestrichenen Holzbrettern flattern zwei niedliche weiße Möwen über der Eingangstür. »We're open«, lautet die erfreuliche Nachricht auf dem Schild, das in der Glastür baumelt.

Innen ist alles absolut spartanisch eingerichtet und die Kellnerin weist uns einen Platz an einem langen Panoramafenster zu. Wir haben einen wunderbaren Blick auf die Bucht und auf die direkt gegenüberliegende Keltic Lodge.

Heute stehen Lobster Rolls auf der Tageskarte und nachdem wir ja auf der Hummerinsel schlechthin sind wird es Zeit, dass wir dieses Nationalgericht endlich mal probieren.

Was soll ich sagen? Unsere Freunde aus Martins River hatten recht. Für dieses Essen würde ich ganz bestimmt nochmal hierherfahren: nach Ingonish, einem Ort der auf den ersten Blick nur aus einem Stückchen Cabot Trail, dem »Seagull« und einer Handvoll Häusern besteht. Aber viel mehr scheint man auch nicht zu brauchen, denn wir sitzen in einem Hotspot. Gäste kommen und gehen am laufenden Band - das Restaurant ist knallvoll. Woher all diese Menschen plötzlich kommen, ist mir ein Rätsel.

Von hier aus ist es nur noch ein Katzensprung bis zur Keltic Lodge.

Der Name klingt vielversprechend, aber unsere romantische Erwartung wird erst einmal durch das gediegene Äußere des gesamten Hotelkomplexes gedämpft und, als wir dann zu dem Trakt mit dem keltischen Musiksaal kommen, endgültig zerstört.

Über dem Eingang des gepflegten Gebäudes hüpfen – brav und artig geschnitzt – ein Tänzer und ein Dudelsackspieler im weiß-grün gestreiften Tartan. Adrett und ein wenig steif. Irgendwie fehlt hier die keltische Seele.

Innen sieht es gelinde gesagt trist aus. Ein großer Saal mit einer gut bestückten Bar, dicke glatte Sessel, alles recht gekünstelt, steril und ungemütlich. Ein paar ältere Leute brüten lustlos und gelangweilt vor ihren Cocktails. Hoffnungsvoll richten sich alle Blicke auf uns - wir sind offensichtlich eine willkommene Abwechslung. Allerdings nur sehr kurz …

Dwight und Debbie waren so begeistert von diesem Ort – unsere Geschmäcker driften hier deutlich auseinander.

Ein Mann im schwarzen Anzug ist uns dezent gefolgt und lässt uns nun der Ordnung halber wissen, dass wir, sogar wenn wir ein Zimmer buchen sollten, für die Musik extra Eintritt zahlen müssen. Wir können den pflichteifrigen Angestellten gleich beruhigen: Die Gefahr, dass wir bleiben ist äußerst gering. Genau genommen ist sie gleich Null.

Mit den Lodges in Nova Scotia haben wir offensichtlich kein glückliches Händchen. Draußen atmen wir auf. Drei rot lackierte kanadische Liegestühle stehen direkt über der North Bay und blicken sehnsüchtig auf Ingonish Island und das Seagull-Restaurant. Und so schön dieses Ufer auch ist – wir können es ihnen nicht verdenken.

Es ist noch früh am Nachmittag. Von der Lodge aus führt ein Wanderpfad über Middle Head, eine schmale Landzunge, die sich wie ein knochiger Finger fünf Kilometer lang ins Meer zieht. Im Hotel hält uns nichts mehr, also machen wir uns neugierig auf den Weg.

Millionen Jahre lang haben die stetig rollende Brandung, Regen und Sturm diesen Landstreifen zernagt und zerfressen, haben weiches Urgestein wie Schiefer, Sandstein und Gips ausgewaschen und abgetragen, und übriggeblieben ist, was jetzt vor uns liegt: eine wundervoll schimmernde Steilküste aus Magmagestein, Gabbro, Feldspat, Granit und Diorit. Schon die Mi'kmaq nannten diesen dürren Finger, der die Bucht in zwei Hälften teilt, »Geganisg« - einen außergewöhnlichen Ort. Ja, sie wählten ihre Namen immer sehr bedachtsam, mit viel Feingefühl.

Helle, offene Wiesenstücke wechseln sich neben dem Weg immer wieder mit dunklen Waldabschnitten ab.

Zwei Frauen kommen uns auf dem steinigen und recht steilen Pfad entgegen. Die ältere trägt Sandalen.

»Wir leben auf verschiedenen Planeten«, stelle ich mit hochgezogenen Augenbrauen fest und deute auf ihr luftiges Schuhwerk.

Die Frau wirft einen Blick auf meine festen Turnschuhe, dann auf ihre windigen Sandälchen und muss laut lachen: »No, it's pretty good for me! – Das geht wunderbar«.

»Wo kommen sie denn her?«, möchte sie dann gerne wissen. Das ist schnell geklärt.

»From Bavaria. And you?«

»From Toronto.«

Die Stadt kennen wir vom letzten Jahr recht gut, und wollen natürlich gleich wissen, wo sie wohnt. Wir sind ja damals nicht nur quer durch die Innenstadt, sondern notgedrungen auch durch Greater Toronto – den Speckgürtel – gefahren.

Sie selbst komme aus dem Norden der Stadt, erklärt die Frau vage.

»Uns hat vor allem der Distillery District mit seinen liebevoll renovierten Gebäuden und den alten Brauereien sehr gut gefallen«, plaudere ich dahin.

»Den kenne ich nicht – nie davon gehört«, kommt die völlig unerwartete Antwort.

»Are you sure that you were in Toronto?«, hakt sie gleich noch nach und schaut mich prüfend an. Ob ich sicher bin, dass wir in Toronto waren? Na, aber hallo.

Ich bin kurz sprachlos, und da schiebt die Frau listig grinsend doch glatt noch die Eine-Million-Dollar-Frage hinterher: »You know the four ou one?«

Ich spüre, dass es hier um unsere Glaubwürdigkeit geht, und überlege angestrengt, was das wohl sein könnte. Four-ou-one. Das sind offensichtlich Zahlen, und obwohl ich zur Null immer »Zero« sage, habe ich einen dringenden Verdacht:

»You mean the Highway? The Fourhundred and one? 4-0-1?«

Erwartungsvolles Nicken.

»It's the hell«, platze ich heraus, und jetzt stimmen die beiden Wanderinnen fröhlich in unser Gelächter ein.

»She knows it – sie kennt ihn«, grinst die Sandalenträgerin zufrieden und klopft mir auf die Schulter. Na, das will ich aber auch meinen.

Oh-my-God! Den Highway 401 mit seinen gefühlten Hundert Spuren werde ich nie vergessen: Es war die Hölle.

Nach zwei Stunden sind wir wieder am Parkplatz und kochen uns einen schönen Kaffee. Dann durchforsten wir unsere Broschüren nach einer Unterkunft für die Nacht. Die Auswahl ist allerdings nicht allzu groß.

»Wie wär's mit der Indian Brooke Wilderness Reserve?«, fragt mein Mann. »In den Indianerreservaten haben wir bisher doch immer gute Erfahrungen gemacht.«

Der Indian River ist zwar nur recht vage auf der Karte angedeutet, aber ich bin einverstanden. Das werden wir schon irgendwie finden.

Folgen wir also wieder dem Cabot Trail.

An einer ziemlich ramponierten Leitplanke führt eine Abzweigung hinunter ans Meer zur Wreck Cove. Die »Cóbh Na Luinge Briste« – die Wrackbucht - hat zwar die unwiderstehliche Anziehungskraft von gesunkenen Schiffen, Abenteuer und Schatzsuchern, doch wir müssen jetzt leider weiter, es wird langsam spät.

Die Küstenstraße bis zum Indian Brook ist wunderschön, aber der Campingplatz ist alles andere als leicht zu finden. Nach einigen Umwegen stoßen wir endlich auf einen kleinen Wegweiser und fahren auf einen ziemlich vernachlässigten Hof. Hier halten wir vor einem alten Holzhaus. Na gut. Lassen wir uns einfach überraschen.

Ja das mit der Überraschung gelingt dann auch ziemlich gut. Ein süßer Labrador läuft uns entgegen, was unbedingt für den Campingplatz spricht – aber alles andere ist ziemlich schräg.

Überall im Hof verteilt stehen große, von oben bis unten in Plastik gewickelte Gegenstände. Vielleicht Brunnen oder Skulpturen. Der Verhüllungskünstler Christo muss hier eine wahre Quelle der Inspiration gewesen sein. Ein Mann streicht mit seltsamen, geistesabwesenden Bewegungen durch die Bäume. Ziemlich gruselig, in Anbetracht der mit Klebeband verpackten Gestalten.

Wir betreten das Office. Die Inhaberin steht an der Theke und bemerkt sofort unser tiefes Unbehagen. Man habe auf, aber nicht so wirklich, deshalb könne man uns nur einen Platz vor einem unbewohnten Holzhaus anbieten. Alles sei gerade im Umbau, noch recht provisorisch ... ja, so sieht es aus. Überall stapeln sich alte Möbel und Gerätschaften im Hof. Das Haus neben dem wir parken dürften versprüht auch nicht gerade unbeschwerte Heiterkeit. Eher eine dustere, abweisende Adams-Family-Stimmung ... wobei wir der Adams Family mit Sicherheit unrecht tun. Gegen das hier ist sie herzerfrischend.

Wir fühlen uns rundherum unwohl und obwohl wir sehr müde sind, beschließen wir, ganz schnell weiterzufahren.

Die Küste ist hier von schmalen Landstreifen durchzogen, die richtig große Gewässer vom Meer abtrennen. Unzählige Wasserarme verzweigen sich zwischen hellgrünen Schilfinseln. Wir überqueren die Jersey Cove auf einem schmalen, sandigen Finger, bis es nicht mehr weitergeht. Das heißt: Es geht natürlich weiter, nur nicht auf trockenem Boden. Wir landen in einer Schlange vor der Torquil MacLean, der Fähre nach Englishtown, die uns wie ein kleines Legoschiffchen hinüber auf die nächste zerklüftete Halbinsel befördert. Der Cabot Trail heißt ab jetzt Highway 312. Und der führt uns glücklicherweise geradewegs zum nächsten Campingplatz.

Kluskap Ridge Campground – warum klingelt es da schon wieder bei mir? Der Name kommt mir irgendwie vertraut vor, obwohl ich ihn noch nie gesehen habe.

Kluskap. Ich stöbere in meiner Erinnerung, so vieles haben wir schon gesehen, so viele Eindrücke überlagern sich bereits, und doch: Jetzt ich hab ich 's. Kluskap – Glooscap ... das Tipi auf der Werbetafel hilft mir auf die Sprünge. Ja, unseren mythischen Indianer aus der Bay of Fundy, hier treffen wir ihn wieder.

Kuh-Loo-Skopp in der Sprache der Mi'kmaqs, Glue-Skaw-Buh auf Abenaki. Der gute Held wird im gesamten Nordosten Neuenglands verehrt, obwohl er schon längst in den Nebel der Sagen und Legenden gehüllt ist, die man sich an langen Abenden an den Lagerfeuern der Wabanakis erzählt. Noch heute munkelt man, Glooscap sei mit dem Versprechen entschwunden, eines fernen Tages zurückzukehren. Und zwar genau dann, wenn man ihn aufs Dringendste brauchen wird. Das ist natürlich ein sehr schönes Versprechen. Und so schön vage. Schon die alten Griechen setzten großes Vertrauen in ihre Götter und Halbgötter, die im Leben der normalen Sterblichen immer eine aktive Rolle spielten. Aber auch die haben sich schon lange nicht mehr auf der Erde blicken lassen. Haben sie uns vergessen?

Und Kluskap? Auch er verhält sich recht still … Wann ist denn der Zeitpunkt gekommen, an dem er ganz dringend gebraucht wird? Ist er nicht schon längst da?

Ja, solche Fragen stellt man sich in dieser mystischen Umgebung. Wann werden sie wiederkommen, all die sagenhaften Halbgötter, die Retter der Welt?

Der Campingplatz liegt wunderschön auf einer Anhöhe über der St. Ann's Bay.

Fünf Minuten vor Büroschluss bekommen wir gerade noch einen Platz zugeteilt, und es ist sechs Uhr, als unser braves Gefährt für heute zur Ruhe kommt.

Es war ein langer Tag, wir sind gute 120 Kilometer gefahren und noch ganz benommen von den stimmungsvollen Wanderwegen und den vielen wunderbaren Ausblicken.

Die meisten der riesigen Trailer, die hier abgestellt sind, sind abgeschlossen und dunkel. Nicht weit von uns hat ein Mann sich wie ein einsamer Wolf ein Sofa vor seinen ellenlangen

Wohnwagen gestellt. Da liegt er nun und lauscht er der Countrymusik, die aus dem Inneren schallt. Wir bereiten ein schlichtes Abendessen zu und müssen leider im Wagen bleiben, denn es fängt an zu regnen. Immerhin eine gute Gelegenheit, um in Ruhe die Landkarte zu studieren.

Wir könnten jetzt der Ostküste mit ihren unzähligen Buchten und Seen folgen, und ganz gemächlich über Louisbourg zurückfahren, oder – was uns weitaus attraktiver erscheint – in North Sydney nach Neufundland übersetzen. Die vierzig Kilometer bis zur Fähre könnten wir in der Früh locker schaffen, aber wir müssten uns natürlich jetzt gleich um die Buchung kümmern.

Die Internetverbindung im Kluskap ist gut, und so erfahren wir, dass das einzige und letzte Schiff nach Argentia – eine Stadt im Osten Neufundlands - am 23. September, also kommenden Samstag ablegt. Dann wird diese Verbindung closed for season. Sie kommt aber sowieso nicht infrage, denn das wäre erst in sechs Tagen.

Eine andere Fähre startet ebenfalls in North Sydney und hat zwei wesentliche Vorteile: Die Überfahrt ist viel kürzer und sie fährt das ganze Jahr.

Da hieße es Leinen los morgen früh um 11:45 Uhr, und eine Stunde vorher müssten wir am Hafen sein.

Wir gehen es schicksalsergeben locker an und machen jetzt keine voreilige Buchung. Wenn wir morgen früh alles gut schaffen, werden wir ja sehen, ob man uns noch mitnimmt. Wenn nicht, werden wir den Tag in der Gegend verbringen, unsere völlig leeren Schränke wieder mit Vorräten auffüllen und ganz brav für den nächsten Tag buchen.

Der Regen prasselt auf die Frontscheibe, als wir unseren Frühstückskaffee trinken, dann rollen wir langsam aus dem Campingplatz.

Quer durch die Halbinsel gelangen wir rasch zur nächsten superschmalen Landzunge, die in einen Nebenarm des Great Bras D'Or Sees hineinragt. Neben der Seehundinsel erhebt sich die feingliedrige Seal Island Bridge, wie ein schlangenförmiges Seeungeheuer mit einem runden Buckel, aus dem Wasser - und schon fahren wir unter den filigranen zartgrünen Metallträgern durch. Unter uns steht ein Leuchtturm kläglich im strömenden Regen. Seit unserem Besuch in Dingwall habe ich diese kleinen Helden ganz besonders ins Herz geschlossen.

Auf dem vertrauten Trans-Canada-Highway durchqueren wir erneut eine Halbinsel, dann wieder den Bras D'Or, und schließlich kommt das Schild »NFLD Ferry – 1 Km«.

Von Weitem erkennen wir jetzt die kompakten blauweißen Konturen der Maritime Atlantic. Blue Puttees nennt sich das Schiff, eine Hommage an die Soldaten, die im Ersten Weltkrieg für Neufundland kämpften und ihr Leben opferten.

Als wir in den Hafen einfahren ist es genau 10:45. Jetzt kommt's drauf an.

Die letzten Autos werden gerade in den Schiffsbauch gelotst und verschwinden eines nach dem anderen aus unserem Blickfeld, als würden sie von einem gigantischen Blauwal verschluckt.

Wir halten an der Schranke und Georg bringt höflich unser Anliegen vor, noch heute mitfahren zu dürfen. »Genauer gesagt jetzt gleich«, fügt er mit einem Blick auf die immer kürzer werdende Schlange noch rasch hinzu.

Die Dame am Terminal blickt angestrengt auf ihren Bildschirm und meint, das sei durchaus möglich. Wir strahlen – allerdings nur sekundenlang.

»Heute Abend«, fügt sie nämlich dummerweise noch hinzu. Und das wollen wir auf keinen Fall. Keine Nachtfahrt. Ich freue mich doch schon so darauf, den Sankt-Lorenz-Golf zu durchqueren.

Großes Kopfschütteln und Achselzucken auf unsere enttäuschte Reaktion. Nicht die geringste Chance. Ob denn wirklich alles bis auf den letzten Platz ausgebucht ist, bohren wir dennoch kurz nach. Und ob wir vielleicht ganz schnell vorne an der Laderampe nachfragen dürften?

Das sei zwar aussichtslos, meint die Frau mit genervtem Augenaufschlag, aber sie werde unsere Anfrage gerne durch ihr Walky-Talky weiterleiten. Spricht sie, und nimmt tatsächlich ein klobiges schwarzes Telefon in die Hand.

Wir beobachten gespannt, ob sich da vorne irgendetwas tut. Ja, jetzt löst sich ein Uniformierter aus der kleinen Gruppe an der Rampe und läuft – Handy am Ohr - im strömenden Regen auf uns zu.

Der Uniformierte entpuppt sich als eine reizende junge Frau, die der Dame im Office die Anweisung gibt, uns unverzüglich ein Ticket auszustellen.

»Wir haben noch genügend Platz an Bord, doch jetzt ist allerhöchste Eile geboten!«, hören wir sie durch die Regenwand schreien.

Yippie-Ya-Yeah!

Und so verschwinden Minuten später auch wir im Schlund des Wales.

Altes neues Land

Nachdem wir in der geräumigen Gemeinschaftskabine zwei bequeme Sessel belegt haben, gehe ich erst einmal auf Erkundungsrundgang. Am Ende unseres Decks Nr. 7 kann man von einer Brüstung auf die offene Ladefläche runter schauen, auf der sich kleine Personenwagen zwischen riesigen Containern und Sattelschleppern wie verängstigte Mäuse zusammendrängen. Ich arbeite ich mich von Deck zu Deck, es ist so schön, zu spüren wie das Schiff langsam Fahrt aufnimmt und sich zwischen zwei Landzungen durch den Sydney Harbour Kanal quetscht, um den offenen Ozean zu erreichen. Treppauf treppab genieße ich zwischen verschachtelten Ecken, Erkern und Balustraden die immer neuen Ausblicke auf das schwindende Land und das Meer.

Das Schiff selbst hat auch eine bewegte Geschichte: Mit seinem Bau wurde 2004 in Russland begonnen - Baltijisk Zavod Shipyard hieß die Geburtsstätte - fertiggestellt wurde es aber zwei Jahre später in Norwegen. Zuerst fuhr es zwischen den Niederlanden und Großbritannien hin und her, dann hat es die Marine Atlantic geleast und zum Umbau nach Bremerhaven gebracht. Und schließlich trat es 2011 den Dienst zwischen North Sydney und Port aux Basques an. Es hat wirklich schon einiges erlebt. Für mich hat jedes Schiff eine Persönlichkeit, eine Seele. Dieses hier ist nicht so leidenschaftlich und ungestüm wie die Bluenose, aber ich fühle mich auf ihm sicher und geborgen. Ich würde sagen, es ist ein tüchtiger und treuer Gefährte.

Auf dem obersten Deck angelangt, halte ich mich an dem blitzweiß gestrichenen Metallgeländer fest. Hier hat man einen fantastischen Rundumblick. Wir steuern jetzt auf die offene See hinaus. Die Wolken reißen auf. Ein rauer Wind fegt übers Deck und lässt die breiten Pfützen, die sich durch den starken Regen auf dem dunkelblauen Boden gebildet haben, erzittern.

Im Gemeinschaftsraum laufen permanent etliche Großbildfernseher mit Werbesendungen oder Seifenopern. Mir persönlich fällt es schwer, zu unterscheiden, welches was ist, die meisten Passagiere jedoch schauen hingebungsvoll zu. Wir essen eine warme Suppe, lesen ein bisschen und vertreten uns ab und zu die Beine. Einmal habe ich den Eindruck, die vertrauten Umrisse von Meat Cove in der Ferne auszumachen, dann glaube ich St. Paul Island zu sehen … möglicherweise nur eine hübsche Illusion, aber so gehen die sechs Stunden Überfahrt ganz rasch vorbei. Meine stille Hoffnung, auf offener See riesige Wale beim Spiel mit den Wellen beobachten zu können, schrumpft leider mit jedem Kilometer.

Die Sonne steht schon recht tief und dicke, bauchige Wolkenballen bilden eine grandiose Kulisse, als der Leuchtturm von Port aux Basques auf einem vorgelagerten Felsrücken auftaucht und braune und taubenblaue Holzhäuser uns wie ein stummes Empfangskomitee in der Bucht willkommen heißen.

Die Dieselmotoren stoppen, die betonierte Hafenmole nimmt uns in die sichere Zange, der Schiffsbauch leert sich erstaunlich schnell und schon bald setzen wir das erste Mal ein Rad auf neufundländischen Boden.

Das Erstaunliche ist, dass wir uns die ganze Zeit ununterbrochen auf dem Trans-Canada-Highway fortbewegt haben. So wie die Millionen Jahre alte Aspy-Verwerfung Cape Breton auf dem Meeresboden mit Neufundland verbindet, sind wir an der Wasseroberfläche einem imaginären Highway gefolgt, der erst in Port aux Basques seine feste Beschaffenheit wiedererlangt und uns jetzt – direkt vom Hafen aus – erneut aufnimmt.

Grüne Hügel und ockerfarbene Sumpfwiesen sind die ersten Eindrücke, die wir in der Dämmerung von der Landschaft erhaschen können. Nur eine halbe Stunde lang, denn unser Ziel für heute Abend haben wir schon auf dem Schiff festgelegt: Codroy.

Unberührte Wildnis, Elche, Bären und Karibus in Hülle und Fülle - Natur pur: So wurde uns Neufundland immer wieder beschrieben. Ich halte also angestrengt im schwindenden Tageslicht nach der einen oder anderen Elchfamilie Ausschau, die vielleicht gerade aus dem Wald herausspaziert kommt. Nichts. Ein Karibu, ein Biber oder ein Waschbär wäre natürlich auch willkommen. Aber leider ist wohl noch nicht Abendessenszeit, denn die feuchtgrünen Wiesen ziehen reglos und still an uns vorbei.

An einer Tankstelle biegen wir in die Doyles Station Road ein, und wenig später erreichen wir unser heutiges Quartier, das am Rande eines ausgedehnten Sumpfgebietes am Grand Codroy River liegt.

The Grand Codroy Camping Park fasziniert uns sofort durch die sanfte Heiterkeit, die über dem gesamten großen Areal liegt. Es ist Liebe auf den ersten Blick.

Einige Kieswege verzweigen sich in den smaragdgrünen Wiesen, Bäume und ausladende Sträucher beschützen jeden einzelnen der großzügig angelegten Plätze. Alles wirkt so einladend, dass ich spontan für zwei Nächte buche. Ein Tag zum Entspannen, zum Wäschewaschen, Aufräumen, Lesen und Prospekte sortieren wird uns mal wieder richtig guttun.

Am Morgen machen wir einen Spaziergang durch das Camp. Von einem riesigen Haufen dürfen wir uns so viel Feuerholz nehmen, wie wir brauchen können. For free. Heute

Abend werden wir endlich wieder einmal ein Lagerfeuer machen. Aber zuerst wollen wir wenigstens ein kleines bisschen in Neufundland hineinschnuppern.

Auf der Landkarte suchen wir uns einen Loop – einen kleinen Rundweg – aus, der zum Einen um das ganze Mündungsgebiet des Grand Codroy führt und zum anderen die Möglichkeit bietet, den Leuchtturm von Cape Anguille zu besuchen.

Das Wasser des Codroy hat dieselbe bleigraue Farbe wie der Himmel, als wir den Fluss auf einer langen Brücke überqueren. Eine undurchdringliche Wolkendecke hängt tief über der Lagune.

Nach der Brücke teilt sich die Straße. An einen Strommast hat man einen neckischen rotweißen Leuchtturm mit der Aufschrift »Cape Anguille Lighthouse Inn« genagelt. Das hört sich nach einem gemütlichen Pub an. Daneben prangt eine nicht minder interessante Werbetafel: »Clover Farm Grocery« - 8 Kilometer. Wir brauchen wieder ganz dringend Nahrungsmittel und etlichen Kleinkram für die Fahrt.

Saftige Weiden mit Kühen und Schafen säumen die Uferstraße.

Der Supermarkt befindet sich in der winzigen Ortschaft Millville und als wir von der Landstraße einbiegen, parken wir direkt vor »Grand Daddy's Swimminghole«. Hier scheint alles recht unkompliziert und familiär zu sein.

Großvaters Schwimmloch ist genau betrachtet eine Art Tümpel in einem steinigen Bachbett, gespeist durch ein überdimensionales Rohr, das unter der Straße hervorkommt. Eine zugige Angelegenheit, aber der neufundländische Stammvater ist natürlich abgehärtet – keine Frage. Dieser Ort hätte auch der Familie von Althippies gefallen, der wir letztes Jahr im Indianerreservat von Cape Croker begegnet sind: Mit einem Freudenschrei allesamt rein ins kalte Wasser und dann, mit triefenden Haaren und einem Handtuch über den

Schultern, schnell rauf auf die zugige Ladefläche eines Pickups und nichts wie heim …

Auch der Supermarkt passt gut in dieses Bild. Man steht in einer recht übersichtlichen Mischung aus Baumarkt und Lebensmittelgeschäft, wobei der Schwerpunkt wohl eher auf dem Baumarkt liegt: Rasenmäher, Rechen, Bohrmaschinen, Spaten, Pinsel, Farben und Kanister – einfach alles, was das Handwerkerherz begehrt. Wir sind eben auf dem Land. Es gibt alles – nur keinen Überfluss. Und erstaunlich wenig Gemüse und Obst. Für uns reicht es, denn wir brauchen keinen Schnickschnack. Nur Brot, Eier, Kaffee, Zucker, Butter, Kaffeesahne und Marmelade. Die Kartoffeln sehen hier recht seltsam aus: leicht gammelig drücken sie sich die Kartoffelnasen an großen, durchsichtigen Plastiktüten platt. Irgendetwas stimmt ganz und gar nicht mit ihnen, ich kann nur gerade nicht sagen was. Egal, wir kaufen eben eine Packung Reis.

Die Lighthouse Road führt uns jetzt direkt an die Neufundländische Küste.

Der Himmel ist bleigrau und ein nasskalter Wind streicht über das gelbe Gras, als wir vor dem Lighthouse Inn parken. In der Früh groovt in einem Pub natürlich nicht gerade der Bär, aber die matschige Straße ist von großen Pfützen durchzogen und das hübsche, rotweiß gestrichene Holzhaus wirkt so still und verlassen, als wäre es allgemein schon sehr ruhig um diese Jahreszeit.

Wenige Schritte von der Herberge entfernt steht der Leuchtturm von Cape Anguille strahlendweiß mit einem roten Lampenhaus an der Spitze. Ein militärisch anmutender Maschendrahtzaun umgibt den schlanken, hohen Turm, und verleiht ihm das Aussehen eines Gefangenen, der sehnsüchtig auf das Meer und die freie Wildbahn blickt. Er kann einem leidtun, wie er so traurig und einsam dasteht. Am liebsten würde ich ihm über den Zaun hinweg einen Keks reichen, ihn kraulen und trösten wie ein eingesperrtes Tier. Aber das geht natürlich nicht … Ich habe ja gar keine Kekse in der Tasche. Und da der leuchtturmnahe Strand auch nicht besonders schön ist, machen wir uns ziemlich rasch vom Acker.

Auf der Rückfahrt überqueren wir die breite Mündung des Codroy auf einem Grünstreifen, der den Fluss direkt vom Sankt-Lorenz-Golf trennt. Es ist wirklich nur ein schmales Feld mit sandigem Boden und struppigem Gras, das den recht übersichtlichen »Codroy Valley Provincial Park« bildet. Wasser zur Rechten und Wasser zur Linken. Dann kehren wir zurück in unser kleines Paradies.

Wenige Schritte von unserem Stellplatz blickt man durch eine dichte Hecke aus tiefgrünen Tannen und zierlichen Birken auf eine sanfte Moorlandschaft. Sandfarbenes Gras, niedrige Büsche, von Wasserarmen durchzogene Auen. Unzählige Wasservögel sind hier zuhause: Eistaucher, Ohrenscharben, Kanadareiher, Sumpfschnepfen und Streifenwaldsänger sind nur einige von ihnen. Weit hinten liegt, wachsamen Hofhunden gleich, eine Reihe dunkler Hügel.

Ich schlendere ein bisschen durch das weitläufige Gelände und betrete neugierig einen kleinen Laden mit dem Schild »Country Crafts - Handwerkskunst aus der Region«. Eine alte Dame sitzt inmitten von Häkeldeckchen und gestrickten Mützchen an einer kleinen Theke. Hier und da steht noch eine Schnitzerei auf den bereits ziemlich abgeräumten Regalen.

»Die Saison ist so gut wie zu Ende«, meint sie freundlich mit einem Blick auf die vielen leeren Stellen.

»Ja, ein Glück für uns, dass sie noch aufhaben«, sage ich spontan. »Dieser Platz gefällt und sehr, sehr gut. Er strahlt eine ganz besondere Harmonie aus, eine Ruhe, die der Landschaft selbst zu entspringen scheint.«

»Dieser Platz hat auch eine ganz außergewöhnliche Geschichte«, nickt die alte Dame zustimmend, rückt sich die Brille auf der Nase zurecht und beugt sich vertraulich zu mir vor. »Die Familie Downey, müssen sie wissen, verkaufte in den 60er Jahren ein etwa 40.000 Quadratmeter großes Stück Land aus dem eigenen Grundbesitz an die Regierung Neufundlands – und das für einen einzigen symbolischen Dollar!«

»Das waren noch Preise«, sage ich lachend.

»Ja, eine großzügige Schenkung könnte man sagen. Doch sie war auch an eine Bedingung gekoppelt: Hier im Codroy Tal sollte ein Provincial Park entstehen.«

Die alte Dame zeigt aus dem Fenster. »Der Wunsch der Downeys wurde in die Tat umgesetzt, das Land blühte regelrecht auf und der Park wurde liebevoll gepflegt. Alles klappte ganz wunderbar bis zu einem Tag am Ende der 90er Jahre. Da beschloss die Regierung, einige ihrer Parks aus Kostengründen wieder zu privatisieren.«

»Und dann?«

Die alte Dame legt die Hände in den Schoß und lehnt sich in ihrem Stuhl zurück. »Dann bot man der Familie Downey, in Anbetracht der einzigartigen Vorgeschichte, ein Vorkaufsrecht an. Zum Glück kann man sagen – denn sie nahm es an. Der Besitz ging wieder an die Familie über, dann ist dieser Camping-Park entstanden, und fortan war unser Motto: »To serve people and protect nature.«

Und dass das ganz fabelhaft gelungen ist, kann ich nur bestätigen.

Als wir gerade Holz für das abendliche Lagerfeuer aufschichten, kommen unsere Nachbarn herüber spaziert. Bob und Linda kommen aus Ontario und befinden sich bereits auf dem Heimweg. Ganze neun Mal waren sie schon in Neufundland - alle Achtung. Das ist das Schöne an einem Wohnmobil, wenn man aus Kanada ist: Man fährt einfach mit seinem zweiten Zuhause von der Haustür weg und kommt irgendwann wieder vor der Haustür an. Kein Stress mit Flugbuchungen oder Reservierungen, locker vom Hocker, denn es kommt am Ende nicht auf ein oder zwei Tage an.

Die beiden erzählen uns von ihren vielen Fahrten durch die Insel, und Bob kritzelt voller Begeisterung mit seinem Kugelschreiber auf unserer Landkarte rum. So was kann ich ganz und gar nicht leiden, aber was tut man nicht der guten Nachbarschaft zuliebe ... Ich schaue schweigend zu.

Hier müsst ihr Rodney von uns grüßen – großer Kringel – und hier müsst ihr unbedingt Robert und Roberta von uns Grüße überbringen –zwei dicke baue Striche – und das müsst ihr euch unbedingt ansehen – große Tintenpfeile bohren sich tief in den Ozean ...

Wie die beiden so durcheinanderschnattern, hört man immer wieder so etwas wie »Finnland« heraus.

»Wie sprecht ihr denn Neufundland aus?«, frage ich erstaunt. »Sagt man denn nicht »Niufaundland«?

Hahahaha, es darf gelacht werden.

»Sagt das nie, während ihr hier seid«, belehrt uns Bob auch gleich mit erhobenem Zeigefinger. »Ihr würdet euch sofort als Touris outen.«

»Um uns als Touris zu outen, brauchen wir den Namen Neufundland gar nicht erst in den Mund zu nehmen«, antworte ich trocken. »Da reicht unsere typisch deutsche, zu allem Überfluss auch noch italienisch angehauchte Aussprache völlig aus.«

»Trotzdem«, lacht Linda. »Ihr müsst Niufinnland sagen. So ist es richtig.«

Das kommt mir jetzt ehrlich gesagt ziemlich spanisch vor, aber – na gut. Erst nachprüfen, dann meckern.

Bei einer Tasse Kaffee erzählen die beiden uns ausgiebig von ihren Erfahrungen in Neufundland. Zum Beispiel, dass die meisten Restaurants und Campingplätze bereits Anfang

September – zum Schulbeginn – schließen, da sie hauptsächlich Studenten und Schüler beschäftigen. Ja, der Tourismus sei hier auf der Insel noch in den Anfangsschuhen, das gehe man ganz langsam an.

»In den 60ern sind viele Dörfer an der Küste entstanden, und sie blühten auch einige Jahre lang regelrecht auf. Aber durch den Einbruch der Fischerei sterben sie langsam wieder aus, werden verlassen, zerfallen. Die Jugend sucht Arbeit in Ontario oder im weiter entfernten Alberta, beispielsweise in den Ölsanden von Athabasca, Cold Lake und Peace River. In der Schweröl- und Rohbitumenproduktion finden sehr viele Menschen einen Job – noch dazu gut bezahlt -, was das oft jahrelange Fernbleiben von der Heimat ein wenig versüßt«, erzählt Bob.

Das erklärt natürlich, warum so viele Jobs in den Seeprovinzen von Rentnern und Studenten erledigt werden. Auch die Arbeiter an den Baustellen, durch die wir gefahren sind, kamen mir oft wie Rentner in fortgeschrittenem Alter vor, die weißen Haare locker unter dem Schutzhelm zusammengebunden.

»In Neufundland lassen sich allerdings weit weniger Rentner aus anderen kanadischen Regionen als in Nova Scotia nieder«, erklärt Linda. »Die medizinische Versorgung ist hier deutlich schlechter als bei den Nachbarn und man muss oft weit fahren, um einen Arzt zu finden. Das schreckt die älteren Menschen ab.«

Die beiden erzählen noch von unzähligen Plätzen, die man unbedingt gesehen haben muss, aber wir wollen uns keine festen Ziele mehr setzen. Uns stehen in Neufundland höchstens zehn Tage zur Verfügung, da lassen wir uns lieber von der Landschaft treiben.

»Und nicht vergessen«, grinst Bob und reicht uns die Hand zum Abschied: »Niufinnland!«

Aber sicher …

Der Feuerplatz ist ein Metallkasten mit Rost auf einem langen Rohr. Man schaut also von dem Picknicktisch, mit dem auch hier jeder Platz ausgestattet ist, direkt in ein fröhlich prasselndes Feuer. Ein paar rosarote Sonnenstrahlen stehlen sich durch die Wolkendecke, die langsam dünner wird. Wir decken den Tisch fürs Abendessen, und machen bei Brot und Käse zur Feier des Tages eine Flasche Rotwein auf.

»And I've been tellin old stories,
singing songs
that made me think about
where I came from ...«,

singt Dougie MacLean leise und der Klang seiner Gitarre vermischt sich mit dem Knacken des Feuers zu purer, zeitloser Poesie.

Wir stoßen mit unseren einfachen Wassergläsern an, genießen den samtigen Wein und lauschen gedankenversunken diesem wunderbaren schottischen Song. In Nova Scotia sind wir dieser tiefen Liebe zur Heimat immer wieder begegnet. Bei den Lebenden und - aus dem Nebel der Vergangenheit – bei den Verstorbenen.

»Oh let me tell you that I love you,
And I think about you all the time
Caledonia you're callin me
and now I'm going home ...
Schottland, du rufst und ich kehre heim ...«

Ich denke an Donald S. MacIntosh aus Pleasant Bay, dessen Leben stets von der Sehnsucht nach den Hebriden erfüllt war und der sich zutiefst mit dem Land seiner Vorfahren verbunden fühlte. Und an die Passagiere der Hector und an die keltischen Musiker in Cape Breton. Ihr Herz wird immer für die neue und für die alte Heimat schlagen.

Ein heftiger Regenschauer reißt uns schlagartig in die Wirklichkeit zurück. Gerade noch haben wir verträumt auf den dunkler werdenden Rasen geblickt, auf die roten Funken, die mit einem leichten Knall explodieren und langsam im Gras verglühen, dann ist der Sturm wie ein Habicht über uns gekommen. Ein kurzes Brausen, ein leichtes Rauschen in den Baumkronen und es hat angefangen, aus Kannen zu schütten. Neufundland.

Man hatte uns vorgewarnt: ein raues, wildes Land ...

Auch der Nebel sei ein Charakteristikum der Insel, hat man uns erzählt. Was aber heute früh über dem Codroy Tal hängt, ist mehr als das. Bleiche Schwaden ziehen über den Fluss, während der Regen so dicht fällt, dass wir nicht einmal aussteigen können, um den Strom und das Wasser abzukoppeln. Die Kieswege schwellen bereits zu mittelbreiten Wildbächen an, es frischt deutlich auf. Irgendwann beschließt Georg, dass er wohl das Risiko draußen zu ertrinken auf sich nehmen muss, wenn wir heute noch weiterfahren wollen. Also: Regenmantel an, Luft anhalten damit das Wasser nicht in die Lunge dringt, und raus …

Vorsichtig rollen wir kurz darauf durch die überfluteten Wege. Leicht verschwommen kann man das Kassenhäuschen gerade noch hinter dem dichten Regenschleier wahrnehmen, dann hat uns der Trans-Canada-Highway wieder.

Wir haben kein wirkliches Ziel im Auge, behalten uns aber einen Stopp in Corners Brook vor, einer größeren Stadt in der wir noch einmal einkaufen möchten und wo wir möglicherweise auch ein warmes Mittagessen bekommen.

Straßenschilder wie »Stephenville Crossing« und »Black Duck Siding« verleiten uns zu kurzen Abstechern, aber das

Wetter ist ein komplettes Desaster und da heute alles grau in grau und noch dazu nass aussieht, sind wir froh, als wir die Umwege endlich hinter uns haben und wieder auf der Hauptstraße landen. Dann reißt die Wolkendecke auf, und von einer Anhöhe aus haben wir eine wunderbare Rundumsicht auf Corner Brook. Wir folgen der Sunnyslope Straße die uns – der sonnige Name tut richtig gut - steil bergab zum Stadtzentrum führt. Corner Brook liegt an dem breiten und sehr langen Mündungstrichter des Flusses Humber. »Maqtukwek« nennen ihn die Mi'kmaq Indianer. Nicht weit von der Corner Brook Pulp & Paper Mill, einer imposanten Papierfabrik am Hafen, vor deren rauchendem Schornstein sich Berge von Baumstämmen und Rindenmulch stapeln, begegnen wir auch Käpt'n James Cook wieder.

Im vergangenen Jahr hatte unsere Reise ja in Cookstown, Ontario begonnen. Hier zeigt ihn eine Statue, einen Sextanten in den Händen, wie er mit prüfendem Blick auf die Bucht blickt. Im Jahr 1767 hat er als erster Kartograph die Bay of Islands vermessen, ganze zweihundertsiebzig Jahre nachdem John Cabot auf der »Matthew« Kurs auf Cape Breton und Neufundland genommen hatte.

Der 1728 in Marton, im Nordosten Englands, als Sohn eines einfachen Landarbeiters geborene junge James, fühlte sich unwiderstehlich von der See angezogen und wurde bereits im Alter von 26 Jahren in die Royal Navy aufgenommen. Hier zeigte sich seine große Begabung für die Kartographie, die für die Navy aus militärischen Gründen von unschätzbarem Wert war. Von 1763 bis 1767 erkundete er die Neufundländische Süd- und Westküste. Wie andere Seefahrer vor ihm, kehrte auch er jedes Jahr in den langen Wintermonaten zurück nach London, wo er seine Land- und Seekarten zeichnete und veröffentlichte. Auch John Cabot hatte es seinerzeit so gemacht, und sein Sohn Sebastian, der als einziger seiner drei Söhne ebenfalls zur See ging, hat im fernen Jahr 1544 sogar eine ganz wunderbare Weltkarte gezeichnet, auf der man auch Nova Scotia und Neufundland ausmachen kann. Ein Exemplar davon gibt es noch. Völlig unverhofft stand ich bei einer Sonderausstellung im Louvre von Abu Dhabi plötzlich davor. Ich konnte mich gar nicht sattsehen an den feinen Zeichnungen, den gewagten Küstenlinien, den unzähligen Anmerkungen und Beschreibungen: Über dem Nördlichen Wendekreis steht in großen Lettern OCEANUS OCCIDENTALIS. Galeonen und Karavellen mit roten Masten und geblähten Segeln pflügen die gefährliche See. Deutlich kann man Amerika, Afrika und Europa erkennen.

Am oberen Rand laufen Eisbären über das atemberauben schöne Bild. Und aus den eisigen Fluten tauchen ein Meermann und eine Meerjungfrau auf.

Dort wo die Erde einst für John und Sebastian Cabot noch hinter dem Schleier des Unbekannten verborgen lag, steht geschrieben:»Terra vel mare incognitum.«

Andere – wie James Cook - sollten die leeren Stellen eines Tages füllen, neue Länder hinzufügen und präzisere Konturen zeichnen.

Die Vermessung dieser Bucht war Cooks letzte Arbeit in Neufundland, dann wurde er in den Pazifik entsendet. Zwölf Jahre später, am 14. Februar 1779 wurde er auf den Sandwich-Inseln – dem heutigen Hawaii – bei einem Scharmützel mit den Einheimischen in der Kealakekua Bay getötet. Offensichtlich waren nicht alle Eingeborenen erfreut über den Besuch aus Übersee …

John Cabot, Sebastian Cabot, James Cook - ja, Seefahrer lebten gefährlich. Rasende Stürme, die raue See, unbekannte Gewässer, Riffe und Klippen wurden ihnen oftmals zum Verhängnis. Und Kriege. Natürlich die Kriege. Seit der

Mensch mit der Erfindung der Keule den Grundstein für die Zivilisation gelegt hat, stellt die unbezähmbare, wilde Kraft der Natur nicht mehr die einzige tödliche Gefahr dar.

Kurze Zeit später fahren wir auf dem Trans-Canada-Highway wieder durch grüne, von breiten Felswänden durchbrochene Hügel. Exit 8: Steady Brook. Im Winter ist das ein beliebtes Skigebiet, und hier soll es irgendwo neben einer Tankstelle einen Campingplatz geben.

Wir finden die Tankstelle, und der große Parkplatz davor endet auch tatsächlich in einem kleinen, recht ernüchternden Stellplatz für Wohnmobile. Den weiß man im Winter sicher zu schätzen, aber für uns kommt George's Mountain Village Trailer Park keinesfalls für eine Übernachtung infrage. Daneben entdecken wir allerdings einen interessanten Wegweiser mit der Aufschrift Steady Brook Falls. Möglicherweise ist es ja nur ein Wasserfällchen, aber einen kleinen Ausflug in die Hügellandschaft könnten wir schon unternehmen.

Eine gute Entscheidung, wie sich schon bald herausstellt.

Ein steiniger, von hellgrünen Farnen und hohen Birken gesäumter Trampelpfad führt uns zu einer Holztreppe, die sich steil emporwindet. Schon als wir die ersten Stufen hinaufsteigen, hören wir lautes Donnern und Brausen und dann öffnet sich auf einem Holzbalkon der Blick auf eine grandiose Schlucht: Sandgelb stürzen unglaubliche Wassermassen wild schäumend über schiefergraue Felswände in die Tiefe. Tausende von Wassertröpfchen hängen in der Luft. Eine ganze Weile stehen wir an der Balustrade und bewundern das gigantische Naturschauspiel.

Auf dem Weg zum Deer Lake nieselt es wieder. Die Landschaft ist hügelig, sanft und zahm.

Dicke Wolkenballen hängen über dem See, als wir nach einem kleinen Campingplatz Ausschau halten, der in unserer

Neufundland-Broschüre als »hidden treasure- verborgener Schatz« beschrieben wird.

Und das ist er auch.

Der – offiziell bereits geschlossene – Campingplatz liegt auf einer kleinen Halbinsel zwischen dem Humber River und dem See. Der Fluss durchquert den Deer Lake in seiner ganzen Länge, und man kann sich gut vorstellen, dass vor langer Zeit Hirsche und Rehe an diesen grünen Gestaden gelebt haben.

Der Platz liegt zwar einsam und verlassen da, aber das Tor zur Park Lane steht weit offen. Wir parken also erst einmal draußen und schauen uns die Sache genauer an. An der verschlossenen Bürotür klebt ein Zettel mit einer Telefonnummer und der Bitte, bei Übernachtungen außerhalb der Öffnungszeiten anzurufen. Wir rufen also brav an und unterhalten uns eine Weile mit dem Anrufbeantworter. Name, Kennzeichen, Datum, alles dokumentieren wir mit deutscher Genauigkeit. Dann wagen wir uns auf dem Schotterweg hinein.

Ein Stellplatz am See ist schöner als der andere. Jeder hat eine kleine, von hohen Sträuchern umgebene Grünfläche, ein Stück Sandstrand und einen herrlichen Blick auf das gegenüberliegende Ufer.

Wir haben die Qual der Wahl – es ist ja fast alles leer - und stellen uns schließlich auf die Nummer 25. Eine von Wind und Wetter gezeichnete Holzbank, eine kleine Feuerschale auf dem Rasen, und am Ufer weiß gewaschenes Schwemmholz, das zwischen hellen Gesteinsbrocken und weichem Sand kunstvolle Skulpturen bildet.

Die untergehende Sonne dringt jetzt warm durch tiefblaue Risse in der Wolkendecke und lässt Tausende goldener Sterne auf dem See tanzen.

Ein magischer Ort.

In der romantischen Abendstimmung machen wir einen Spaziergang und folgen der Park Lane bis zur Mündung des

Humber River. Hier gabelt sich der Fluss an einer dicht bewaldeten dreieckigen Insel und wir stehen auf feinstem orangefarbenem Sand. So eine Sandfarbe habe ich bisher nur in der Wüste von Al Mudhaireb im Oman gesehen. Es ist, als würde die Erde die rötlichen Strahlen der untergehenden Sonne für immer speichern wollen.

Auf einigen Plätzen stehen große, abgeschlossene Trailer. Nirgends ein Zeichen, dass noch jemand hier wohnt.

Erst als wir zurückschlendern kommt uns ein Mann entgegen. Sein schwarzes verwaschenes T-Shirt mit »The Dark Side of the Moon« schafft sofort Sympathien.

»My favorite Song«, lacht Georg und deutet auf Storm Thorgersons berühmtes Cover mit dem weißen Lichtstrahl, der sich in einem Prisma bricht.

»Mine too«, grinst der Mann, der so etwa in unserem Alter sein dürfte. Und schon hat man eine Gemeinsamkeit und das Eis ist gebrochen. Ja, die Kunst, die Musik - sie verbinden Menschen ohne große Worte und über alle Grenzen hinaus.

Die Neugierde, stellt sich gleich heraus, hat den Pink-Floyd-Fan aus seinem Wohnmobil getrieben. Er hat uns hereinfahren sehen und da er sich vor Kurzem das identische Wohnmobil gebraucht bei »RV Fraserway« gekauft hat, wollte er mal nach uns gucken. Wir fachsimpeln ein wenig über Vor- und Nachteile unseres »Adventurers«, dann erzählt unser Nachbar, dass er einer der letzten Gäste ist. Und er wird noch eine Weile hierbleiben, da seine Frau in Alberta arbeitet, und nur alle paar Monate heimkommen kann.

»Da lohnt sich die Miete für ein Haus nicht – nicht für mich alleine«, meint der einsame Mann ein wenig wehmütig. »Und in vier Jahren, wenn meine Frau auch in Rente geht, na ja, dann wird man weitersehen …«

»Athabasca?«, frage ich. Er nickt. Das Eldorado für Arbeitssuchende aus ganz Kanada.

»Meine Frau arbeitet dort im Büro einer Firma, die mit der Ölsandförderung zu tun hat«.

In Dwights Heimat Alberta groovt ganz offensichtlich der Bär. Wobei man Bären in der verwüsteten Region eher selten finden dürfte ... Kein Wunder, dass er und Debbie dem emsigen Treiben für drei Monate entflohen sind und in Nova Scotias Natur etwas Ruhe gesucht haben.

Wir reichen uns zum Abschied die Hand. Unser neuer Bekannter dreht noch eine letzte Runde und wir kehren zurück zu unserem Platz, denn ich möchte heute gerne noch ein Lagerfeuer machen. Was sich als ziemlich schwer erweist, denn wir halten uns an das »Don't move Firewood«. Und da das Büro zu ist und wir aus dem angrenzenden Schuppen das Holz nicht einfach klauen wollen, stehen uns nur ein paar leere Kartons und hartes Schwemmholz vom Strand zur Verfügung. Mit viel Pusten und einem beachtlichen Streichholzverbrauch schaffe ich es immerhin, ein leises Knistern in der Feuerschale zu produzieren, aber als die ersten zaghaften Flammen dann endlich hochzüngeln, tröpfelt es. Nur kurz. Dann schüttet es, was das Zeug hält. Wir flüchten in den Wagen und schauen aus dem perlenden Fenster zu, wie die rötliche Glut zischend erlischt. Schade. Unser Gärtchen wäre ein traumhafter Platz fürs Abendessen gewesen.

Frühstücken können wir wieder unter einem strahlend blauen Himmel. Keine Spur mehr von den Regenschauern der Nacht.

Nachdem wir rings um das Office nicht den kleinsten Hinweis auf einen Übernachtungspreis - geschweige denn auf eine Zahlungsweise – finden können, stecken wir kurzerhand fünfundzwanzig Dollar in ein selbstgebasteltes Kuvert und selbiges in einen Briefkasten an der Bürotür. Es war richtig schön hier.

Ein kurzes Stück folgen wir noch dem Trans-Canada-Highway, dann taucht plötzlich ein Straßenschild auf, auf dem ein schlankes Schiff mit geblähtem, rot-weiß gestreiftem Rahsegel und einem Drachenkopf am Bug prangt. Darunter steht:»Welcome to the Viking Trail«.

Fantastisch! Eigentlich müsste man so einen alten, geheimnisumwitterten Namen ja fast in Runen meißeln, statt ein schnödes Metallschild zu verwenden - aber die Hauptsache ist, dass wir tatsächlich auf dem Viking Trail fahren. Und der führt uns jetzt schnurstracks zum »Gros Morne National Park«.

Der Eingeborene fährt gerne zügig. Auch bei Moose Alert. Auch auf dem ehrwürdigen Viking Trail. Oder gerade hier? Ich hatte mir die Wikinger irgendwie ungezwungen, aber auch gelassen vorgestellt, doch Dutzende Pickups rasen wie geölte Pfeile an uns vorbei und auch die tonnenschweren Trucks sind zackig unterwegs. Wir sind hier scheinbar die Einzigen, die es nicht furchtbar eilig haben …

Nach einer halben Stunde biegen wir bei Wiltondale in Richtung Bonne Bay ab. Kurz vor dem Weiler Woody Point soll es ein großes »Discovery Centre« geben, in dem wir bestimmt ausführliche Unterlagen über den Nationalpark und die berühmten Tablelands bekommen werden.

Winzige Ortschaften wechseln sich ab, als wir der Uferstraße folgen und in Shoal Brook kommen wir direkt am »Water's Edge RV Campground« vorbei. Wir halten kurz an, denn Bob und Linda hatten uns in Codroy Grüße für den Besitzer aufgetragen, sind aber ein wenig unschlüssig, denn der sterile Parkplatz neben einer gelben Holzhütte lädt auf den ersten Blick nicht unbedingt zum Verweilen ein. Dichte Wolken ziehen inzwischen schon wieder über der Bucht auf, und verstärken den trostlosen Eindruck.

»Fahren wir lieber weiter«, meint Georg kopfschüttelnd. »Ob wir hier übernachten wollen, können wir heute Abend immer noch kurzfristig entscheiden.«

Ja, manchmal sollte man nichts übers Knie brechen, und so fahren wir jetzt erstmal zur Touristeninfo.

Es geht steil bergauf und in der Ferne sieht man einen Berg, der aussieht, als sei die Spitze mit einem riesigen Messer abgeschnitten worden - wie der Tafelberg in Südafrika. Das Discovery Centre empfängt uns mit einer lichtdurchfluteten modernen Halle voller Exponate. Etliche Gesteinsproben aus den umliegenden Bergen zeigen die geologische Vielfalt der Tablelands. Besonders der Serpentinit fesselt sofort meinen Blick. Wie die Haut einer Schlange ziehen sich feine netzartige Linien über die türkis schimmernden Steine.

Wie oft haben wir uns auf dieser Reise schon über uralte, ehrfurchteinflößende Bäume gefreut! Hier im Museum erzählt eine riesige Baumscheibe die Geschichte eines solchen Baumes, wobei kleine Markierungen mit Jahreszahlen am Rand der immer größer werdenden Ringe sehr hilfreich sind.

Um 1630 lugte ein schmaler Spross aus dem Erdreich – und er hatte Glück, denn er durfte weiterwachsen. Es war die Zeit, in der sich schon deutliche Konflikte zwischen Neuengland und Neufrankreich abzeichneten. Engländer, Franzosen und Basken wetteiferten um die reichen Fischgründe in Neufundlands Gewässern: Der Kabeljau – er zog sie alle unwiderstehlich an.

In der Mitte der Scheibe zeichnen sich die konzentrischen Holzringe noch sauber und fein um das Kernholz ab. Jahr für Jahr. Dann bilden sich erste Risse im Holz, die Ringe wirken plötzlich unsauber, fast verformt. Kurz vor 1713 sind deutliche Verfärbungen im Holz zu erkennen. Engländer und Franzosen gerieten damals immer häufiger aneinander. Durch den Frieden von Utrecht – wir begegnen dessen Folgen auf unserer Reise immer wieder - verlor Frankreich Neufundland endgültig an England, behielt hier aber seine Fischereirechte. Unser Baum muss einiges miterlebt haben. Dann stabilisieren sich die feinen Jahresringe langsam, werden wieder runder, gleichmäßiger. Ein Schildchen auf einem der mittleren Ringe trägt einen Namen: James Cook erscheint auf der Bildfläche. Als der Kartograph 1767 die Küste vor dem Gros Morne erkundete, war unser Baum schon stattliche 137 Jahre alt.

Das Jahr 1878 muss für den Baum unvergesslich gewesen sein: Die ersten Elche wurden damals in Neufundland angesiedelt. Pflanzenfresser.

Dann eine sehr traurige Nachricht: Nur 33 Jahre später wurde der letzte neufundländische Wolf erlegt. Peng. Und wieder wurde unsere Erde ein Stück ärmer.

Die Elche vermehrten sich, die Wölfe waren tot. Der Wald veränderte sich spürbar. Kein Wunder: Der Mensch hatte ja nun auch seine Hände im Spiel.

Ob unser Baum das auch bemerkt hat? Natürlich hat er das, er lebte schon so lange auf dieser Erde und, wenngleich an einen festen Platz gebunden, so war er doch ein mitfühlendes Wesen. Ich weiß nicht, warum er gefällt wurde, aber ich sehe ihn im Geiste vor mir stehen: imposant, hochgewachsen, stolz und stark. Bis zu seinem Ende.

Und was ist aus den Elchen geworden? Wir sind bisher noch keinen begegnet.

Ein langbeiniges hölzernes Exemplar blickt aus einer Ecke still und geduldig in den quirligen Raum. Es erinnert mich an die vielen geschnitzten Tiere, denen wir in Ontario begegnet sind. Aber hier in Neufundland soll ja alles ganz anders sein: Wildlife pur. Ich freue mich schon sehr darauf.

Neben der Vitrine mit den geologischen Funden steht eine junge Angestellte der Touristeninfo und ich frage sie, ob man all diese Steine auch irgendwo in der freien Natur sehen kann. Ihre Augen leuchten direkt vor Begeisterung, als sie uns vom

Tableland-Wanderpfad erzählt, von den Farben, den Felsen, den Schotterwegen und den urzeitlichen Berghängen. Ja, das ist ihre Welt.

Die junge Frau überreicht uns eine Broschüre über den Gros Morne Nationalpark, der übrigens zum UNESCO Welterbe gehört, und wünscht uns viel Spaß beim Wandern. Nichts wie auf zu den Tablelands!

Die Wolkendecke hängt noch tief über den ockerfarbenen Hügeln, als wir den Schotterweg einschlagen, der in die Berge führt. Kleine Bäche kreuzen den Wanderweg, Holzbohlenbrücken führen über Wildwasser, sumpfige Stellen und breite Bäche. Niedriges, vom Wind zernagtes dorniges Gestrüpp und einzelne verkrüppelte Kiefern bilden kleine grüne Inseln. Lange Grasbüschel leuchten gelb am Rand der schroffen Felswände. Als die Sonne durch die Wolken bricht, schimmert die ganze wunderbare Steinlandschaft in warmen Sandtönen.

Und dann gehe ich in die Knie: Serpentinit. Vor mir liegt, inmitten von lockerem Geröll, ein blaugrüner Stein, durchzogen von einem hauchdünnen weißen Netz aus feinsten Kristallfasern. Ich blicke entzückt um mich: eine Schatztruhe. Türkisfarbene Steine mit wunderbaren, feinen Mustern liegen verstreut zwischen grobem Schotter und verwitterten silbergrauen Gesteinsbrocken.

Liebevoll streiche ich mit den Fingerspitzen über einen malachitgrün schimmernden Serpentinit. Der Stein liegt in meiner Hand wie eine verwunschene Echse und ich kann gut verstehen, warum er auch Ophiolith genannt wird. Aus Ophis – die Schlange - und Lithos – der Stein. Vielleicht wurde auch dieser Stein vor über 500 Millionen Jahren kraftvoll aus den Tiefen des verloren gegangenen Ur-Ozeans namens Japetus emporgehoben, ein prähistorisches Bindeglied zwischen Wasser, Erde und Feuer …

Der Weg führt uns zwei Kilometer lang in die Berge hinein. Über lockerem Geröll türmen sich scharfkantige schwarzbraune Felsformationen auf. Manche Hänge sehen aus, als wäre geschmolzener Obsidian an ihnen heruntergelaufen. Schwarz. Glasig. Glatt. Wie aus einem fremden Universum. Und doch ist all dieses faszinierende Gestein im Inneren unserer Erde entstanden und einst mit unvorstellbarer Wucht aus dem Erdmantel hochgequollen. Und wir stehen hier, klein, staunend, und mit beiden Füßen in der Urzeit. Moho – die Mohorovičić-Diskontinuität - wir stehen mittendrin.

Tatsächlich sind die Tablelands einer der wenigen Orte auf unserem Planeten, an dem man die Übergangszone zwischen dem Erdmantel, der normalerweise zwischen Erdkruste und Erdkern eingebettet ist, und der Erdkruste offen sehen kann. Der Erdmantel ist Eisen- und Magnesiumreich und das Gestein aus seinem oberen Teil wird Peridotit genannt. Ich lasse den Blick über die Berge schweifen: gelbe Felswände, erodierte Hänge - Peridotit wohin das Auge reicht. Zehn Kilometer über ihrer Geburtsstätte im Erdmantel wachen die alten Felsen jetzt unter offenem Himmel über das Land. Magnesium, Chrom, Nickel und Eisen aus den Tiefen der Erde – wunderschön anzusehen, aber nichts was dem Wachstum von Pflanzen besonders zuträglich wäre. Das erklärt auch die karge Flora um uns herum. Das bisschen das hier wächst, ist hart im Nehmen.

Es fällt uns richtig schwer, uns von dieser atemberaubenden, atavistischen Landschaft loszureißen und den Rückweg anzutreten. Es war wundervoll.

Auf der Bonne Bay Road fahren wir jetzt nach Trout River, einer kleinen Ortschaft am Sant-Lorenz-Golf, in der Hoffnung auf ein warmes Mittagessen. Ein Schild wirbt für das »Seaside Restaurant«. Das hört sich gut an.

Ein gemütlicher, langgestreckter Raum empfängt uns mit kleinen Holztischen auf denen geblümte Tischdecken aus Wachstuch liegen. Alles ist sehr schlicht und doch gemütlich. Wir setzen uns direkt ans Fenster, mit Blick auf die Bucht, und das frisch gezapfte kanadische Bier zischt köstlich nach dem langen, emotionsreichen Spaziergang in die Urzeit. Der Fisch wird in den Seeprovinzen meistens sehr einfach zubereitet: gedünstet oder frittiert. Kaum Gewürze. Die gedünstete Variante schmeckt oft langweilig, ein bisschen wie Schonkost. So auch hier. Nur die »Chowder« - die Fischsuppe - enttäuscht uns nie.

Nach dem Essen fahren wir die Main Street entlang bis zu einem großen Parkplatz am Trout River Pond. Hier ist es ein bisschen wie im White Mountain National Forest in New Hampshire. Auch dort fraßen sich die Wohngebiete wie eine weit geöffnete Rohrzange in den Nationalpark, mit unübersichtlich gezackten Grenzlinien. Die Tablelands liegen natürlich im Gros Morne Park, das Dorf Trout River hingegen liegt draußen. Und die Main Street führt erst kurz vor dem Parkplatz am See wieder in den Nationalpark hinein.

Wir suchen zuerst nach einem Campingplatz, der hier in der Nähe sein soll, aber es stellt sich rasch heraus, dass er schon geschlossen hat. Closed for Season.

Die Sonne bricht endlich durch die Wolken, und so stellen wir unseren Wagen am Parkplatz ab und machen einen Spaziergang am Ufer des Sees.

Der Hiking Trail ist leider sehr schattig und die dicht wachsenden Bäume verdecken den Blick auf das Wasser. Nach dem Regen der vergangenen Tage ist der von Wurzeln durchwirkte Pfad glitschig, matschig und rutschig. Man findet kaum eine trockene Stelle, wo man sicher auftreten kann und so kehren wir ziemlich schnell wieder um.

Als wir aus dem Wald treten, hören wir das Motorgeräusch eines Zodiacs, der gerade anlegt. Ich kann das rote Schlauchboot durch die Sträucher erkennen, die Anlegestelle kann nicht weit von hier sein. Es wäre toll, wenn wir die fantastischen Felsformationen auch noch von der Wasserseite aus betrachten könnten, also sprinten wir hoffnungsvoll los.

Als wir an dem kleinen Bootshaus ankommen, steigt gerade ein chinesisches Pärchen aus und legt die Schwimmwesten ab. Wir warten artig im Hintergrund, bis die beiden sich von den Bootsführern verabschiedet haben. Der Besitzer verschwindet mit der Ausrüstung im Bootshaus und so fragen wir seine Begleiterin höflich, ob sie heute noch einmal rausfahren.

»Eher nicht«, meint die hübsche junge Frau und schüttelt die blonde Mähne. »Es ist ja schon vier Uhr und genau genommen haben wir auch schon geschlossen.«

»Ganz?«

»Ganz. Der nahe gelegene Campingplatz hat bereits geschlossen, und wir sind auf die Gäste, die dort übernachten, angewiesen.«

Die beiden entpuppen sich als Start-Ups, und ihr kleines Bootsunternehmen ist noch sehr jung und dementsprechend unbekannt. Ich deute fragend mit der Hand auf die Chinesen, die gerade händchenhaltend dem Parkplatz zustreben.

»Ach, die beiden haben unsere Webseite entdeckt und uns telefonisch auf gut Glück um einen persönlichen Termin gebeten«, erklärt die junge Frau entschuldigend.

Ja dann ... dazu ist es für uns natürlich zu spät.

»Das können wir leider nicht machen«, seufze ich also recht geknickt. »Morgen werden wir schon weiterfahren.«

»Wisst ihr was, ich frage meinen Mann schnell. Er soll entscheiden!«, zwinkert uns die Jungunternehmerin fröhlich zu und verschwindet im Bootshaus.

»Wie lange hattet ihr euch denn so vorgestellt?«, fragt der junge Mann uns kurz darauf durch die offene Tür.

»Ein halbes Stündchen? Nur ganz, gaaaanz kurz?«, antworte ich vorsichtig.

Nachdenkliches Schweigen. Dann lacht unser Käpt´n und wirft uns locker zwei Sicherheitswesten zu

»Aber wirklich nur eine halbe Stunde! Let's go - auf was warten wir noch?«

Das braucht er uns nicht zweimal sagen. Im Nu haben wir die Westen angelegt und sitzen am vorderen Ende des Zodiacs. Der Motor heult kurz auf, dann hebt sich der Bug und das Wasser schäumt rechts und links weiß auf.

Und Becky fängt an zu erzählen. Der ausgestreckte Arm wandert von einem Ufer zum anderen. Ihre Augen blitzen auf vor Freude - Begeisterung pur.

»Seht ihr das dort am Ufer, erkennt ihr den Elefantenkopf? Ein liegender Elefant, der lange Rüssel nach vorne ausgestreckt, die großen Ohren?«

Aber ja, jetzt sehe ich ihn ganz deutlich, ja ...»Der Rüssel ist aus einem ganz anderen Gestein als die Ohren, obwohl die Felsen so nah beieinander liegen. Ist das nicht unglaublich?«

»Ja, ein Urtier aus Urgestein«, nicke ich zustimmend. Becky freut sich.

»Sie mögen Steine?«

»Sehr«, beteure ich aus tiefstem Herzen. »Ich liebe Steine.«

Und da erzählt uns die junge Wikingerin – die strohblonden langen Haare im Wind flatternd – von ihrer geliebten Heimat: der Fluss, der See, die Tablelands, die Erdkruste, die vor Millionen Jahren hochgeschoben wurde und dann aufbrach, um ihre wunderbaren Schätze zu offenbaren. All das ist ihr Zuhause.

»Dort, die gestreiften Steine, seht ihr sie?«

Große Brocken rot und grau gestreiften Gesteins, die irgendwann unter donnerndem Krachen herabgerutscht sein müssen, ziehen an uns vorbei.

»Die sieht man nur ganz selten, vielleicht sogar nur hier.«

Becky blickt so liebevoll auf die schweren Kolosse, als wären es ihre Haustiere.

»Moho«, fügt sie noch strahlend hinzu.

Das also ist das berühmte Gestein der Mohorovičić-Diskontinuität. Hier fügten sich einst Teile der Erdkruste und des Erdmantels zusammen. In einem einzigen Gesteinsbrocken schimmern die Streifen der Erdkruste grau, die Schichten des Erdmantels hingegen rostrot.

»Der See ist eigentlich einmal ein Fjord gewesen«, erzählt Becky weiter. »Aber vor zigtausend Jahren ist er durch einen gigantischen Felsrutsch vom Meer abgetrennt worden und so isoliert worden, dass Eis und Regen diese große Fläche in Süßwasser gewandelt haben.« Wirklich erstaunlich.

Ihr Mann Alex erzählt uns von einem Wasserfall, der nur über einen Wanderweg erreichbar ist. Er selbst bringt die Wanderer mit dem Boot an die entsprechende Uferstelle und holt sie dann nach ein paar Stunden wieder ab. Anders ist der Wasserfall nicht zu erreichen. Und er scheint die Mühe wert zu sein, denn er stürzt ganze 500 Fuß in die Tiefe. Das muss ein unglaublicher Anblick sein.

Mit den beiden kann man lachen und die Fahrt macht uns richtig Spaß, nicht nur wegen der atemberaubenden Natur. Wir sind schon eine ganze Weile unterwegs, und haben uns inzwischen ziemlich weit vom Anlegeplatz entfernt.

»Die halbe Stunde ist schon lange vorbei, müssen wir jetzt hier aussteigen?«, fragt Georg plötzlich todernst und deutet neben uns auf das tiefe, dunkle Wasser. Die beiden lachen laut.

»Macht richtig Spaß mit euch«, sagt Alex freundlich. »Nein, alles was drüber geht ist keine Arbeit mehr, sondern unsere Freizeit.«

Wir fahren noch ein Stück geradeaus weiter, an orangefarbenen und ockergelben Berghängen vorbei. Die

Uferstreifen sind dunkelgrün. Der graue Gabbro, ein urzeitliches Magmagestein, lässt Pflanzenwachstum zu. Auf diese Weise kann man ganz leicht die Trennlinie zwischen den Gesteinsarten erkennen, denn die Peridotit-Hänge sind durchweg öd und kahl, obwohl sie auf ihre Art wunderschön sind.

Die warme Nachmittagssonne hüllt die Berge in tiefes Orange. Schwarz ziehen die Schatten großer, vom Wind getriebener Wolken wie Mantarochen über die sandfarbenen Kuppen. Mit weit gespreizten Flossen tauchen sie ein letztes Mal aus dem aufschäumenden Wasser des sterbenden Iapetus-Ozeans auf, ferne Boten der Titanen, mythische Zeugen der Geburt eines neuen Kontinents. Unermessliche Kräfte haben in jener Zeit der Zeiten ganze Erdteile auseinandergerissen und dann die Platten zu einem riesigen neuen Land zusammengefügt. So entstand der sagenhafte Superkontinent »Pangaea« - und der Japetus-Ozean versank für immer in den Tiefen der Erde.

Dreihundertfünfzig Millionen Jahre sind seither vergangen. »Minuto più, minuto meno«, würde man in Italien sagen. Denn auf die Minute genau weiß man das natürlich nicht.

Becky zeigt vor uns auf die »Narrows«, eine Engstelle an der der See durch die steil abfallenden Berghänge in zwei Becken getrennt wird. Hier wendet Alex langsam das Boot. Es wird spät.

Und dann dreht er den Motor hoch, es wird richtig laut. Der Bug steigt hoch aus dem Wasser und der Wind bläst uns mit voller Stärke ins Gesicht. Wir binden die Kapuzen eng zu und halten uns lachend aneinander fest, während unsere Augen wie verrückt im Gegenwind tränen. Alex und Becky amüsieren sich köstlich. Die junge Frau sitzt ganz locker auf dem Bootsrand. Weder das Hüpfen auf den harten Wellen noch der Wind der ihre Haare packt und wild zerzaust können ihr etwas anhaben. Alex dreht an einem Knopf, und fröhlich mischt sich keltische Fidel-Musik unter das Rauschen des Windes und das Zischen der aufschäumenden Gischt.

Als wir etwas wackelig aussteigen bedanken uns von ganzem Herzen bei dem jungen Paar und wünschen ihnen viel Glück. Das war ein wunderbarer Ausflug. Wir werden den Trout River Pond niemals vergessen.

Es ist fast dunkel, als wir nun doch wieder zum Water's Edge zurückfahren. Der Platz erweist sich tatsächlich als einzige Übernachtungsmöglichkeit im weiten Umkreis, und als wir unser Wohnmobil abstellen, sieht alles gar nicht mehr so übel aus. Die Fahrzeuge stehen zwar relativ dicht nebeneinander in Reih und Glied, wie auf einem Parkplatz, aber aus der Frontscheibe hat man einen wunderschönen Blick auf den südlichen Arm der Bonne Bay.

Ich gehe ins Büro um uns anzumelden, und natürlich auch um die Grüße von Bob und Linda zu überbringen.

Als ich den Mann am Tresen frage, ob er Rodney heißt, blickt er mich ziemlich überrascht an. »Jepp«, nickt er. »Der bin ich.«

Ich reiche ihm lachend die Hand und stelle mich vor: »I'm Elena from Germany, und ich überbringe Grüße von Bob und Linda aus Ontario.«

Jetzt steht Rodney auf, schüttelt mir kräftig die Hand und freut sich sichtlich über den unerwarteten Besuch. Der Mann ist sehr sympathisch und ehe man sich's versieht, unterhalten wir uns ganz angeregt. In seinem kleinen Shop gibt es nicht nur Getränke und Snacks, er führt auch Angelzubehör. Und so kommen wir nach einigen netten, belanglosen Betrachtungen über das Thema Angeln auch gleich zum Thema Wildlife. »Wie sieht es denn hier im Gros Morne mit Wildtieren aus? Man hat uns gesagt, wenn überhaupt, dann könne man in Neufundland noch Natur pur erleben.«

Rodney senkt resigniert den Kopf. »Es sieht eher schlecht aus«, meint er achselzuckend.

»Aber im Nationalpark werden die Tiere doch geschützt, und hier sind wir doch ganz nah am Gros Morne«, entgegne ich erstaunt. »Was ist passiert?«

»Das ist richtig«, bestätigt Rodney. »Und bis vor ungefähr fünf Jahren waren auch jede Menge Elche da. Aber leider zu viele – oder zumindest so viele, dass sie zu einer Bedrohung für das Umfeld, speziell für die Pflanzen wurden. Kurz gesagt, das Futter wurde knapp. Da hat die Regierung die Jagd auf die Elche wieder freigegeben – auch im Nationalpark. Damals müssen in etwa fünf bis sechs Tiere pro Quadratkilometer hier im Wald gelebt haben.« Er schüttelt traurig den Kopf. »Jetzt gibt es kaum noch welche. Wenn es so weiter geht, werden wir bald gar keine Elche mehr haben.«

»Warum tut ihr nichts dagegen? Ihr, die Anwohner, warum meldet ihr euch nicht zu Wort mit euren Befürchtungen? Vielleicht macht die Gesetze ja jemand, der nur am Schreibtisch sitzt und keine Ahnung hat, was sich da in der realen Welt gerade abspielt?«

Rodney winkt kopfschüttelnd ab. »Hier reden wir nicht viel miteinander ...«

Tja, die Entscheidungen einzelner Menschen haben oft verheerende Folgen für die Natur. Nicht nur hier.

Wir wechseln lieber das Thema. Morgen fährt Rodney mit seiner Familie in Urlaub. Nur fünf Tage - nach Nova Scotia. Mit seinem Boot wird er über den Sankt-Lorenz-Strom und dann durch den Bras D'Or Lake fahren, da der offene Atlantik zu gefährlich ist.

»Ja, das wissen wir von John Cabot und seiner ‚Matthew‘ «, lache ich. Dann erzähle ich meinerseits von unserem Besuch in dem geschichtsträchtigen Leuchtturm von St. Pauls. »Da wart ihr? Auf der Insel?«, Rodney ist tief beeindruckt. »Nein, nein«, muss ich die Dinge natürlich zurechtrücken. »Der Leuchtturm ist nicht mehr an seinem ursprünglichen Platz!«

Aufmerksam lässt Rodney sich von dem schwierigen Ab- und Wiederaufbau berichten. Das macht ihm sichtlich Freude.

»Was machen sie im Winter, Rodney?«, frage ich und zeige auf ein Schild, auf dem steht, dass der Campingplatz Mitte Oktober schließen wird.

»O, da haben wir jede Menge zu tun. Unsere Winter sind sehr hart - viel Schnee von Dezember bis April. Ich arbeite dann nicht weit von hier, in einem Skigebiet.«

»Steady Brook?«, frage ich neugierig.

»Jetzt überraschen sie mich schon wieder!«, lacht Rodney. »Das kennen sie auch schon?«

Mir wird bewusst, dass wir tatsächlich schon ganz schön rumgekommen sind.

»Ja, ich arbeite dort in einem Skimobile-Verleih«, erklärt Rodney. »Das ist bei uns genauso beliebt wie Skifahren.«

Wir haben schon öfters Warnschilder mit Skimobilen – crossing – am Straßenrand gesehen. Jetzt wissen wir warum. Die Dinger kreuzen wohl ziemlich rasant die Hauptstraße.

»Deswegen kann ich auch nur kurz Urlaub machen, dann muss der Campingplatz winterfest gemacht werden und dann geht auch schon der nächste Job los.«

Ich wünsche Rodney eine wunderschöne Zeit in Nova Scotia. Für uns geht es morgen zurück zum Viking Trail.

Wir fahren früh los und gelangen bei Wiltondale wieder auf die Hauptstraße. Diesmal folgen wir dem Ufer des East Arm der Bonne Bay. Dustere Wolken hängen über dem Wald, als wir vor Rocky Harbour am Visitor Centre halten. Hier gibt es alle Infos über den »Gros Morne« Nationalpark.

Mit einigen Faltblättern in der Hand gehe ich zum Tresen und frage freundlich, in welchem Teil des Nationalparks wir die größte Chance haben, Wildtiere zu sehen.

Die Angestellte mustert mich leicht erstaunt. Und schweigt. »Elche, Wölfe, Bären, Karibus?«, helfe ich nach.

Die junge Frau zuckt jetzt gelangweilt mit den Schultern. »Sie werden hier nicht vielen davon begegnen«, stellt sie nüchtern fest.

Begeisterung hört sich anders an. Das wird wohl nichts. Aber vielleicht habe ich mit meiner nächsten Frage mehr Glück. »Wo können wir um diese Jahreszeit noch mit einem Wohnmobil übernachten?«

Die meisten Campingplätze sind ja schon zu und auf öffentlichen Parkplätzen und Rastplätzen gilt auch hier: forbidden. Entlang der Straße dehnen sich zudem oft Feuchtwiesen aus, die das Parken unmöglich machen.

»Es gibt noch den »Berry Hill Campground« im Wald, und einen weiteren Platz in Green Point, direkt an der Küste. Der ist aber ganz und gar nicht zu empfehlen: nicht schön, keine Waschräume, primitive Ausstattung, kurze Wanderwege, kalt, zugig, windig …«

Die Frau wedelt mit der Hand, als würde sie Fliegen verscheuchen. Sie ist mir so gar nicht sympathisch, daher fahren wir am besten genau dahin, wo es ihr nicht gefällt.

Im Wagen breiten wir all unsere neu gesammelten Unterlagen auf dem Tisch aus und beschließen, zuerst einmal nach Norris Point zu fahren. Dort soll man einen herrlichen Ausblick über die ganze Bucht haben.

Auf dem Weg zu dem Küstendorf fesselt in sonderbares Kunstwerk, das stark an einen bayerischen Maibaum erinnert, im Vorbeifahren unseren Blick. Natürlich halten wir sofort an, um uns die Sache aus der Nähe anzusehen.

Dicke Buckelwale kreisen inmitten eines Makrelenschwarmes um einen Holzmast, und eine ganze Elchfamilie trottet gemütlich über eine Brücke während Singvögel fröhlich über ihren Köpfen flattern. Gegen die silbergrauen

Wolken könnte man meinen, die Fische schwämmen durch einen aufgewühlten himmlischen Ozean. Das höchst erstaunliche, verspielte Windkarussell wird oben von einem Karibu gekrönt, das auf einem langen Pfeil die Windrichtung anzeigt. »Gros Morne Whirl« nennt sich das Kunstwerk. Und wegen der rauen Winde die hier im Winter über die Küste fegen, kann man es nur von Mai bis Oktober bewundern. Dann werden die Tiere ins Warme geholt. Wir hoffen natürlich, dass wir ihre Vorbilder jetzt bald einmal in echt sehen werden. Lebend.

Unser Parkplatz liegt auf einem Hügel über der Wilde Cove. Eine dichte Wildrosenhecke mit Trauben orangeroter Hagebutten schützt den Steilhang und gibt einen wundervollen Panoramablick über das Wasser, das unten liegende Dorf, blaugrüne Hügelketten und die Berge am anderen Ufer der Bonne Bay frei.

Nebenan lädt ein weißes Häuschen zum Eintreten ein.

»The Jenniex House« hat im wahrsten Sinne des Wortes eine bewegte Vergangenheit. Das Holzhaus wurde 1926 von Augustus Major (so ein typisch lateinischer Name passt eigentlich gar nicht in diese nordische Umgebung) ein ganzes Stück weiter unten, am Ufer von Neddies Harbour, gebaut. Augustus heiratete 1931 Alma Neil, und die beiden lebten fünf Jahre lang glücklich in dem Haus, bis Augustus ganz plötzlich verstarb. Dann folgte ein ziemlich außergewöhnlicher neufundländischer Umzug: Im Winter 1938 wurde das Haus regelrecht über die dicke Eisschicht der Neddy Harbour Bucht geschoben und gezogen und am anderen Ende, in Norris Point, wieder aufgebaut. Das ganze Haus zog um, nicht nur die Bewohner. Und Alma heiratete wieder. Garfield Jenniex hieß der Mann, und die beiden müssen sehr glücklich gewesen sein, denn sie bekamen dreizehn Kinder. Respekt.

Und das Haus? Es hat das alles überstanden. Alma selbst lebte noch bis 1995 darin, dann wurde es dem Norris Point

Kulturerbe–Verein geschenkt. Und was machte der damit? Er verlegte es erneut, und zwar hierher, an diesen Aussichtspunkt. Wie gesagt, eine bewegte Vergangenheit, selbst für ein kleines Holzhäuschen.

Und hier stehe ich jetzt und drücke die Türklinke herunter. In Almas Haus eintreten, ist eine kleine Zeitreise in fast vergessene, lebensfrohe Tage. Die Blümchentapete, der schlichte Holzboden, das sanfte Licht, das die kleinen Räume durch die blütenweißen Gardinen durchflutet, alles strömt Frohsinn und Liebe aus.

Die einfachen Betten mit den Spitzenkissen und den bunten Überwürfen wirken frisch gemacht, ein Kinderbuch liegt noch aufgeschlagen auf dem Tisch: Marie, Myra und Saddie haben wohl noch darin geblättert, bevor sie zum Spielen hinausgelaufen sind. In Kevins weiß lackiertem Kinderstuhl sitzt Eileens Puppe und Brads Schneeschuhe hängen säuberlich an der Wand.

Alma muss gerne musiziert haben, dann hat sich die fröhliche Bande um sie herum versammelt und mitgesungen. »Song Session« steht auf dem Liederbuch, das immer noch im Notenständer auf dem nussbraunen, nostalgischen Wandklavier liegt.

Und beim Nähen auf der alten »New-Williams«-Nähmaschine oder beim Spinnen an dem großen hölzernen Rad konnte Alma den Neuigkeiten aus dem tragbaren Radio lauschen, das nun auf dem Klavier steht.

Ich steige die schmale Treppe wieder hinab ins Erdgeschoss. In der Küche steht neben einer dicken Gainaday Waschmaschine auch noch eine alte Wringmaschine. Alles wie im echten Leben. Ja, so hat man das früher gemacht, als es noch keine Wäscheschleudern gab. Vieles erinnert mich an den Haushalt meiner Großmutter: der gusseiserne Fleischwolf, die Emaille-Schüsseln, die geblümte Kaffeekanne. Ein langer Jingle Jammer allerdings sorgt für typisch neufundländischen Flair. Das ist ein selbstgebasteltes Musikinstrument, ein Bimmelholz, bei dem Kronkorken mit Schrauben so locker auf einem Holzstab befestigt werden, dass sie beim Schütteln rhythmisch klimpern. Ich habe mir so ein Holz – bunt bemalt und in Form eines Wales – im Discovery Centre als Souvenir gekauft: *Handmade by local musicians.* Jetzt muss ich nur noch lernen, einigermaßen zumutbare Klänge damit zu produzieren …

Zuletzt schreibe ich noch unsere Namen in das aufgeschlagene Gästebuch, und reihe uns mit Vergnügen unter die Gäste aus Ontario, British Columbia und Australien ein.

Neben dem Eingang befindet sich ein kleiner Andenkenladen und hinter der Theke sitzt eine Frau und liest in einem Buch. Aus einem CD-Player tönt leise neufundländische Country-Music. Ich lasse mir von der Frau die Namen der Sänger nennen, denn die Balladen gefallen mir sehr gut. Und schon kommen wir ins Gespräch, und »Darling« steht auf und führt mich stolz durch all die bunten Schätze ihres kleinen Reiches. Ja, sie heißt wirklich Darling, ein ganz bezaubernder Name.

»Mit so einem Namen kann ihnen ja niemals jemand böse sein, denn wer könnte schon schimpfen und zugleich »Darling« sagen?«, meine ich lachend.

Darling freut sich sichtlich über diese Erkenntnis, und wir verabschieden uns sehr herzlich voneinander.

Georg hat draußen gewartet und den grandiosen Ausblick genossen. Ihm sind solche privaten Museen zu niedlich, zu nostalgisch und zu persönlich. Ich hingegen finde es schön, wenn nicht jede Erinnerung an so eine Familie zu Staub zerfällt und verweht wird, als sei sie nie da gewesen.

Wenig später liegt der kleine Hafen von Norris Point still vor uns. Eine Fähre schaukelt an der Mole, sonst ist nicht viel zu sehen.

Na dann … Auf nach Green Point!

Im »Gros Morne«

Wild: ja.
Windig: ja.
Primitiv: ja.
Zugig: möglicherweise.
Und unvergleichlich schön.
Der »Gros Morne National Park Green Point Campground«. In diesen Platz verlieben wir uns auf den ersten Blick. Vor uns der von weißen Wellen durchwirkte tiefblaue Ozean, rechter Hand eine Landzunge mit dem winzigen Weiler Green Point, linker Hand Wald.

Auf dem relativ kleinen Areal suchen wir uns unter den noch freien Stellplätzen einen sonnendurchfluteten, rasenbedeckten Platz mit einem fantastischen Blick auf die Bucht aus.

Die Bretter für das Empfangshäuschen am Eingang der Zufahrtsstraße werden gerade zusammengenagelt. Das Holz ist noch ganz hell und neu und wir sind wohl unter den ersten Gästen. Die Arbeiter lachen, als ich schelmisch frage, ob man sich bei ihnen anmelden kann.

Na gut, dann machen wir eben »self-registering«, kaufen noch ein Bündel Feuerholz dazu und werfen einen Umschlag mit dem Geld und unseren persönlichen Angaben in den provisorisch hierfür angebrachten Briefkasten.

Eine kräftige Brise vom Meer hat die Wolkendecke auseinandergerissen und eine strahlende Nachmittagssonne lässt alles in Hundert verschiedenen Grün- und Blautönen aufleuchten. Ein bedeutender geologischer Wanderpfad soll sich die Küste entlangziehen, und genau am Ende unseres Zeltplatzes beginnen. Also schultern wir voller Vorfreude unsere Rucksäcke und marschieren aufs Geratewohl los.

Zwischen den bleichen, verkrüppelten Zweigen alter Kiefern entdecken wir wenig später den schmalen Coastal Trail. Der lehmige Pfad wird von üppigen Farnen gesäumt, darüber das geisterhafte Gewirr vertrockneter Äste. Nur selten blitzt weiter oben das helle Grün einer Blattkrone auf. »Tuckamore« nennt man solche verkümmerten Wäldchen, die aus dicht wachsenden, recht abgekämpften Bäumen bestehen.

Nach fast toten, greisenhaften Baumgruppen führt der Weg plötzlich wieder durch üppiges Gras und über schilfdurchwachsene Sümpfe. Lange Holzbohlenbrücken helfen, die breiten Tümpel und Pfuhle trockenen Fußes zu überqueren. Ein blassblauer Weiher dehnt sich neben dem Pfad aus, dann führt er runter zum Strand.

Steine, Steine, und nochmal Steine.

Die Brandung rollt immer wieder tosend heran. Weiße Gischt sprüht über große und kleine rundgewaschene Felsbrocken, und im rückläufigen Wasser des Ozeans leuchten die wahren Farben der kullernden Kiesel kurz auf: Jaspisrot, Malachitgrün, Opalblau, Granitrosa und Mondsteinweiß schimmern die nassen Steine, bis sie durch Sonne und Wind, als würde man ein hauchdünnes Tuch wegziehen, nach wenigen Sekunden wieder trocknen und verblassen.

Manche Kiesel sind zartgrün mit breiten rosa Streifen, andere gelblich« mit schwarzen Tupfen oder braun gesprenkelt. Und einige sind von geheimnisvollen Linien überzogen - kryptische Botschaften der Erde an uns Menschen. Wo mögen all diese alten Steine herkommen?

Neben dem Weg wachsen jetzt tief gekrümmte, bucklige, fast kniende Sträucher. Sie bilden ein Labyrinth, in das ein Mensch unmöglich eindringen kann. Die Pflanzen sind dick und knorrig, kurz und verhutzelt, mit gewundenen, verknoteten Ästen. Darunter muss sich eine ganz eigenartige Welt befinden. Vielleicht ja auch ein Unterschlupf für Tiere? An einer kleinen Öffnung in diesem stacheligen Dickicht halte ich mein Smartphone in das Loch und fotografiere auf gut Glück ins Innere. Ich hoffe, dabei nicht von einem urzeitlichen Reptil oder einem ängstlichen Nager gebissen zu werden. Aber alles ist ruhig. Auf dem Foto sieht man nur borstige, verästelte Stämme und strohtrockenen, von Nadeln und Zweigen bedeckten Boden. Nichts regt sich. Totenstille.

Wir laufen weiter den Strand entlang. Rechterhand rinnt das schäumende Wasser zwischen die Steine, links von uns blühen blaue Zwergastern, soweit das Auge reicht.

Und dann – dann stehen wir plötzlich vor einem völlig surrealen, maritimen Elefantenfriedhof: Bleiches, von Wind und Wellen glattpoliertes Treibholz ist hier jahrelang an Land geschwemmt worden, hat sich verheddert und verkeilt, und sich zu bizarren Formen und Gestalten zusammengefügt. Eine Karkasse sieht aus wie der Rumpf eines riesigen Wales, ein anderes Gebilde liegt da wie eine gestrandete Giraffe; der Schädel eines vor Millionen Jahren ausgestorbenen Krokodils liegt mit weit aufgerissenem Kiefer, die spitzen Zähne bedrohlich gebleckt, neben dem verästelten Geweih eines Karibus. Wie im »Natural History Museum« in London bewundern wir die kunstvollen, fantastischen Exponate und lauschen dabei dem Wind, der durch die leblosen Formen streicht.

Die Natur erstaunt mich immer wieder aufs Neue. Sie schafft Schönes aus dem Leben und aus dem Tod.

Der Weg führt jetzt zurück zu den Sumpfwiesen. Wo keine Holzbohlen mehr zur Verfügung standen, liegen behelfsweise alte Obstkisten, Bretter und zerbrochene Leitern über den vielen Wasserläufen und Tümpeln. Jedes trockene Teil hilft, damit man Matsch und Morast einigermaßen überwinden kann.

An der Mündung eines kleinen Flusses endet der Pfad. Es ist der »Baker's Brook«, der aus den Tiefen des Gros Morne Nationalparks kommt. Hier an seinem Mündungsarm stehen ganz unerwartet zwei rosarote kanadische Liegestühle am Strand. Und dazwischen steht ein Tisch auf dem ein großer, in drei Teile zerbrochener Granitbrocken liegt. »Ein Puzzle für kanadische Kinder«, lachen wir beide und lassen uns in die einladenden Liegestühle fallen. Danke Kanada! Immer wieder finden wir eure hübschen bunten Holzstühle an den verrücktesten Plätzen. Wir sind seit über einer Stunde unterwegs. Jetzt genießen wir den herrlichen Blick auf die Bucht und die im Licht der Sonne tanzenden Wellen.

An so einem schönen Abend mache ich natürlich ein Lagerfeuer, denn was unsere Aufgabenverteilung anbelangt, bin ich immer noch der unumstrittene Feuermacher. Ein Nachbar kommt herübergeschlendert und nickt mir freundlich zu.

»Homs Anaaks«, stellt er sich vor.

Ich lege meine Holzscheite auf den Boden und reiche ihm die Hand.

»Elena Knoll«, nicke ich genauso freundlich.

Der Mann schüttelt energisch den Kopf.

Nein? Nicht? Ich bin etwas verwirrt.

»Annaaks«, wiederholt er, offensichtlich bemüht sich deutlicher zu artikulieren.

Also nicht nur das kanadische Englisch, nein, auch die deutsche Sprache hat – wie sich gleich herausstellt - ihre Tücken, denn ich verstehe ganz einfach nur Bahnhof …

Ungeduldig deutet unser Nachbar, diesmal sicherheitshalber ohne Worte, mit dem Zeigefinger auf die Axt neben unserem Holzstapel.

»Ach soooo!« Ich muss lachen - natürlich kann er sich unsere Axt ausleihen.

Der Tisch ist gedeckt und wir haben von unserem Hügel einen traumhaften Blick auf den Golf. Das Meer wird langsam blaugrau und dann geht die Sonne unter … Ein Sonnenuntergang wie ein Weltwunder.

Blutrot verschwindet das perfekte Rund der Sonne unaufhaltsam im dunklen Wasser. Man möchte die wertvolle Himmelskugel anhalten, sie festhalten, und doch taucht sie Stück für Stück unter. Aber damit ist es nicht zu Ende – nein, das eigentliche Schauspiel fängt jetzt erst richtig an.

Rubinrot leuchtet der Horizont plötzlich auf – und der ganze Himmel glüht. Ein kraftvolles Magenta vermischt sich mit feurigen Orangetönen, Fuchsia und Apricot verflechten sich mit einem neonartigen Safrangelb und ziehen wie leuchtende Bänder über den Himmel. Die Farben sind so intensiv, so kraftvoll und plastisch als könne man sie berühren, mit allen Sinnen spüren. Der zarte Duft von Himbeeren und Veilchen hängt in der Luft und man meint den Geschmack von Orange und Granatapfel auf der Zunge zu spüren, bis alles in vollständiger Harmonie verschmilzt und sich dann langsam, ganz langsam, in hauchdünnen violetten Schleiern auflöst.

Wir blicken stumm auf den Ozean. Selten haben wir die feine Linie zwischen Himmel und Wasser so klar, so fein gebogen gesehen. Und über den schwarzblauen Wellen erscheint jetzt eine hauchdünne, feenhafte Mondsichel am dunkler werdenden Himmel.

»Where the Sky meets the Ocean.« Ein aufgeschlagenes Märchenbuch …

Am frühen Morgen steige ich noch einmal die steile Holztreppe hinunter, die vom Campground zum Strand führt.

Steine, Meer und Einsamkeit.

Meine Füße stehen auf der Trennlinie zwischen Kambrium und Ordovizium. Eine tiefbewegte, uralte Grenzlinie, die man ziemlich genau durch die versteinerten Reste von Conodonten - kleinen fischähnlichen Lebewesen - bestimmen kann.

Der Lapetognathus Fluctivagus beispielsweise tauchte genau zwischen diesen beiden erdgeschichtlichen Perioden auf. Ein Wesen, das hier vor 485 Millionen Jahren gelebt hat. Ich versuche, mir so einen immensen Zeitraum vorzustellen, aber ich schaffe es nicht. Und doch, aus all den Veränderungen und Mutationen, den Anpassungen, den Anstrengungen, während dieser Millionen Jahren zu überleben, sind letztendlich auch wir Menschen hervorgegangen.

Ich blicke auf einen schwarzen, von schäumenden Wellen umspielten Felsbrocken, der sich vor mir im Wasser aalt. Wie viele Millionen Jahre mag er schon hier liegen? Hat er sie gekannt, die Conodonten und Graptoliten, die ersten Fische, die ersten Wesen, die an diesen Strand krochen?

Ein Stein zu meinen Füßen sieht aus, als wäre eine Landkarte darauf gemeißelt worden. So richtig im Relief, weiß auf dunkelgrauem Grund. Die Konturen erinnern ganz deutlich an Neufundland. Mein Blick wandert über die zerklüftete Küstenlinie und ich muss an John Cabot und seinen Sohn Sebastian denken.

Sie haben die offene See geliebt, den Ozean, fremde Länder. Ob sie hier vorbeigefahren sind, auf ihrer Suche nach der Nordwest-Passage und nach neuen Handelswegen?

Sicher ist, dass Captain James Cook hier war. Vielleicht hat er sogar 1767 genau an dieser Stelle gestanden und seinen prüfenden Blick über die Bucht schweifen lassen. Auf seiner »General Chart of the Island of Newfoundland« kann man nämlich ganz deutlich den Namen Green P. an der Küste über der Bonne Bay lesen.

Wehmütig verabschiede ich mich von Green Point.

Dieser Ort ist wundervoll, ich werde ihn niemals vergessen.

Heute bleiben wir noch im Gros Morne. Zum »Berry Hill Campground«, der sich mitten im Wald befindet, müssen wir den Viking Trail ein Stück zurückfahren.

Wir überqueren erneut den Baker's Brook, an dessen Mündung wir gestern noch gemütlich gesessen haben, und beschließen, vor der Abzweigung zum Campingplatz noch einen Abstecher zum Lobster Cove Head mit seinem Leuchtturm zu machen.

Über einem Steilhang, eingebettet in grobe Felsen, steht ein niedliches weißes Holzhaus mir einer roten Tür und roten Fenstern. Der schmale weiße Leuchtturm selbst wirkt ganz unscheinbar, und doch war er lange Zeit von großer Bedeutung für die Schifffahrt in und aus der Bonne Bay, da es früher in dieser Gegend noch keine gut befahrbaren Straßen gab.
Die Leuchtturmwärter hatten damals noch kein Funkgerät. Wichtige Meldungen und Nachrichten wurden mithilfe des ICS – dem Code of Signals – vermittelt, ein Sprachsystem das bunte Flaggen verwendete, denen jeweils ein Buchstabe oder eine Zahl zugeordnet waren. Das »E« zum Beispiel, war eine Flagge deren obere Hälfte blau, und die untere rot war.

Als Joseph Bird 1809 in Woody Point einen Handelsposten gründete, wurde das Siedeln an den Ufern der Bonne Bay auf einen Schlag attraktiver, denn da war plötzlich ein Bindeglied, ein Vermittler, und man konnte Waren kaufen oder tauschen. In den 30ern erstreckte sich seine Handelsroute bereits von der Bay of Islands, an der wir in Corner Brooks schon gestanden haben, bis hin zum nördlicher gelegenen Cow Head. Einige Hundert Familien lebten hier im Sommer vom Fischfang und im Winter von der Forstwirtschaft. In der kalten Zeit wurden in dem tiefen Wald Bäume für Baumaterial, Hausrat, Werkzeuge und Brennholz gefällt. Was das für Möglichkeiten barg, erkannte schon bald die St. Lawrence

Pulp and Paper Steamship Company, und machte in Lomond, am östlichen Arm der Bonne Bay, eine Papierfabrik auf. Der Wald wurde nun viel intensiver genutzt und zum ersten Mal konnten die Leute für einen festen Lohn arbeiten. Nicht viel Geld, sicher, aber wo es Arbeit gibt geht es den Menschen in der Regel gut. Das hat sich bis heute nicht geändert. Wir stehen neben dem Wärterhaus und blicken über die weite, zerklüftete Bucht. Felsen, Klippen, unübersichtliche Vorsprünge … kein Wunder, dass dieser Leuchtturm bis Mitte des 20ten Jahrhunderts so wichtig war.

Im Haus hängen viele vergilbte Fotos an den hellen, geblümten Tapeten. Frauen im Sonntagskleid, Kinder, Männer nach der Arbeit. George Young, der letzte Leuchtturmwärter, hat hier oben mit seiner Frau Mildred sechs Kinder großgezogen. Und hier trafen sich auch Familie, Nachbarn und Freunde, wenn es was zu Feiern gab. Den Leuchtturm konnte man ja nie unbeaufsichtigt lassen, also kamen sie alle hierher. Man aß, man lachte und machte Musik und abends saßen die Kinder vor dem warmen Ofen und lauschten mit großen Augen den alten Geschichten von der stürmischen See, von mit Schätzen beladenen Geisterschiffen, und von der niemals endenden Sehnsucht nach dem Land der Vorfahren jenseits des Ozeans.

»I've been telling old stories, singing songs, that make me think about where I've come from …«, singt der Schotte Dougie Maclean.

Nicht weit von hier führt ein schmaler Trampelpfad durch ein von Wind und Wetter gebeuteltes Wäldchen steil hinunter zum Strand. Große ockergelbe Felsbrocken – die *yellow rocks* - werden von den Wellen umspült, während sich hinter uns graues Faltgestein auftürmt. Feinste bleifarbene Lamellen, hauchdünne, brüchige Schichten liegen dicht aufeinander.

Dort wo das Gestein eingebrochen ist, kann man die papierdünnen Schuppen vorsichtig anfassen: zarte, zerbrechliche Gebilde inmitten klobiger, kantiger Felsbrocken. Ein kleines Wunder. Ja, jede Bucht hat ihre ganz eigene, einzigartige Poesie.

Auf dem weitläufigen Gelände des Berry Hill Campgrounds sind die Stellplätze unter dichten Kiefern versteckt. Jeder Platz ist schön und wir haben freie Wahl, denn es sind höchstens fünf weitere Besucher da. Das Office-Häuschen ist schon zu, aber wir sind inzwischen schon ganz routinierte Selbstanmelder. Der obere Teil eines Umschlags wird mit allen Daten versehen, abgetrennt und in einen Briefkasten geworfen. Das Geld soll heute Abend dann von einem Ranger an den belegten Plätzen eingesammelt werden. Der »Wi-Fi-Code« für den heutigen Tag klebt mit Tesafilm am Fenster. Alles klar.

Jeder von uns schultert kurz darauf einen Rucksack mit Regenkleidung, denn dicke Wolken ziehen schon wieder über den Himmel und schließen mit erstaunlicher Geschwindigkeit und Effizienz alle hellblauen Lücken.

Heute Nachmittag wollen wir uns den inneren Teil des Gros Morne Parks anschauen, und eine gute Gelegenheit dazu bietet ein nahegelegener Trail, der zu den fünf Kilometer entfernten Baker's Brook Falls führt.

Zum Glück läuft ein Holzbohlenweg durch das sumpfige Gelände. Dichtes, herbstlich gefärbtes Gestrüpp überwuchert den Boden und gibt hier und da den Blick auf schillernde Wasserrinnen frei. Alte Wurzeln und dicke, vertrocknete Äste ragen wie Gerippe aus dem feuchten, verrotteten Unterholz und verkümmerte Tannen strecken die halb abgestorbenen Äste in die diesig graue Luft. Wie die Flammen verlassener Lagerfeuer lodern spitze gelbrote Farne zwischen den niedrigen Sträuchern auf. Wir tauchen ein in wilde Romantik.

Dann fängt es an zu regnen. Die Bäume machen weiten Feldern Platz. Schilfgras wächst jetzt zu beiden Seiten des Weges und färbt die Wiesen goldgrün. Im nassen Gras blitzen hellrote Preiselbeeren und dunkelblaue Heidelbeeren auf. Als der Holzbohlenweg abrupt endet, laufen wir in einer schmalen, matschigen Rinne weiter. Die Tannen werden höher und dichter. Mit großen Schritten steigen wir über tiefe Pfützen.

Unser Pfad folgt einem alten Weg. 1959 wurde er für die schweren Traktoren angelegt, die Bauholz vom nahe gelegenen Baker's Brook Pond abtransportierten. Wobei die Bezeichnung »Pond« – also Weiher - für so einen großen See auch nur in einer Region möglich ist, die gerade mal einen ganzen Ozean verschluckt hat. Ja, genau an dieser Stelle soll der Japetus-Ozean vor 600 Millionen Jahren entstanden sein, und möglicherweise lagen all die Hügel hier einst auf seinem tiefen, geheimnisumwitterten Grund.

Raue Winde, Unwetter, Stürme aber auch Schädlinge, die die Bäume aggressiv angreifen, haben den Wald stark aufgezehrt, doch überall sprießen wieder kräftige, junge Balsamtannen mit dichten hellgrünen Nadeln aus dem Boden. Der Park erholt sich wieder.

Eine Abzweigung führt zu einer »Moose Exclosure«. Yuppie! Endlich werden wir Elche sehen!

Hoffnungsvoll weichen wir also vom Hauptweg ab, und machen uns über Stock und Stein zu dem abgelegenen eingezäunten Bereich auf.

Den Abstecher hätten wir uns schenken können.

Zutiefst enttäuscht stehen wir vor dem Gitter. In meiner spontanen Begeisterung habe ich das Schild völlig falsch verstanden, denn das von hohem Maschendrahtzaun umgebene Areal soll die Elche nicht schützen, nein im Gegenteil, es soll sie aussperren, ganz nach dem Motto: »Wir dürfen nicht hinein.« Ex-closure eben. Für die Ex-Elche …

Vier Elche waren es nur, die einst von New Brunswick nach Neufundland gebracht wurden, um die nur notdürftig an die Lebensmittelversorgung angebundenen, damals weitgehend isolierten Gemeinden mit Wild zu versehen. Das war im Jahr 1878 – so stand es auf der Baumscheibe, die wir vor Kurzem im Discovery Centre gesehen haben. »Originaux«, nennen die Franzosen diese Stammesgründer. Originale. Die Original-Elche müssen sich in den umliegenden Wäldern pudelwohl gefühlt haben, denn sie vermehrten sich munter. Und nachdem auch der letzte Wolf in den 40er Jahren ausgerottet wurde, vermehrten sie sich noch schneller. Und allzu viele Menschen waren ja auch noch nicht da …

Zwanzig Kilo Nahrung braucht so ein mächtiges Tier am Tag. Im Sommer kein Problem, da können die Elche rasch nachwachsendes Grünzeug vom Boden abgrasen. Aber sie brauchen im Winter ja auch frische Nahrung, und das ist in diesem harten Klima gar nicht so einfach. Die hellen saftigen Spitzen der Balsamtannen liefern zwar eine Weile das Nötigste, aber sie wachsen leider nur sehr langsam nach. Keine Frage, der Wald muss sehr gelitten haben.

Eine Info-Tafel gibt darüber Aufschluss: Fünftausend Elche sollen sich 2011 noch im Gros Morne Nationalpark getummelt haben. Das deckt sich mit der Erzählung von Rodney im »Water's Edge«. Und jetzt? Was ist in den letzten Jahren passiert? Auf der Tafel steht nur noch geschrieben, dass Elche zwar nicht der ausgemachte Feind des Waldes sind, dort aber große Probleme verursachen. Es sollten nicht mehr Tiere drin leben, als der Wald verkraften kann. Punkt.

Ja, wie viele Elche kann denn der Wald verkraften?

Mit dieser ungeklärten Frage im Kopf kehren wir zurück zu dem glitschigen Hauptweg.

Die Tannen sind jetzt hoch und dicht; ringsum herrscht tiefes Dunkelgrün. Ein leichtes Brausen kündigt sich an, dann rauscht es immer stärker und zwischen den Bäumen erhascht man hier und da einen Blick auf gelblich schäumendes Wasser, bis wir zu einer grob gezimmerten Holztreppe gelangen, die uns steil nach unten führt.

Und dann stehen wir an einer Holzbrüstung direkt über dem Fluss.

Breit ergießt sich der Baker's Brook über einige imposante Kalksteinstufen. Millionen Regentropfen vermischen sich mit der perlenden Gischt über dem Wasserfall. Dann wälzt sich der reißende Fluss schwarz an uns vorbei, an beiden Ufern von dichtem, dschungelartigem Grün gesäumt.

Als wir gestern gemütlich auf den rosaroten kanadischen Liegestühlen am Ende des »Litoral Trail« saßen, konnten wir ja nicht ahnen, dass derselbe Fluss, der so sanftmütig und harmlos neben uns in den Ozean mündete, mitten im Wald gerade noch so wild und ungestüm über hohe Felskanten gestürzt war.

Es regnet aus Kannen, als wir hintereinander auf dem gewundenen Pfad zurücklaufen. Man sieht die Hand vor den Augen nicht. Als ich mich an einer Biegung nach Georg umdrehe, nehme ich einen großen schwarzen Schatten wahr, der sich beängstigend hinter ihm aufbaut. Erschrocken hebe ich die Hände um ihn zu warnen, als sich ein Mann mit weit aufgeblähtem Regencape und Kapuze aus dem Regenschleier schält und ihn im Laufschritt überholt.

»Sie haben mich vielleicht erschreckt«, rufe ich dem Mann zu, als er sich auch an mir vorbeiquetscht. »Sie wären der erste Elch gewesen, den wir im Gros Morne gesehen hätten.«

»Ich wäre auch mein erster Elch in diesem Wald gewesen!«, schreit der Regenmantel zurück und flattert weiter.

Am frühen Abend kommt tatsächlich ein Ranger im obligatorischen Pickup vorbei und kassiert die Miete. Der

Regen prasselt immer noch unermüdlich aufs Dach, und so fällt das Lagerfeuer heute aus. Das ist besonders schade, denn unser Platz unter den hohen Tannen und Birken ist wunderschön.

Ordovizium

Nach einer guten Tasse Kaffee und einem duftenden Toastbrot heißt es wieder: »Leinen los!«.

Wir docken ab. Das Schöne an einem Wohnmobil ist, dass man mitten in der Wildnis etwas kochen kann, sogar in der Tiefe des Nationalparks, und man es sich trotz Regen und Sturm warm und gemütlich machen kann.

Wir folgen dem Viking Trail nach Norden. Ganze 526 Kilometer zieht sich die Straße an der Westküste Neufundlands. Mal sehen, wie viele Kilometer wir auf dieser Reise schaffen werden.

Und wieder ist es nicht anders als im White Mountain National Forest in New Hampshire, bei dem Städtchen Jackson: Der Park ist ein einziger Flickenteppich - wie es den Menschen halt gerade passt.

Vor Sally's Cove geht es raus, kurz darauf wieder hinein, dann vor Saint Pauls wieder hinaus. Auf einer mächtigen Eisenbrücke, die zwei schmale Landzungen miteinander verbindet, überqueren wir gleich nach Saint Pauls eine Bucht, deren riesiges, vom Ozean abgetrenntes Wasserbecken bis tief in den Nationalpark reicht.

Dann führt die Straße uns wieder rein in den Gros Morne.

Ein erster, zaghafter Hauch von Indian Summer zieht durch den Wald. Hier und da leuchtet es rot auf, manchmal durchbricht auch ein zarter Gelbschimmer das dichte Grün. Am Wegrand steht ein sommerlicher Ahorn mit einem einzigen, rotgoldenen Ast. Der Baum färbt sich ganz vorsichtig, als wolle er sich erst mit den neuen Farbtönen vertraut machen, sie ausprobieren, warten ob sie ihm stehen.

Schon mit wenigen, sanften Farbklecksen verändert sich das Gesicht des Waldes, als würde ein wärmender Sonnenstrahl durch die grünen Spitzen gleiten.

Dann lassen wir den Gros Morne National Park hinter uns. Die Wolken reißen ein wenig auf, als wir durch Parson's Pond fahren und nun wieder der Küste folgen. Einmal meine ich, in der Ferne spielende Wale entdeckt zu haben, die zwischen den Wellen auf- und abtauchen. Natürlich hält Georg sofort an, und ich zoome die Tiere mit dem Fotoapparat ganz nah heran … nah genug, um zu erkennen, dass es sich nur um zwei fröhliche schwarze Klippen handelt.

Auf der Landkarte kann man, direkt am Viking Trail, vor Portland Creek einen winzigen grünen Fleck namens »The Arches Provincial Park« entdecken. Dort sollen sich ganz fantastische Felsformationen gebildet haben und das macht den kleinen Park am Sankt-Lorenz-Golf zu unserem nächsten Ziel.

Schon vom höher gelegenen Parkplatz aus offenbart sich ein beeindruckender Anblick: Von Gletschern und Erdrutschen geschoben und durch stetige Erosion zerfressen ist ein Koloss aus Stein am Ufer liegen geblieben. Den peitschenden Unwettern und dem Ansturm der Brandung ist er wehrlos ausgeliefert.

Jahrtausende lang sind gewaltige Brecher tosend gegen seine ungeschützte Flanke geprallt, immer und immer wieder, heftig, zehrend, bis sie sich so tief in den Kalkstein geschlagen haben, dass dieser durchgebrochen ist und mehrere Höhlungen entstanden sind: die »Arches«.

Über eine Holztreppe gelangt man zu dem von bunten Kieseln übersäten Strand. Unten erkennt man erst das gewaltige Ausmaß der Bögen, die sich weit über unseren Köpfen wölben. Wenn man vor dem grandiosen Gebilde steht, kann man durch drei große Öffnungen auf den rastlosen Ozean blicken. Unermüdlich lecken die Wellen auch jetzt noch an den feuchtkalten, brüchigen Wänden, schwappen hoch, waschen sie aus, Tag für Tag, Nacht für Nacht, während ganz oben, auf dem langen, noch festen Rücken, struppiges Gras wächst.

Die stämmigen Säulen und die hohe Wölbung der »Arches« erinnern mich an das Blaue Fenster in Gozo. Auch jenes war aus Kalkstein – genauer gesagt aus Korallenkalkstein – und es sah aus wie ein urzeitliches Tor zur Ewigkeit. Bis zum frühen Morgen des 8. März 2017: da konnte es dem Sturm und den Wellenbrechern nicht länger standhalten. Es brach unter lautem Donner ein und versank für immer im wild aufschäumenden Meer.

Auch hier vor uns ragen noch einzelne klobige Pfeiler aus dem Meeressaum, umgeben von schwerem Schotter und Geröll. Gut möglich, dass sich einst viele weitere Bögen über die Wasserlinie gespannt haben, bis einer nach dem anderen sich den übermächtigen Kräften der Natur ergeben musste und zerbrach. Die Erde ist ständig in Bewegung – und das Meer erst recht. Zusammenwachsen und Auseinanderstreben, hier in Neufundland zeigt es sich ganz besonders deutlich. »Panta rhei «- alles fließt, alles ist ständig im Wandel – ja, das wussten schon die alten Griechen.

Ich wende mich langsam ab und gehe zurück zum Wagen.

Georg studiert bereits die Landkarte. Mit einem wundervollen Blick auf die Steinbögen trinken wir ein Glas Orangensaft und beschließen, heute noch bis zur »Table Point Ecological Reserve« bei Bellburns zu fahren. Dort werden wir stoppen müssen, denn - ganz ehrlich - wir fahren immer weiter nach Norden, aber unsere Zeit ist nun mal durch ein Rückflugticket begrenzt, und irgendwann werden wir uns auf den Heimweg machen müssen. Und dieses irgendwann ist heute gekommen.

Was wissen wir über das Reservat? Nicht sehr viel. Eigentlich wissen wir nur ziemlich ungenau, wo das Areal liegt und, dass es absolut sehenswert sein soll.

Also, auf zum nördlichsten Punkt unserer Reise, wo immer er auch ist.

Wir schreiben den 24. September 2017, 11:30 Uhr.

»Hit the road, George!«

Wir folgen wieder dem Viking Trail, der leider nicht ganz so altmodisch und gemütlich ist, wie der Name vermuten lässt. Es ist nicht die erstaunliche Menge an Autos, die uns immer wieder beeindruckt, sondern ihre Geschwindigkeit. Jeder, aber wirklich jeder, hat es hier extrem eilig von A nach B zu kommen.

Ein frischer Wind hat die Wolken auseinandergetrieben und die Sonne spiegelt sich jetzt warm und strahlend in einem Straßenschild mit dem schmalen Wikingerschiff.

Durch wasserreiches, flaches Land folgen wir der Küstenlinie. Das gesuchte Plateau soll sich direkt an der Küste über einen ganzen Quadratkilometer erstrecken. Das ist ja nicht gerade klein, aber wir können nirgendwo etwas entdecken. Auch im Umkreis von Bellburns steht kein Hinweis, kein Wegweiser, nichts Auffälliges. Nur vom Wind gebeugtes Strauchwerk, struppiges Gras, Schotter und der zweispurige Highway 430 – der Viking Trail.

Kurz vor dem Ort »River of Ponds« drehen wir um. Wir haben die Stelle nicht gefunden, und wenn wir der Karte vertrauen, müssten wir sie schon seit gut zwanzig Kilometern passiert haben.

Wieder beobachte ich aufmerksam den Küstenstreifen. An einer Stelle neben der Fahrbahn fallen mir unzählige Reifenspuren auf: Wendekreise, Schleif- und Bremsspuren wie von Lastwagen oder Geländewagen. Aber die asphaltierte Straße liegt viel zu hoch, da ist absolut kein Runterkommen.

Eine Zufahrt können wir auch nirgends entdecken. Allerdings liegen überall leere Dosen und zerbrochene Flaschen am Wegrand – ein unverkennbares Zeichen menschlicher Zivilisation.

Es folgt ein kleines, mickriges Wäldchen. Struppiges Unterholz und Wildbeeren bedecken den steinigen Hang. Dazwischen leuchtet ein schmales weißes Schild an einem verrosteten Metallstab auf.

»Vielleicht steht da ja was drauf?«, meine ich hoffnungsvoll und drehe mich im Vorbeifahren um. Georg lacht.

»Das kann es unmöglich sein. Es sieht ja nun wirklich nicht nach einem Wegweiser aus, aber wenn du meinst, können wir ja kurz anhalten. Wir finden das Reservat hier sowieso nicht.«

Wir müssen noch ein ganzes Stück weiterfahren, bis wir schließlich auf der gegenüberliegenden Seite einen großen Kieshaufen finden, neben dem wir parken können.

Das Überqueren des Highways stellt sich als echte Herausforderung heraus. Es sind zwar nur zwei Spuren da, aber die Pickups rasen mit solcher Geschwindigkeit in beiden Richtungen an uns vorbei, dass wir nur auf einen Moment hoffen können, in dem wir zwischen zwei herannahenden Fahrzeugen genug Luft haben, um todesmutig - und vor allem schnell - auf die andere Seite zu sprinten.

Nachdem wir das heil geschafft haben, gehen wir zurück bis zu dem vorher gesichteten Waldstück. Das kleine Schild steht noch immer ziemlich verloren da. Es wirkt eigentlich mehr wie so ein Bitte-hier-keinen-Müll-abladen-Schild, aber der knappe Text darauf bestätigt, dass wir uns tatsächlich am Eingang des »Table Point Ecological Reserve« befinden.

Fein. Nur gibt es nirgends ein Durchkommen. Einen Eingang schon zweimal nicht. Die stacheligen, verhutzelten Sträucher, die knorrigen alten Bäume, die jung nachwachsenden Tannen - alle zusammen bilden sie einen undurchdringlichen Schutzwall, einen natürlichen Stacheldraht.

Manche Spuren in dem überwucherten Kies sehen aus wie schmale Pfade, aber kaum geht man ein paar Schritte zwischen den Bäumen hindurch, ist jeder Hauch von einem Weg und jeder mögliche Durchschlupf abrupt versperrt.

Was nun? Auf der anderen Seite dieses Wäldchens soll eine Hochebene voller Sedimentgestein und Fossilien liegen. Wir sprechen vom Mittleren Ordovizium, also von einer Epoche, die etwa 460 Millionen Jahre zurückliegt. Da werden wir jetzt wohl mal ein Stündchen unserer modernen Zeit aufbringen, um einen Zugang zu finden.

»Erinnerst du dich an die vielen Reifenspuren?«, frage ich meinen Mann. »Die Stelle kann nicht mehr weit von hier sein und irgendjemand scheint es geschafft zu haben, von der Straße herunterzufahren.«

»Oder die Straße ist erst später gebaut worden«, wirft Georg nachdenklich ein, »und es gibt gar keinen Zugang mehr zum Reservat.«

Das leuchtet mir ein. Ja, der Asphalt auf dem Hwy 430 schien noch top sauber und unverbraucht zu sein. Und wenn man einen neuen Straßenbelag aufbringt, dann kann das Niveau am Ende gerne mal ein ganzes Stück höher als vorher sein … was erklären würde, dass die Reifenspuren so tief unter der Fahrbahn lagen, und aus dem Nichts zu kommen schienen.

»Da könntest du recht haben!«, nicke ich erleichtert. »Also, probieren wir unser Glück!«

Wir folgen dem Waldrand, der hier durch eine schützende Leitplanke von der Fahrbahn getrennt ist. Es wird eine Gratwanderung. Nein, das ist wirklich kein Spaß. Man muss alte Steine sehr lieben und auch ein wenig starrsinnig sein, um sich diesen Weg anzutun.

Glasscherben. Zwischen trockenen Grasbüscheln und winzigen Wildblumen verstecken sich tückische, gezackte, scharfkantige Scherben in jeder Farbe und Größe. Halbe

Flaschen, ganze Flaschen, zersplitterte, zerborstene, weit verstreute braune und grüne Scherben. Manchmal ragt nur eine teuflisch scharfe Spitze aus dem steinigen Boden, andere Glassplitter reflektieren wie bösartige Spiegel das Sonnenlicht. Sicher, wir haben Schuhe an, aber die messerscharfen Kanten schneiden problemlos eine Sohle durch. Wer um Himmels Willen macht so was? Wer schmeißt in so einer wunderbaren, wertvollen Umgebung Flaschen aus dem Autofenster? Denn nur so kann dieses Desaster entstanden sein. Fußgänger gibt es hier ja eher weniger – aus gutem Grund.

Wir tapsen also über das unebene Gelände wie durch ein Minenfeld, den Blick fest auf den Boden gerichtet, bis wir endlich zu den Reifenspuren gelangen.

Der Weg wird jetzt breiter, entfernt sich deutlich von der Straße, der kleine Wald ist zu Ende, und dann ... dann öffnet sich ein Felsplateau von überirdischer Schönheit vor unseren Augen.

Geröll, Schotter, Kiesel, Splitt und Steinschuppen ... hier und da kleine gelbgrüne Graskissen. Nichts Großes, alles sehr fein, fast zart. Ein vorsintflutlicher Kontinent, eine Welt aus Stein und Sand, aus Himmel und Meer.

Haben wir das Reservat gefunden?

Dort wo einst die schweren Fahrzeuge gefahren sind, wurde das graue Gestein in winzige Scherben zertrümmert, an manchen Stellen regelrecht zermahlen.

Vorsichtig gehe ich über den Kies und versuche, die Abdrücke von Meerestieren oder Muscheln in den Bruchstücken zu entdecken, Skelette in den dunklen Schattenlinien auszumachen. Aber die verwitterten Lamellen bleiben stumm.

Das Schotterfeld ist groß, es schimmert sanft in der Mittagssonne und es zieht mich magisch an. Ich entferne mich immer mehr von der Hauptstraße und von den Spuren im Kies und nähere mich langsam der Mitte dieser Steinwüste.

Schmale Wasserrinnen haben sich hier wie omanische Wadis in das lockere Sedimentgestein gegraben.

Und dann bleibe ich stehen.

Nicht atmen, nicht bewegen: Plötzlich finde ich mich auf dem Grund des Japetus-Ozeans wieder. Ich wage es kaum, einen Fuß zu heben, knie nieder, streiche behutsam mit der Hand über die fragilen Scherben.

Meine Fingerspitzen berühren röhrenförmige Moostierchen, schneckenartige Gastropoden, nautilusähnliche Kopffüßer und die versteinerten Fächer muschelförmiger Brachiopoden. Vor mir liegen die Überreste hunderter kreisförmiger Muscheln. Große und kleine Schneckenhäuser, deutlich sichtbare und fast verblichene - übereinander, nebeneinander, untereinander. Manche der eingerollten, plastisch gewölbten Skelette sind von durchscheinendem Quarz ausgefüllt und ihre Windungen glitzern geheimnisvoll wie prähistorische Juwelen, wertvolle Tribute an die einst so mächtigen Meeresgötter.

Ein Trilobit streckt seine feingliedrigen Beinchen in die Sonne. Die filigranen Segmente sind perfekt erhalten, der grazile Kopf deutlich erkennbar.

So körperhaft, so ergreifend real wirken all diese Wesen in ihrer archaischen Existenz, als wären sie immer noch von einem zarten Lebenshauch erfüllt. Ich kann ihre Aura inmitten dieser Steine spüren, ihren Millionen Jahre fortdauernden Abschied, der noch immer kein Ende nimmt. Hier nicht. Heute nicht. Und auch nicht morgen ...

Vorsichtig richte ich mich auf.

Was für einen wunderbaren Blick diese steinalten Geschöpfe von hier oben haben: auf die tiefe, von Klippen durchzogene Bucht und auf den unendlich weiten Himmel, der sich so rasch verändern kann. Heute säuselt noch ein sanfter Wind über das Gestein, aber furiose Stürme werden bald über das Plateau fegen. Der Herbst naht. All diese versteinerten Wesen werden auch dieses Jahr seiner harren, geduldig und voller Würde, und wenn dann der Regen erbarmungslos auf sie herunterprasselt, werden sie von der rauschenden Brandung und der sprühenden Gischt eines vor langer Zeit versunkenen Ozeans träumen.

Von Cow Head nach Rose Blanche

Nach unserem Besuch im Mittleren Ordovizium stehen wir am Wendepunkt. Jetzt geht es langsam aber sicher zurück nach Halifax.

Grüne Wiesen mit grasenden Schafen und bunte Gemüsegärten säumen die Straße nach Cow Head.

Unser nächstes Ziel, der Sea Breeze Campground, liegt direkt an einer schmalen Sandbank, die auf eine kleine Halbinsel führt. Warum der Ort »Kuhkopf« heißt, kann ich - zumindest auf der Landkarte – nicht nachvollziehen. Französische Fischer müssen ihn einst so genannt haben: »Tête de Vache«. Und wir haben Glück, denn es ist gerade noch ein Stellplatz frei.

Alle Fahrzeuge stehen hier, wie im Water's Edge, dicht an der Bucht und eng nebeneinander. Der sogenannte »R.V.-Park« – mehr oder weniger ein langer Parkplatz neben dem Haupthaus - ist nicht sehr groß.

Wir parken mit der Frontscheibe zum Wasser und haben sogleich einen wunderbaren Blick auf die Bucht und das Dorf. Die Sonne sinkt bereits. Es gibt ein spätes Mittagessen mit Dosenminestrone, dann freuen wir uns auf einen ruhigen, gemütlichen Abend.

Mein Kopf ist noch ganz voll von den Eindrücken des heutigen Tages: von den tiefen Emotionen, der Schönheit der Felsen, der lebendigen Ausstrahlung der steinalten Fossilien.

Hier am Wasser ist alles sanft und still.

Auf den massigen Wellenbrechern stehend, die den Schotterweg gegen die Brandung schützen, kann ich einen Ausläufer des Gros Morne Parks und die Belldowns Islands erkennen, die sich dunkelblau vom abendlichen Himmel abheben. Unser kleiner Küstenabschnitt hier gehört wieder einmal nicht zum Nationalpark.

Graue Wolken ziehen in der Ferne auf.

Als ich zurück zum Wagen gehe, grüßen unsere Nachbarn sehr nett. Sie kommen aus Manitoba, einer faszinierenden Region, schon weil sie direkt an der Hudson Bay liegt. Georg gesellt sich zu uns.

Kim und Jan heißen die beiden, und sie sind voller Vorfreude, denn sie werden heute Abend ins Theater gehen.

»Hier in Cow Head?« Ich bin ehrlich verblüfft. »Ein Dorf mit höchstens fünfhundert Einwohnern hat ein Theater?«

»Aber ja, hier findet jedes Jahr das berühmte Gros Morne Theatre Festival statt«, erklärt Kim. Sie und ihr Mann Jan sind extra mit Freunden – die übrigens next door wohnen – den weiten Weg hergefahren, um sich heute Abend ein Stück anzusehen.

»Kommt doch einfach mit«, meint Jan einladend, »es gibt sicher noch Karten, und wir würden uns sehr freuen!«

»Wir würden vermutlich nur sehr wenig verstehen«, lehne ich dankend ab. »Wenig bis gar nichts … Ich glaube wirklich, dass unsere Englischkenntnisse nicht gut genug für ein Theaterstück sind.«

»Schade!«, nickt Jan verständnisvoll. »Und was macht ihr morgen?«

»Wir wollen eine Schifffahrt auf dem nahe gelegenen Western Brook Pond machen.«

»Das haben wir auch vor, der ist einfach wunderschön! Dann werden wir uns sicher an der Anlegestelle sehen«, sagt Kim herzlich.

»Und wir können euch nur dringend raten, heute noch online zu buchen! Die verfügbaren Plätz sind immer ganz schnell weg«, fügt Jan hinzu.

Wir wünschen den beiden noch viel Spaß im Theater, dann machen wir uns zu einem kleinen Abendspaziergang auf.

Der Ort ist zwar nicht groß, aber die Main Street zieht sich ganz schön in die Länge. An einem flachen weißen Holzhaus mit der Aufschrift »Warehouse Theatre« kommen wir auch vorbei. Draußen brennen schon einladend alle Lichter.

Zurück im Wagen nehmen wir uns Jans Rat zu Herzen und buchen die Western Brook Pond Cruise für morgen. Unsere Buchungsnummer ist 16-stellig ... Hier scheint wirklich allerhand los zu sein. Die 124 Dollar sind bestimmt gut angelegt.

Ich wache früh auf. Nach einem starken nächtlichen Regenguss geht die Sonne gerade hinter dem Sea Breeze auf.
Die Wolken sind wie weggewischt. In der frischen rosaroten Morgenluft gehe ich zum Ufer.
Wo gestern noch tiefblaues Wasser die Wellenbrecher umspielt hat, breitet sich jetzt eine sandige, von kleinen Rinnsalen durchzogene Ebene vor mir aus. Der Himmel spiegelt sich silberblau in der seichten, reglosen Bucht, und man kann bis zum gegenüberliegenden Ufer kleine Sandhügel und Felsbrocken erkennen. Ebbe. Und was für eine!
Flinke Drosseluferläufer suchen nach winzigen Krebsen, die man an den blubbernden Löchern im Schlick erkennen kann.
Während wir bei offener Tür Kaffee kochen, zaubert unser Nachbar einen Grill aus seinem riesigen Trailer. Jan und Kim haben einen bulligen Pickup und einen Trailer, der schon für sich so lang ist wie unser gesamtes Wohnmobil. Allerdings ist es von Manitoba auch ein gutes Stück Weg bis hierher.
Jan brät Speck und Eier in einer breiten Pfanne, während Kim den Tisch deckt und uns zuwinkt.
»Wie war das Theater?«, frage ich interessiert. »Hattet ihr einen schönen Abend?«

»Wie man's nimmt. Wir haben kein Wort verstanden!«, lacht Jan laut.

Auch Kim grinst zustimmend.

»Wieso denn nicht?«, frage ich verblüfft. »War das Stück in einer anderen Sprache?« Ich denke dabei an die italienischen Opernlibrettos, an französische Operetten oder gar an Latein.

»Hahaha, könnte man so sagen«, kichert Jan und wendet dabei geschickt den Speck. »Es war eine Mischung aus Neufundländisch und British Englisch. Für uns aus Manitoba eine absolut unverständliche Sprache!«

Jetzt müssen auch wir laut lachen.

»Must have been an explosive mixture«, pflichte ich Jan bei. Total abgefahren - wie wäre es uns dann erst ergangen?

»Tja«, meint Kim achselzuckend, »es wäre schon hilfreich gewesen, wenn wir wenigstens die Story gekannt hätten, was aber leider nicht der Fall war ...«

Ich muss an den Mann denken, der uns mit »homs anaaks« fragen wollte, ob wir eine Axt haben. Ja, Dialekte sind eine komplizierte Angelegenheit.

»See you later at the boat terminal«, verabschieden wir uns von den beiden, als wir nach dem Frühstück abdocken.

Wir treffen uns bestimmt später am Schiff wieder, denn um diese Jahreszeit gibt es täglich nur noch eine Tour um halb eins.

Vorher wollen wir uns aber noch die »Cow Head Summerside« ansehen.

Die Sommermonate verbrachten die Fischer und ihre Familien früher auf der vorgelagerten Landzunge, die langen Winter hingegen auf dem Festland. Seit den 70er Jahren ist das anders. Neue Straßen wurden gebaut, alte wurden ausgebessert, und durch die gute Anbindung musste man nicht mehr ständig saisonbedingt umziehen.

Ein dicker Rabe sitzt auf dem Zufahrtsschild und beäugt uns neugierig, als wir den Weg über die Sandbank einschlagen. Vor dem kleinen, durch zwei zangenartige Molen gut geschützten Hafen, türmen sich ausgeblichene Hummerfallen – es sind noch die altmodischen, hölzernen - und wilde Astern wuchern durch die schmalen Leisten. Grob geflochtene Reusen stapeln sich überall im hohen Gras am Straßenrand. Die Arbeit scheint bereits zu ruhen. Die meisten Fischerboote wurden an Land gezogen, rostige Anhänger stehen hinter den alten Holzschuppen. Trotz der Stille und Einsamkeit versprühen die hellblau und türkis gestrichenen Boote, das glitzernde Hafenbecken und der strahlend blaue Himmel eine gelassene Heiterkeit.

An der breiteren Mole türmen sich riesige Wellenbrecher. Die Kolosse erinnern mich stark an die Felsen in den Tablelands, an die aufgebrochene Erdkruste und den darunterliegenden, geheimnisvollen Erdmantel. Breite rost-braune und dunkelgraue Streifen durchziehen die vor Kraft strotzenden alten Gesteinsbrocken.

Hier ist nichts verwittert, wie in Table Point. Diese Wellenbrecher sind stark, ein trotziger, unnachgiebiger Wall gegen die wütenden Winterstürme und den aufgepeitschten Ozean. Im Moment allerdings aalen sie sich in der Sonne wie gigantische Robben und blicken verträumt auf das seichte, von schlierigen braunen Algen und Kies durchzogene Ufer. Noch immer Ebbe.

Wir fahren die Main Street zurück, lassen Cow Head hinter uns und gelangen wieder in den Nationalpark. An der Shallow Bay lädt ein Parkplatz zum Halten ein. Es ist erst kurz nach neun, wir sind immer noch früh dran und machen gerne einen kleinen Spaziergang zum Belldown's Point, an dessen Spitze vor hundert Jahren noch Fischer siedelten.

Ein schmaler Holzbohlenweg führt durch hohes Dünengras und Strandhafer zu der sanften Bucht und wir tauchen ganz unvermittelt in eine völlig andere Welt ein. Der endlos lange Strand besteht aus feinstem goldenem Sand und leicht gewellten Dünen. Der helle Grünstreifen ist ein wunderbarer Nistplatz für Wasservögel. Der Holzbohlenweg soll nicht nur das empfindliche Gras, sondern auch die verborgenen Nester schützen.

Wir laufen barfuß durch den Sand. Das rückläufige Wasser hat den Meeresgrund freigegeben und Tausende kleiner Muscheln liegen auf den Sandbänken zwischen kleinen bunten Steinen und verschlungenen Algenknäueln.

Ein kleiner Krebs muss heute Nacht angeschwemmt worden sein. Er hat die Flut nicht überlebt. Auf dem Rücken liegend streckt er acht weiße Beinchen in die Luft. Warum berührt er mich so sehr? Aber ja, jetzt kann ich es deutlich erkennen: Er ist das exakte Gegenstück zu dem kleinen Trilobiten, den ich gestern auf dem Felsplateau von Table Point entdeckt habe. Sein Ur-Urenkel. Über vierhundert Millionen Jahre von ihm getrennt und doch so nah, so ähnlich, so vertraut. Der eine liegt dort oben seit dem Ordovizium, der andere tritt heute seinen langen Weg durch künftige Erdzeitalter an. Ich gebe ihm einen wehmütigen, liebevollen Gruß mit auf die Reise ...

Über Saint Paul's fahren wir auf dem Viking Trail zurück. Erst raus aus dem Park – dann bei Broom Point wieder rein in den Park ... der übliche Flickenteppich.

In Broom Point halten wir kurz an: vier Fischerhütten, ein kleiner Friedhof.

Das hübscheste der frisch renovierten Gebäude ist ein knallrotes Holzhäuschen über einem malerischen Riff. Schon im 19. Jahrhundert wurde die felsige Landspitze im Sommer von Fischern genutzt. Die Mudge Brothers zum Beispiel kamen über dreißig Jahre lang – bis 1975 – jeden Sommer von Norris Point herüber, um hier zu fischen.

Sicher haben sie Alma Jenniex gekannt, ihre Kinder werden miteinander gespielt haben. Durch Alma und ihr fröhliches Haus kommt mir Norris Point, das ich vor kurzem noch gar nicht kannte, jetzt so vertraut, fast familiär vor.

Die Mudge Brüder mussten ihre Schiffe durch die Bonne Bay steuern, vorbei am Lobster Cove Head Lighthouse und an der Mündung des Baker's Brook. In Green Point haben sie bestimmt kurz angehalten um Neuigkeiten auszutauschen, Grüße zu überbringen, ein Bierchen mit den Kumpels zu trinken. Alles Orte, die in den letzten Tagen für uns zu neuem Leben erwacht sind … Menschen und ihre Geschichten.

Der große Parkplatz nahe dem Western Brook Pond ist schon ziemlich voll und auf einem großen Schild steht unmissverständlich: »Reservation required - obligatory!«

Ein Glück, dass wir uns gut vorbereitet haben.

Vierzig Minuten lang durchqueren wir sumpfiges, von Tümpeln, Teichen und Mooren durchzogenes Land, und steuern auf eine langgezogene Bergkette zu.

Gletscher haben sich dort langsam aber stetig in die Lone Range Mountains gegraben. Von der Hochebene schoben sie sich die Hänge eines alten Flusstales hinunter, Millionen Jahre lang, und rissen dabei immer wieder riesige Granit- und Gneissbrocken mit sich. Dann schmolz das ewige Eis, alles geriet in Bewegung, die Küste hob sich und das tiefe, alte Wasserbecken verlor die Anbindung zum Ozean.

Aus einem Fjord wurde ein See.

Durch diesen Abschnitt, dieses flache Feuchtland wandern wir jetzt, und es ist atemberaubend schön.

Der Kiesweg wechselt sich immer wieder mit Holzbohlenwegen ab. Rötliche Grasbüschel tauchen aus stahlblauen

Tümpeln auf, gelbes Riedgras aus schwarzem Morast. Torfmoos überall.

Lorbeerrosen, Wollgras, Sumpfporst, Drachenmaul und Karibu-Flechten, um uns herum entfaltet sich eine ganz wunderbare Pflanzenwelt. Auch kleine Fleischfresser wie Schlauchpflanzen und Sonnentau liegen auf der Lauer. Nein, in diesem Sumpf fehlt es ganz sicher nicht an Insekten.

Über einer strohgelben, von kleinen Wasserlöchern durchbohrten Wiese, spannen sich dünne Föhnstreifen über den azurblauen Himmel - Farben wir auf einem anderen Planeten.

Vor der Gaststätte am See herrscht reges Treiben. Wie aus dem Nichts tauchen sie plötzlich alle auf, die Besitzer der vielen am Parkplatz abgestellten Autos.

Auch unsere Nachbarn mit ihren Freunden sind schon da. Wir begrüßen uns mit lautem »Hallo«, dann prüfen wir im Ticket-Office nach, ob unsere Reservierung auch geklappt hat. Ja – dem Internet sei Dank – wir stehen fehlerfrei auf der Liste. Und die zwei Schiffe, die heute gleichzeitig abfahren, sind tatsächlich bis auf den letzten Platz ausgebucht.

Als wir ablegen und auf die schmale Schlucht zwischen den Felshängen zusteuern, ist erst einmal Märchenstunde angesagt.

Unser Reisebegleiter erzählt von den vielen Wildtieren, die man in dieser Gegend sehen kann, von imposanten Elchen und silbrigen Karibus und von den majestätischen Adlern und Falken in den Lüften … Höre ich da eine gewisse Nostalgie mitschwingen?

Die Karibus sollen ihre Jungen hoch oben auf den Steilhängen über dem Pond bekommen, damit sie schon früh das überlebenswichtige Klettern lernen. Ja, bei uns Menschen habe ich in den letzten Jahren auch schon häufig Kleinkinder mit Tablets in ihren Kinderwagen sitzen sehen – nicht nur bei den Karibus heißt es:»Lerne fürs Leben!«

Das breite Becken verengt sich zusehends, steile Felswände ragen neben uns auf. Wir tuckern durch eines der saubersten Gewässer unseres Planeten. Was für ein Glück für den Western Brook Pond, dass er einst von dem inzwischen von Abfall und Mikroplastik, von Öl und Giftstoffen zugemüllten Ozean abgeschnitten wurde. Und, dass die Hänge so steil und schroff abfallen, dass sich Menschen hier beim besten Willen nicht ansiedeln können. Und ein Glück auch für uns, denn wir können jetzt bei strahlendem Sonnenschein in aller Ruhe durch diese unvergleichliche, naturbelassene Schlucht gleiten.

Wie Perlenvorhänge fallen kleine Wasserfälle über gezackte Klippen, Tausende von Tropfen schillern wie Regenbögen vor den Eingängen dunkler Höhlen.

Stolz, zerfurcht, majestätisch wie alte Könige thronen imposante Felsen über der Schlucht.

Breite Geröilllawinen erinnern an die Gletscher aus einem vergangenen Erdzeitalter. Tiefe Risse und Furchen sind mit Ur-Grünstein angefüllt.

Dykes - 600 Millionen Jahre alte Gesteinsgänge - ziehen sich senkrecht durch den Berg. Einen dieser dicken schwarzen Streifen kann man vom Schiff aus so gestochen scharf und deutlich erkennen, als wären seine Ränder mit einem Lineal nachgezogen worden. Daneben wächst nichts.

Als der Japetus-Ozean entstand, muss geschmolzenes Gestein mit unvorstellbarer Wucht in die einst klaffenden, aufgerissenen Spalten gepresst worden sein. Was für Kräfte haben hier gewütet? War es eine Machtdemonstration, ein Aufbegehren der alten Götter? Hat Neptun aus den Tiefen des Japetus seinen Dreizack gegen den harten Fels geschleudert, hat sein göttlicher Zorn das Gestein zum Schmelzen gebracht und in kochende Bäche verwandelt?

In dieser Stille übersteigt es fast meine Vorstellungskraft -
all das Donnern, Zischen und Tosen, das Bersten und Fallen,
das Aufbäumen, Aufprallen und Zerbröckeln, das
Aufschäumen, Schmelzen und Fließen ... und doch kann man
die unbändige Gewalt immer noch spüren. Ungehemmte,
explosionsartige Gewalt: Alles war in Bewegung – einfach
alles. Ganze Erdplatten haben sich verschoben, Gewässer
schwappten über ächzende Klippen, Gestein zerfloss. Doch
all dieses Chaos bedeutete nicht nur Zerstörung, es war auch
Erneuerung, pochender Puls, der Grundstein für neues
Leben: unser Leben.

Ja, es ist wie ein Wunder, immer und immer wieder, vor
allem vor dieser erstarrten, archaischen Kulisse: Die Menschheit ist wirklich da. Und heute fahren wir fragilen kleinen
Lebewesen durch diese Schlucht, staunend, voller Ehrfurcht,
bis zum Ende des sechzehn Kilometer langen Sees.

Auf der Rückfahrt ist aus Fremden eine kleine, ein-
geschworene Gemeinschaft geworden. All die wundervollen
Eindrücke haben uns miteinander verbunden.

Der Käpt'n drückt jetzt ordentlich auf die Tube und
neufundländische Musik ertönt durch die Lautsprecher – laut,
rhythmisch, fröhlich.

Unser Reiseleiter holt zwei Löffel aus der Tasche seiner
roten Windjacke und schlägt sie im Takt gegeneinander auf
sein Knie. Ein junger Mann lässt sich nicht lange bitten und
zieht seinerseits ein paar Löffel aus dem Rucksack. Seine
Familie klatscht im Kreis mit. Jetzt klappert es schon recht
ordentlich. Eine alte Dame zaubert einen Jingle Jammer aus
ihrer Handtasche und schüttelt ihn gekonnt mit der erhobe-
nen Hand, bis die Kronkorken ausgelassen auf dem kunstvoll
gebogenen Holz hüpfen.

Immer mehr Passagiere versammeln sich am Heck. Wir
singen, klatschen und tanzen miteinander.

Genug Natur für heute!

Das Kielwasser spritzt hoch, die Musik hallt über den See, alle lachen durcheinander - wir haben einen riesen Spaß.

Müde setzten wir uns nach dem langen Rückmarsch ins Auto. Was für ein Tag! Gut, dass wir den Berry Hill Campground bereits kennen. In der Stille des tiefen Waldes werden wir heute sehr gerne wieder übernachten.

Tiefer Nebel hängt über dem Land, als wir aufbrechen. Wir haben heute früh gründlich im Wagen aufgeräumt, daher sind wir ein wenig spät dran.

Als möglichen Platz für die Nacht haben wir sicherheitshalber schon mal den Pirates Haven R.V. Park in Robinsons ausgemacht. Das sind zweihundertfünfzig Kilometer, die bringen uns gutes Stück weiter.

Vorher aber gibt es noch ein frühes Mittagessen.

Ein einladendes Werbeschild führt uns von der Hauptstraße hinunter nach Rocky Harbour zum »Fisherman's Landing Restaurant«.

Nach dem kargen Essen der letzten Tage – Eier, Käse, Tomaten, Dosensuppen und Brot – freuen wir uns so richtig auf eine gute warme Mahlzeit.

Und wir werden nicht enttäuscht.

Die Einrichtung des kleinen Restaurants ist einfach aber heimelig. Auf einem schmalen Regal stehen mehrere bunte Bierflaschen und blicken neugierig auf uns herab.

»Werden sie eine von uns auswählen?«, fragen sie sich stumm.

O ja, sie werden.

Die Biere der Quidi Vidi Brewery sind natürlich in Neufundland gebraut worden, genauer gesagt an der

Ostküste, in der Hauptstadt St John. Aber das ist es nicht, was sie so einzigartig macht – nicht nur. Auf dem Etikett einer blitzblauen Flasche kann ich »Iceberg Beer« lesen. Ja, für das Bier wird tatsächlich das 20.000 Jahre alte Wasser von Eisbergen verwendet, und wir haben es gerade am Western Brook Pond gelernt: Eisbergwasser ist das reinste Wasser der Erde.

Die Inhaberin kommt durch die Küchentür herein und wischt sich die Hände an der Schürze ab. »Unsere Biere!«, deutet sie stolz auf die hübschen Flaschen.

»Und wir würden sehr gerne eins probieren«, nicken wir, als wir uns an einen der Fenstertische, mit Blick auf die verregnete Bucht, setzen.

»Ich nehme das Premium Lager und eine Seafood-Chowder«, sage ich, als die reizende blonde Frau kurz darauf mit Bleistift und Papier wiederkommt.

»Yes, my Love«, antwortet sie strahlend. Hahaha. Sie sagt glatt »my Love«.

Ich muss laut lachen und sie stimmt in mein Lachen ein.

»Ist die Suppe auch gut?«, fragt Georg.

»The best«, – natürlich – das war ja wohl klar. Also zweimal Suppe, zwei Eisbergbier und dazu noch eine Fischplatte zum Teilen. Heute lassen wir's krachen.

Das Bier ist kühl und es zischt. Und als das leckere Essen kommt, kann ich mir ein »Thank you, my Love« einfach nicht verkneifen. Was mit einem breiten Grinsen und einem freundschaftlichen Klaps auf die Schulter quittiert wird.

Bei dem Sauwetter ist nicht viel los. Nicht draußen am Hafen und nicht hier drin. Als sich ein alter Mann an den Nachbartisch setzt, prosten wir uns gleich aufmunternd zu.

»Eisbergwasser – eine ziemlich verrückte Idee«, schüttle ich den Kopf und deute auf das Etikett.

»Mag sein«, antwortet der Alte und rückt näher. »Aber gar nicht so verrückt wie man denken könnte. Immer wieder verklemmen sich nämlich große Eisberg in der Bucht von Quidi

Vidi. Ich kenn die Gegend gut. Früher war da ja ein Fischerdorf, aber als es mit der Kabeljaufischerei bergab ging, wurden alle arbeitslos, und anstelle der heutigen Brauerei stand da plötzlich nur noch `ne verlasse Fischfabrik.« Seufzend nippt er an seinem Bier. »Tja, und dann hatte einer die Idee aus der Ruine eine Brauerei zu machen. Eine gute Idee, muss ich sagen. Manchmal sieht man ja den Wald vor lauter Bäume nicht, aber irgendwann hat einer die lästigen Eisberge dann wohl mit anderen Augen gesehen: so viel sauberes, reines Wasser, und das auch noch direkt vor der Haustür!«

Der Mann grinst verschwörerisch und nimmt einen weiteren Schluck aus seiner Flasche.

»Beer the way it should be«, lese ich auf meinem Etikett. Ja, da hat der Alte recht, gar nicht so verrückt ...

In Deer Lake wird der Viking Trail wieder vom Trans-Canada-Highway abgelöst und wir fahren an einem schönen altmodischen Wasserkraftwerk vorbei.

Über Corner Brook reißen die Wolken ein wenig auf. Weit zieht sich die Stadt über die umliegenden Hügel und als die Sonne kurz über die Baumspitzen streicht, explodiert der Indian Summer regelrecht in einem Farbenrausch aus Rot, Rosa und Orange.

Eintrag ins Logbuch: 26. September – *Indian Summer is here.*

So unverhofft, wie die Sonne aufgeflammt ist, so jäh versinkt sie auch wieder in dichtem Nebel. Es ist, als habe man schlagartig eine graue Decke über die Straße geworfen.

Das kleine Dorf Robinsons liegt etwas abseits vom Highway. Der »Pirates Haven Friendly R.V. Park« ist zwar nicht leicht zu finden, aber er hat wieder einmal den großen Vorteil, noch offen zu sein.

Das hohe, ausladende Eingangstor wirkt ein bisschen wie auf der Ponderosa Ranch. Alles hier ist groß.

Ein breiter Kiesweg führt geradeaus durch den Park und links und rechts öffnen sich zwei lange Reihen recht nüchterner, aber großzügig bemessener Stellplätze.

Auf etlichen Plätzen stehen noch große Wohnwagen, und der Name wird der Anlage voll gerecht, denn dies scheint tatsächlich ein Zufluchtsort für Piraten zu sein.

»Wilderness« steht auf einem der Trailer. Daneben parkt ein schweres Motorrad. Und davor – davor fügt sich verflochtenes Schwemmholz zu einem recht wunderlichen Schiffsbug zusammen, mit einem langen Rammsporn auf dem einige quietschvergnügte Skelette herumturnen. Dem wachsam am Ruder stehenden Steuermann-Geripe sitzt ein bunter Papagei auf der Schulter - einziger Farbklecks auf dem ganzen bleichen Schiff.

Der nächste Gast hat seinen Campingstuhl in einen sitzbaren Totenschädel mit tief ausgehöhlten Augen verwandelt. Allerdings ist niemand zu Hause - mal abgesehen von den munteren Gerippen natürlich.

Hier scheint eine ziemlich schräge Gemeinschaft zu wohnen.

Es mag am schlechten Wetter liegen, an dem dichten Nebel oder an der völligen Stille - dieser Ort ist mir unheimlich.

Also schwingen wir uns rasch wieder ins Auto. Aber was nun? Wir sind müde und etwas ratlos.

»Wie wär's mit Codroy?«, fragt mich Georg aufmunternd. »Es sind zwar noch achtzig Kilometer, aber dort haben wir uns halt sehr wohl gefühlt.«

Jepp. Codroy wäre wunderbar.

Und so stehen wir eine Stunde später auf unserem angestammten Platz.

Georg erledigt das Hook-up während ich mich um ein gemütliches Lagerfeuer kümmere, und bald sitzen wir auf unserer Holzbank mitten im Grünen, genießen den Frieden und die unendliche Ruhe, die dieser Ort ausstrahlt, und fühlen uns als wären wir wieder nach Hause gekommen.

Das Feuer knistert und knackt, feuchte Hölzchen explodieren ab und zu mit einem kleinen Knall. Wir hören leise schottische Musik.

Als die Scheite langsam verglühen, treibt der Wind wieder schwere dunkle Wolken über den weiten Abendhimmel.

Ein zartes Morgenrot überzieht den Rasen, als wir den ersten Kaffee kochen. Dicke rote Vogelbeeren hängen vor dem Küchenfenster.

Neben den dampfenden Kaffeetassen klappen wir die Landkarte auf dem Tisch auf.

Schon mehrmals hat man uns von der Schönheit von »Rose Blanche«, einem alten französischen Fischerdorf mit einem historischen Leuchtturm, erzählt.

Sollen wir?

Das Dorf liegt nur etwa fünfzig Kilometer östlich von Port-aux-Basques. Dennoch, wenn wir dorthin wollen können wir erst morgen zurück nach Sydney fahren.

Achthundert Kilometer trennen uns von Halifax, und - wir haben Nova Scotias Ostküste noch nicht gesehen.

Nach einem ausgiebigen Frühstück sind wir mutiger. Es bleiben uns noch neun Tage bis zum Abflug: genug Zeit für ein letztes neufundländisches Abenteuer.

Nach Port-aux-Basques verändert sich die Landschaft zusehends.

Kaum Bäume, rostbraune und ockerfarbene Felder und Hügel. Seen, Tümpel und Teiche überall und in jeder Höhenlage. Dutzende Wasserläufe suchen sich einen Weg zu dem von grauen Felsrücken und tückischen spitzen Klippen durchbohrten Ozean. Vor uns liegt die Cabotstraße. Ja, Giovanni Caboto ist auch durch diese Gewässer gesegelt, durch diese gefährliche Seestraße an der wohl nicht grundlos Orte mit geheimnisumwitterten, finsteren Namen wie »Isle aux Morts« liegen.

Bei Isle aux Morts gelangen wir zum ersten Mal ganz nah an diese raue, zerklüftete Küste. Toteninsel: Ein gruseliger Name, aber in Anbetracht der unzähligen Schiffswracks, die hier auf dem Meeresgrund liegen sollen, muss es sie ja gegeben haben, all die Toten.

Der Ozean hat schon immer seine Opfer gefordert, er nimmt sie sich gnadenlos, aber manchmal gibt er auch wieder etwas her.

Ein gewisser Wayne Mushrow beispielsweise fischte in den 80er Jahren zwei einzigartige scheibenförmige Astrolabien aus der Tiefe herauf: Sternhöhenmesser. Zum Navigieren musste man sich schon damals sowohl mit der Nautik selbst, als auch mit Mathematik, Astronomie und Hydrographie auskennen. Und zur Vermessung der Küstenlinien, des Meeresbodens und des Himmels benötigte man eine ganze Reihe von komplizierten Messinstrumenten. Eines der zwei gefundenen Astrolabien gehörte einem portugiesischen Seemann, das andere einem französischen Seefahrer. Beide lebten im 17. Jahrhundert, lange bevor James Cook hier auftauchte, und beide kenterten mit großer Wahrscheinlichkeit vor dieser stürmischen Küste. Ihre wundervollen Artefakte haben sie überlebt.

Tiefschwarze Wolkenbänke hängen heute über dem Ort, und machen dem Namen alle Ehre. Gänsehaut.

An einem winzigen Parkplatz neben einem der vielen Weiher halten wir an. Von hier aus führt ein kurzer Wanderweg zu den Barachois-Fällen. Eine gute Gelegenheit, einen Blick auf diese Landschaft zu werfen, die so völlig anders zu sein scheint als die Westküste.

Ein von niedrigem Buschwerk, Heidelbeeren und dichten Mooskissen gesäumter Kiesweg führt über felsigen Boden. Dann geleitet uns ein Holzbohlenweg durch schwarzbraune Moore und stille Tümpel, durch hohe Farne und durch nasses gelbes Riedgras.

Man kann den hübschen Wasserfall schon von Weitem erkennen. Das schäumende Gebirgswasser springt und plätschert über unzählige breite, ausgewaschene und ausgehöhlte Granitstufen - dann verliert es sich in den vielen dunklen Rinnsalen, die sich in der herbstlich gefärbten Ebene verzweigen.

Kurz vor Rose Blanche steht ein Wegweiser zur Diamond Cove.

Eine schmale Straße führt steil nach unten und der Name der Bucht ist so verheißend, dass wir uns zu einem Abstecher verleiten lassen.

Bunte Häuschen kleben an einem steilen Hang. Mintgrün, knallblau, türkis und rosa leuchten sie in der nieselgrauen Luft. Manche Hütten sind mit Schindeln verkleidet und balancieren gewagt auf krummen Balken und provisorisch wirkenden Holzgestellen, durch Felsbrocken gestützt, wenn sie allzu schief stehen. Schmale, malerisch verwitterte Anlegestege ragen ins Wasser.

Und dann entdecken wir sie: Zwischen rotem Farn und Blaubeergestrüpp, auf den felsigen Steilhängen und den nassen Klippen funkeln kostbare weiße Edelsteine.

Ja, so müssen sie auf die ersten Seefahrer und die Fischer in alten Zeiten gewirkt haben, die strahlend weißen Quarzadern und die prächtigen, wie Bergkristall schimmernden Quarzbrocken: wie Diamanten.

Wir fahren weiter nach Rose Blanche. Und jetzt verstehen wir auch den Ursprung dieses Namens: Rose - nicht von der Blume, sondern aus dem Französischen »roche« - Felsen. Weißer Felsen.

Es ist ruhig in dem hübschen Dorf. Die Häuser wirken elegant und sehr gepflegt. Da wir niemandem begegnen, den wir fragen könnten, wagen wir es einfach, mit unserem großen Wohnmobil durch ein offen stehendes Gatter direkt zu dem berühmten Leuchtturm zu fahren.

Hoch über einem Steilhang können wir parken. Und der Blick über die vom Meer blankpolierten, geborstenen Felsen und die zerklüftete Küste ist von hier aus buchstäblich atemberaubend.

Wir steigen aus und folgen dem Weg bis zu einer Reihe quietschbunter Hütten: eine Theaterbühne, etliche Kioske, ein Souvenirladen. Dahinter überall Zäune und Absperrungen. Sieht nach geschäftigem Treiben aus, aber auch ein wenig danach, dass man aus dem Leuchtturm herausholt, was geht. Das Ticket-Office ist, wie die anderen Buden auch, schon geschlossen. Schließlich finden wir hinter einem der Zäune eine kleine Tür, die sich erfreulicherweise öffnen lässt und einen Pfad aus buntem Granitkies freigibt, der über eine Anhöhe zum Leuchtturm führt.

Auf halbem Weg steht eine zarte weiße Holzpagode auf einem Felsplateau und fügt sich wunderbar in den weißblauen Übergang zwischen Himmel und Ozean ein.

Ich bleibe kurz stehen, eine Hand an die schmale Brüstung gelehnt. Der Wind zerrt an meiner Kleidung, zerzaust die Haare, pfeift über das niedrige Gras. Unter mir krachen die heranrollenden Wellen gegen schwarze Felsrücken, die aus der aufsprühenden Gischt auftauchen und wieder versinken wie ruderlose, verlassene Schiffe.

Am Ende des Weges steht der Leuchtturm. Gedrungen und kompakt stemmt er sich gegen den Sturm. Ein lebendiges Licht in schweren Stunden und doch unbeweglich, starr. Er kann in der Not einfach nicht zu Hilfe eilen. Und allerhöchste Not war in diesen Gestaden wohl nicht selten.

Langsam umrunden wir das bullige, aus grauen und bunten Granitquadern zusammengefügte Gebäude. Am 26. Juli 1871 wurde mit dem Bau begonnen und schon zwei Jahre später sendete die Lampe aus einer Höhe von 29 Metern jeden Tag von Sonnenuntergang bis Sonnenaufgang ihren starken Strahl auf das Meer hinaus.

In einem Zeitraum von siebzig Jahren wechselten sich fünf Leuchtturmwärter ab. Von John Roberts bis Philip Hatcher - was müssen sie hier oben alles erlebt haben. Viele, viele schöne Momente, Freude, Hoffnung, Erleichterung, aber auch ganz furchtbare Tragödien. Denn die bleiben leider nie aus, wenn Menschen aufs Meer hinausfahren. So mancher Schoner geriet an den bedrohlichen Riffen nahe der Küste in Seenot, und nicht alle hatten Glück.

Ich kenne das von der Insel Ischia, auf der ich in meiner Kindheit gelebt habe. Im Winter war das Meer aufgewühlt und unberechenbar, die Wellen meterhoch – und es war doch nur das eher harmlose Mittelmeer. Immer war sie da, die Sorge der Mütter, der Ehefrauen, der Schwestern, ob ihre Angehörigen heil nach Hause kommen würden. In meinem Dorf Forio standen sie oben an der Chiesa del Soccorso, und beteten zur Madonna um eine glückliche Rückkehr.

Hier wird es nicht anders gewesen sein. Nur sind die Winter hier noch viel härter, der Nordatlantik noch viel ungestümer und gefährlicher.

Der Leuchtturm wurde 1999 restauriert und innen mit alten Möbeln und Erinnerungsstücken ausgestattet. Leider können wir nicht hineingehen und durch die schmalen Fenster kann man nicht viel erkennen. Das Museum ist ab Mitte September

– genauer gesagt ab early fall, wie man es hier sehr vage definiert - geschlossen. Die Wolkendecke ist inzwischen immer schwärzer geworden und es fängt abrupt an, in Strömen zu regnen. Rasch laufen wir zurück, während uns der Wind regelrecht ins Gesicht peitscht. Eine heiße Suppe ist jetzt genau das Richtige. Durchgefroren setzen wir uns an den Tisch, und genießen das warme Essen mit einem unvergleichlichen Blick auf die breiten Felsrücken und die mit bezaubernden hellgrau und rosa schimmernden Steinen regelrecht geschmückte Bucht. Kein Restaurant könnte schöner sein.

Aus einem Spaziergang durch den Ort wird nichts mehr, denn es gießt weiter aus Kannen.

Wir fahren zurück nach Port-aux-Basques und spielen kurz mit dem Gedanken, schon heute Nacht überzusetzen. Allerdings ist es erst drei Uhr und die Fähre legt um elf Uhr nachts ab. Was tun bei dem Wetter? So ein Hafen ist nie besonders gemütlich und als wir durch das Städtchen fahren, können wir nirgends einen ansprechenden Platz oder auch nur eine Parkmöglichkeit für die Nacht entdecken.

Ich suche auf der Landkarte nach einer Lösung, und finde einen kleinen grünen Fleck: den Cheeseman Provincial Park, der auch einen Campingplatz haben soll. Geschlossen zwar, aber wer weiß? Vielleicht kann man das Geld ja in einen Briefkasten werfen, wie in Deer Lake. Der Park liegt nur fünfzehn Kilometer von hier, und einen Versuch ist es wert.

Die Anlage wirkt trotz des starken Regens wunderschön. Ein graumelierter Hase läuft uns über den Weg: Hurra! Endlich einmal ein Tier, das größer ist als ein Eichhörnchen und sich auch noch in freier Wildbahn bewegt.

Leider ist die Einfahrt zum Campground mit dicken Seilen abgesperrt. Wir steigen aus und gehen zu der Gemeinschaftshütte, in der sich auch das Büro befindet. Zwar dringt ein gelber Schein durch ein Oberlicht, aber alles ist verriegelt und wir können nirgends ein menschliches Wesen entdecken. Und es sieht auch kein bisschen danach aus, dass man hier außerhalb der Saison einfach mal übernachten darf. Wirklich schade.

Als wir wieder auf den Highway einbiegen sieht Georg parallel zu uns eine Service-Straße mit einer Ausbuchtung, auf der etliche Lastwagen zwischen Paletten mit Zementsäcken und anderen Baumaterialien abgestellt wurden.

»Hier würden wir gar nicht auffallen«, meint er aufmunternd, als er meinen entgeisterten Ausdruck sieht, und biegt auf den von lehmigen Pfützen überzogenen Schotterweg ein.

Ich bin eigentlich schon abenteuerlustig, ein bisschen zumindest, aber das hier ist ein schlichtweg desolater Ort. Und ich denke, dass ich hier nachts auf jedes noch so kleine Geräusch horchen und jeden vorüberhuschenden Lichtkegel anstarren würde.

»Wie wär's mit Codroy?«, frage ich hoffnungsvoll. Noch zwanzig Kilometer, und wir hätten es geschafft.

Georg nickt resigniert und legt den ersten Gang ein. Es war so eine wundervolle Reise und eigentlich möchte auch er den letzten Abend lieber in guter Erinnerung behalten, nicht zwischen den Schlammpfützen am Rande eines Highways.

Und so kommt es, dass wir zum dritten Mal nach Upper Ferry fahren, und auch diesmal wieder sehr lieb willkommen geheißen werden.

Codroy ist eben unser Zufluchtsort, und als wir in der Dämmerung heißen Tee trinken und auf die nasse Wiese und die tropfenden Sträucher vor dem Fenster blicken, fühlen wir uns wieder pudelwohl.

Nach dem Frühstück buchen wir die Schiffspassage online. Nur zur Sicherheit, denn eigentlich sollte jetzt nicht mehr allzu viel los sein.

Dennoch stehen wieder unzählige Lastwagen am Hafen, die Waren nach und von Nova Scotia transportieren, und auch erstaunlich viele Pkw's. Natürlich – die Fähre von Argentia fährt ja seit Ende September nicht mehr.

Es wird eine ruhige Überfahrt auf der Marine Atlantic. Der Wind reißt über dem Ozean immer wieder die Wolken auseinander, und es macht Spaß von Deck zuzusehen, wie sich bizarre Formen bilden und wieder auflösen. Einmal sehe ich eine ganze Delfinfamilie über den Himmel ziehen, dann wieder einen einzelnen großen Blauwal.

Als wir in North Sydney anlegen und bereits im Wagen sitzen, klopft ein Zollbeamter noch im Schiffsbauch an die Tür.»

»Führen sie Kartoffeln mit sich?«

Was ist denn das für eine Frage? Ich hatte eher eine Suche nach Alkohol, Drogen oder Waffen erwartet, aber - Kartoffeln?

Da fällt mir ein, dass wir in Millville, bei Grandpa's Waterhole, ein Päckchen Kartoffelpüree gekauft haben. Das hole ich jetzt sicherheitshalber mal aus dem Schrank.

Der Zollbeamte lächelt dünn.

»Nur frische Kartoffeln«, erklärt er uns. »In Neufundland grassiert eine gefährliche Pilzerkrankung, eine Art Warze. Auch Würmer – die potatoe cyst nematodes - können die Kartoffeln befallen. Wir versuchen, die Krankheiten einzugrenzen, indem wir verhindern, dass Kartoffeln aus Neufundland in andere Regionen mitgenommen werden.«

Ich muss sofort an die gruselig aussehenden Kartoffeln in genau dem Geschäft denken, aus dem das Püree stammt. Jetzt verstehe ich erst, warum die Kartoffeln dort so luftdicht in eine Plastiktüte verpackt wurden. »Don't move firewood«, geht mir durch den Kopf. Hier haben wir das gleiche Problem wie mit dem Brennholz, das dafür verantwortlich sein kann, dass sich die Larven von Schädlingen verbreiten und ganze Wälder vernichten. »Wir transportieren keine Kartoffeln, und haben nie welche dabeigehabt«, können wir den Beamten beruhigen.

Die Sonne schimmert golden hinter einer silbergrauen, luftigen Wolkenschar aus lauter Haien mit aufgerissenem Rachen, als wir das Schiff verlassen.

»Und der Haifisch,
der hat Zähne,
und die trägt er
im Gesicht ...«

Nova Scotia. Wir rollen langsam durch den Hafen und ich fühle mich ein bisschen, als kehrte ich wieder heim.

Die verlorene Küste

Der Tag neigt sich dem Ende zu als wir dem Trans-Canada-Highway endlich wieder über Land folgen, und wir dürfen einen spektakulären, dramatischen Sonnenuntergang über dem Bras d'Or See erleben. Das spiegelglatte Wasser schimmert violett, der Himmel über dem Ufer leuchtet glutrot, und über dem Ganzen türmt sich das schwarzblaue Universum auf.

Nur ein Campingplatz am See hat noch auf und wir müssen uns sputen, wenn wir noch jemanden am Empfang antreffen wollen, denn es sind noch 90 Kilometer bis Whycocomagh. Der Glenview Campground liegt in einem Indianer-Reservat und ich habe in einer Broschüre gelesen, dass dort noch eine der letzten Mi'kmaq-Gemeinden Nova Scotias lebt. Die Ureinwohner seien im Laufe der Zeit immer weiter von der Küste weggedrängt worden, und hätten sich notgedrungen ins Landesinnere, unter anderem an diesen großen See, zurückgezogen.

Vielleicht wird sich ja eine Gelegenheit ergeben, mit einigen von ihnen zu sprechen. Über ihr Land, über ihre Geschichte, über Kluskap ... wer weiß.

Es ist stockfinster, als wir am »Glenview« ankommen, aber an der Bürotür hängt zum Glück noch ein Leuchtschild mit dem pink-blau-grün blinkenden Wort »open«.

Georg hält in der Einfahrt. Hier muss es gestern ordentlich geregnet haben.

Ich kämpfe mich durch breite Pfützen bis zu den Stufen vor, klopfe kurz an und betrete das kleine Office.

Eine Frau mit pechschwarzen Haaren und großen, dunklen Augen sitzt, dick in einen Anorak eingemummelt, am Tresen. Aha, eine Mi'kmaq-Indianerin kombiniere ich umgehend. Die erste Begegnung mit der Urbevölkerung, seit wir im Land sind. Zu einem längeren Gespräch kommt es natürlich jetzt nicht, es ist klamm und kalt und wir sind hundemüde.

Ich zahle für eine Nacht und die Frau weist mir eine Platznummer zu.

»Mein Mann wird sie zu ihrem Platz begleiten, denn das Areal ist nicht sehr gut ausgeleuchtet und ich habe leider keinen Plan zur Hand«, meint sie freundlich. Dann wünscht sie mir eine gute Nacht.

Nicht gut ausgeleuchtet ist stark untertrieben. Draußen ist es pechschwarz. Ich würde sagen, die einzigen Lichtquellen außer der schwach angeleuchteten Bürotür und den fröhlich blinkenden »open« - Buchstaben sind im weiten Umkreis nur unsere Scheinwerfer.

Wir warten einige Minuten im Wagen, dann taucht plötzlich ein Golfwagen auf. Anstelle eines Nummernschildes stehen hinten in roten Leuchtbuchstaben die Worte »follow me«.

Der Fahrer winkt uns zu und fährt dann vorneweg.

Also die Aufforderung »folgen sie mir« ist überflüssiger als überflüssig, denn in dieser undurchdringlichen Dunkelheit würden wir alles tun, um den Golfwagen nicht aus den Augen zu verlieren. Wir könnten genauso gut durchs Nichts fahren. Den leeren Stellplatz, auf den der Besitzer kurz darauf aus seinem Fahrzeug deutet, kann man auch nur mit sehr viel Fantasie erahnen … dann winkt uns der Mann auch schon zum Abschied und die roten Rücklichter werden von der Nacht verschluckt. Na vielen Dank!

Ich steige aus und helfe Georg mit Handzeichen, so gut es geht, und irgendwie gelingt es ihm, rückwärts in die unsichtbare Lücke einzuparken. Dann umhüllt uns Stille. Und totale Finsternis.

Im unruhigen Kegel unserer Taschenlampe kommen wir uns vor wie Einbrecher, als wir draußen Wasser und Strom anschließen, und erst als im Wagen endlich das Licht angeht, sieht die Welt wieder um einiges freundlicher aus.

In der Früh staunen wir dann nicht schlecht.

Der Campingplatz ist riesig. Überall grüner, saftiger Rasen - ziemlich nass, aber schön.

Neben uns befindet sich ein Swimming-Pool mit einem hohen Schutzzaun, daneben ein Spielplatz. Der Campingplatz ist voll besetzt, viele der Trailer scheinen Dauerparkern zu gehören.

Nach einem wunderbaren Kaffee mache ich mich auf zum Office, um mich nach den ortsansässigen Indianern zu erkundigen.

Die dunkelhaarige Frau von gestern Abend macht mir lächelnd auf. Ich entschuldige mich für die Störung, denn jetzt erkenne ich, dass die Besitzer des Camps hier auch privat wohnen.

»Könnten sie mir vielleicht etwas über das Heritage Museum und über die hier ansässigen Mi'kmaqs erzählen?«, frage ich, ganz sicher, mich hier an der Quelle zu befinden.

Sichtlich erstaunt bittet mich die Frau, doch Platz zu nehmen.

»Tut mir leid. Über die Indianer weiß ich so gut wie nichts«, schüttelt sie bedauernd den Kopf. »Der nahegelegene Provincial Park soll zwar von Indianern geführt sein, aber es ist ein Self-registering-Campground, und es ist sehr unwahrscheinlich, dass sie um diese Jahreszeit noch jemand antreffen. Von einem Reservat habe ich schon gehört, aber nur sehr vage.« Sie überlegt kurz. »Oder doch ... Im zwanzig Kilometer entfernten Wagmatcook soll es ein kleines indianisches Kulturzentrum geben. Und an der Tankstelle an der Hauptstraße oder im Kaffee bei Tim's kann man auch ab und zu Indianer antreffen.«

Ich bin total verwirrt.

»Wo kommen sie denn her?«, frage ich meine Bilderbuchindianerin jetzt ziemlich verunsichert.

»Aus Mexiko«, lautet die völlig unerwartete Antwort.
Und so kommen wir ins Gespräch – Indianerin hin oder
her.

Man duzt sich ja immer im Englischen – »you can say you
to me« - aber nach einer Weile gehen wir aus spontaner
Sympathie zum Vornamen über.

»Elena« – »Miroslava«.

»Miroslava? Really? Doch so ein typisch mexikanischer
Name?«, frage ich belustigt.

»Mein Vater war crazy«, lacht sie zurück. »Der Name hatte
es ihm einfach angetan.«

»Na ja, ich heiße auch Elena Pandora und stamme nicht aus
Griechenland«, muss ich gestehen. »Unsere Eltern haben uns
nicht gerade serienmäßige Namen ausgesucht.«

Miroslava hat sich mit ihrem englischen Ehemann hier
einen Traum erfüllt. Man könnte sagen, den Traum vom
ewigen Leben mit dem Wohnmobil. Wenn man einmal auf
den Geschmack gekommen ist, treibt es einen immer weiter,
und weiter, und weiter … Aber jetzt haben die beiden einen
Sohn, und als er in die Schule kam, mussten sie eine
Entscheidung treffen. Und die einzig vernünftige Lösung um
Wohnmobil, Schule und einen festen Wohnsitz zu vereinen,
lag recht schnell auf der Hand: einen eigenen Campingplatz
an einem englischsprachigen Ort aufmachen.

»Zum Beispiel in Why-Cocomagh«, schließe ich Miroslavas
Erzählung lächelnd ab.

»Ja. Why-not?«

Georg hält jetzt mit laufendem Motor in der Einfahrt, und
so verabschiede ich mich von meiner Ureinwohnerin.

»Was nun?«, frage ich, als ich einsteige. »Zum Cultural
Centre der Mi'kmaq müssten wir leider zwanzig Kilometer
zurückfahren.«

»Wir sind inzwischen gute dreitausendfünfhundert Kilometer gefahren«, meint mein Mann großmütig, »da kommt es auf die paar mehr auch nicht an.«

Das »Wagmatcook Culture and Heritage Centre« macht erst um elf auf. Und wieder versteckt sich James Cook in einem Ortsnamen. Überall wird der Entdecker sehr verehrt. Wir stehen auf einem großen Parkplatz, es ist halb zehn, stark bewölkt, und neben dem Highway ist es nicht gerade gemütlich. Von einer Brüstung aus sehen wir die grünschimmernden Becken einer Fischzucht und dahinter kann man den spiegelglatten Bras d'Or Lake erkennen.

Ich gehe zum Souvenirshop des Vereinsheims und spähe durch die Scheiben, als eine Dame mir von innen die Tür aufsperrt. Sie hat schon vermutet, dass wir nur auf der Durchreise sind, und bietet mir freundlich an, hereinzukommen.

Die Versammlungshalle ist riesig. Hier treffen sich die Mitglieder der Mi'kmaq-Gemeinde. Der Raum ist erstaunlich kühl, ungemütlich und steril wie ein Krankenhaus. Halt! Steril, wie ein Krankenhaus sein sollte, muss man heutzutage schon sagen. Denn das ist ja leider keine Selbstverständlichkeit mehr.

Ich hatte die urige, von Erinnerungsstücken und traditioneller Kunst angefüllte, nostalgische Atmosphäre eines Wigwams erwartet. Ein großer Irrtum.

Aber vielleicht wurde ja alles in einem Museum untergebracht?

»Kein Museum«, schüttelt die Dame den Kopf. Das gab es einmal, aber es sei nicht sehr einträglich gewesen. Andererseits habe man nie Eintritt verlangen wollen, nur freiwillige Spenden. Tja, und der Erfolg war, dass man das Museum schließen musste. Jetzt gibt es keines mehr. Aus, vorbei. Aber den Souvenirladen sperrt sie mir noch auf.

»Es leben noch ungefähr 700 Indianer hier im Reservat«, erzählt die Frau, während sie mich eintreten lässt. »Ihre Handarbeiten sind niedlich: kleine geflochtene Körbe, Traumfänger, Bilder, Schmuck aus Holzperlen.«

Ja, ein bisschen langweilig, aber hübsch.

Da mir so nett aufgemacht wurde, fühle ich mich irgendwie verpflichtet, etwas zu kaufen, und so entscheide ich mich für ein farbenfrohes Bild von der indianischen Malerin Loretta Gould. Es zeigt Indianer am Fluss beim Fischen mit dem Speer.

»Our Way of Life«, steht darunter. Wenn ich an die Zuchtbecken unter der nahegelegenen Terrasse denke, klingt das allerdings ziemlich wehmütig. Ein Leben aus einer anderen Zeit.

Wir verlassen Cape Breton.

Bei Port Hastings überqueren wir die Meerenge von Canso, dann folgen wir der Ostküstenstraße mit ihren fantastischen Ausblicken auf unzählige kleine, zerklüftete Buchten. Wir fahren durch Pirate Harbour, gegründet 1785. Ja, hier war sicher eine tolle Gegend für Piraten …

Mittagessen gibt es heute in einem winzigen Restaurant in Guysborough, dem Tor zu den »Lost Shores«. Sechs einfache Holztische, eine kleine Theke, leckeres Seafood und eine Flasche Alexander Keith's India Pale Ale. Was will man mehr?

Auf der Theke liegt das örtliche Lokalblatt aus: »The Highland Heart«. Neben dem Namen zeigt ein kariertes Herz mit Dudelsack auch ganz deutlich, wofür es schlägt. »Always free!«, steht oben auf der Titelseite. Das könnte man jetzt so oder so verstehen, aber wenn ich mir das schottische Herz so anschaue, denke ich, das hat nichts mit Geld zu tun.

The Lost Shores: Warum diese Ufer verlorengegangen sind, wissen wir noch nicht.

Als wir der Küste wieder folgen, sind sie - zumindest dem Anschein nach – noch da. Auch Käpt'n Cook begegnen wir in Cooks Cove wieder. Alles ist ganz vertraut.

Für die Übernachtung heute Abend haben wir uns einen Ort namens Fox Island ausgesucht, der direkt am Meer in der Chedabucto Bay liegt.

Wir folgen also dem Marine Drive, einer wunderschönen Uferstraße, und erhaschen bei Queensport einen Blick auf Rook Island mit seinem kleinen, knuddeligen Leuchtturm. Breit, stämmig und gemütlich thront er auf dem felsigen Eiland und überwacht das launische Meer.

Nachdem wir die Hauptstraße verlassen haben, dauert es eine ganze Weile, bis wir den »Seabreeze Campground« finden, aber die Fahrt hat sich wirklich gelohnt.

Als ich die Tür zum Office aufdrücke, zwängt sich erstmal ein dicker schwarzer Hundekopf durch die Öffnung. Das ist natürlich eine freudige Überraschung und der kräftige Hund wird ausgiebig gestreichelt. Dann erst kommt die Platzreservierung dran. So viel Zeit muss sein.

Das Areal ist wunderschön: ein wenig wild, viel Rasen, viele Bäume, und das Meer. Tiefblauer, von schäumenden Wellen durchzogener Ozean. Überall stehen in fröhlichen, knalligen Farben lackierte Holzbänke.

Unser Platz liegt unter hohen Bäumen und hat eine traumhafte Aussicht auf die kleine Insel, nach der die Gegend benannt wird: Fox Island. In der Ferne erkennt man Cape Breton.

Unten am Strand weht jetzt ein rauer, kalter Wind. Ebbe.

Das Ufer ist voll roter Algen, Schwemmholz und Steine. Auf dem Grünstreifen, der den Strand abgrenzt, blühen blaue Astern. Dicke Hagebutten leuchten zwischen Unkraut und dornigem Gestrüpp. Romantik pur. Leider ist es zu windig für ein Lagerfeuer, der Platz wäre perfekt gewesen.

Wir setzen uns noch eine Weile auf eine der bunten Holzbänke und blicken aufs Meer, bis sich alle Konturen in der Dämmerung auflösen.

Selten habe ich ein so tiefes, so unverfälschtes Ozeanblau gesehen. Der böige Wind der vergangenen Nacht hat alle Wolken weggefegt und wir frühstücken vor einer fantastischen Kulisse: der Himmel, die Bucht und im Hintergrund die Umrisse von Cape Breton Island – ein Kunstwerk in Blau, ein wunderbares Zusammenspiel aus feinsten Nuancen.

Von der felsigen Landspitze bei Canso sollen viele schöne Wanderwege starten, deshalb werden wir nach der langen gestrigen Fahrt heute einen Erkundungstag einlegen. Wir machen uns auf die Suche nach den »Lost Shores«.

Ein grünes Ortsschild heißt uns in Canso willkommen. Nette, einfache Häuser säumen die breiten Straßen. Massive Ziegelbauten wechseln sich mit den traditionellen, bunt bemalten Holzhäusern ab. Boote liegen aufgebockt am Hafen. Die Küste ist flach. Auf den ersten Blick eine gemütliche Arbeiterstadt.

Wir durchqueren den Ort, dann geht es eine Anhöhe hinauf zu einem Parkplatz. Hier beginnt der »Chapel Gully Trail«.

Wir schultern unsere Rucksäcke und betreten den weichen Wanderpfad, der uns durch einen dichten Weißfichtenwald führt. An den Baumstämmen hängen niedliche bunte Vogelhäuschen; manche haben sogar eine richtige Eingangstür und kleine Fenster. Ringsum glänzen braune und rote Pilzkappen zwischen Tannennadeln und hellgrünem Moos. Der Weg verengt sich schon bald zu einer steinigen, schmalen Rinne, dann öffnet sich der Wald und wir betreten offenes, sonnenüberflutetes Sumpfland.

Ein rot lackierter Holztisch mit Bänken steht am Ufer eines natürlichen Kanals. Goldbraun schimmert das Moor in der Sonne und aus dem seichten Gewässer ragen Hunderte dunkler Torfinseln. Neben der Bank blühen hellblaue Astern und im nassen Sumpfgras wachsen Schlauchpflanzen und Sonnentau. Ein Paradies für Insekten und Wasservögel und ein ganz außergewöhnliches Feuchtgebiet, denn hier mischt sich bei Flut das Süßwasser des Winter Creeks - einem schmalen Bach – mit dem Salzwasser aus dem Fjord. Und in diesem ständig durchgemischten Wasser können auch Sandmuscheln, Krabben und Strandschnecken leben.

Wir überqueren den langgestreckten Chapel Gully auf einer soliden Holzbrücke und tauchen zwischen beerenbehangenen Ebereschen wieder in den dunklen Wald ein. Manche Baumstämme sind völlig ausgehöhlt und man erkennt von außen deutlich Tausende von Käfern gegrabene Löcher und Gänge. Weiß- und Schwarzfichten säumen den Weg. Schwarzfichtenholz wurde früher gern für die schmalen Leisten der Hummerfallen verwendet.

Dann gelangen wir zu einem Platz, auf dem im 19. Jahrhundert ein Pesthaus gestanden hat. Hier lebten die ansteckenden Kranken in Quarantäne, weitab vom Dorf, und es war wohl nur wenigen vergönnt, nach diesem Zwangsaufenthalt wieder gesund heimzukehren.

»Time heals all«, steht passenderweise auf einem lackierten Stein, der auf eine knallgrün gestrichene Bank geklebt wurde. Eine kleine Uhr wurde zwischen die Buchstaben gemalt. Ein frommer Wunsch, aber leider kann die Zeit eben doch nicht alles heilen ...

Der Pfad ist jetzt trocken und holprig, voller Kiesel und Wurzeln, doch dann wird er wieder matschig und rutschig. Lange Holzbretter helfen, die großen Schlammlöcher zu überbrücken.

Wir erreichen nun die Küste und haben einen wunderbaren Blick auf die French Cove und die vorgelagerten Inseln. Im Wasser liegen von gelben Algen überzogene Felsbrocken verstreut. Schlanke Bäume krallen ihre Wurzeln in die Steine über dem Abhang. Auf der anderen Seite der Bucht schimmert das ganze Ufer ockerfarben. Sumpfland. Ein sanfter, wohltuender, ein wenig nostalgischer Platz.

Dann geht es wieder in den Wald hinein. Birken und Ahorn ersetzen jetzt die dunklen Fichten. Pilze - Maroni und Ziegenbart – schießen aus dem feuchten Boden. Niedrige Strauchkiefern und Farne säumen den Weg, Flechten und Karibu-Moos überziehen große, helle Gesteinsbrocken. Und Blaubeeren. Blaubeeren wohin das Auge reicht. Noch nie habe ich so hohe Blaubeerstauden gesehen, sie reichen mir teilweise bis zur Hüfte. Etwas vorsichtig koste ich eine – man kann ja nie wissen. Aber die Früchte schmecken wirklich wie Heidelbeeren.

Am Wegrand steht ein Aussichtsturm, von dessen Spitze man einen wunderbaren Weitblick über die Gegend hat. Hohe Windräder drehen sich nicht weit von hier in der sanften Brise.

Dann führen uns Holzbohlen über den Winter Creek und durch den Sumpfwald zurück zum Ausgangspunkt. Feurige, orangefarbene Pilze leuchten zwischen verfaulten, nassen Blättern auf.

Am Ende des Weges liegt ein offenes Gästebuch in einem überdachten Holzgestell. Ob aus Holland, Belgien, der Schweiz, Ontario oder Cape Breton - alle Wanderer waren sich einig: great, fantastic, beautiful, amazing! Da können wir uns nur anschließen: Es war herrlich.

Auf dem Parkplatz essen wir eine Kleinigkeit.
Es ist erst Mittag, knappe drei Stunden waren wir unterwegs, was tun mit dem angefangenen Tag?

Wir studieren die Karte. Nicht weit von hier, in Little Dover, gäbe es noch den »Black Duck Cove«-Trail. »Ein kleiner Spaziergang geht noch«, meint Georg. Das finde ich auch, zumal wir ja immer noch das Geheimnis der »Lost Shores« enträtseln wollen.

Eine niedliche schwarze Ente begrüßt uns kurz darauf auf dem Eingangsschild zum gleichnamigen Park. Dann geleitet uns ein Holzbohlenweg durch dicht mit Gras und Kolbenschilf bewachsenes Sumpfland bis zu einem herrlichen bogenförmigen Sandstrand: dem Swimming-Beach.

Unzählige Wasservögel trippeln am Wasserrand hin und her und suchen emsig zwischen braunen Algenknäueln nach Muscheln und Krebsen. Der azurblaue, von wenigen weißen Wölkchen durchzogene Himmel, spiegelt sich in dem stillen, glatten Wasser.

Eine traumhafte Bucht - wenn da nicht ein winziger Wermutstropfen wäre.

Eine Bekanntmachung wurde an einen Baumstamm getackert. Sicher, es ist nur ein Blatt Papier, aber es fällt ins Auge. Zum einen wegen des in großen Lettern geschriebenen Wortes »Danger«, und zum anderen durch den ziemlich verbeulten Totenkopf, der darüber Grimassen schneidet.

Jetzt könnte man meinen, das sei eine witzige Einladung zu einem Halloween-Fest. Ja, man sollte es nicht glauben, aber wir haben tatsächlich auf einem der Campingplätze an der Südküste den Abbau einer Halloween-Party beobachtet. Auf meine Frage, wie das denn möglich sei, da Halloween ja bekanntlich auf den 31. Oktober falle, hat man mir lachend geantwortet. Meine freie Übersetzung lautet in etwa: »Wen juckt's. Hauptsache es macht den Kindern Spaß, irgendwie muss man sie ja beschäftigen!«

Also – wie gesagt - möglich wär's, aber neugierig wie ich bin, lese ich auch das Kleingedruckte, und das hat ungefähr folgenden Wortlaut:

»Area closed. Sandmuscheln, Muscheln, Austern und sonstige Krustentiere sind verseucht und nicht für den Verzehr geeignet. Das Fischen ist verboten. Strikt. Ohne Wenn und Aber ...«

Die Vögel in dieser Gegend können schon mal nicht lesen, das ist sicher. Und den Totenkopf haben sie offensichtlich auch nicht verstanden. Sie picken völlig unbesorgt in dem hellen, weichen Sand herum.

Aber was ist hier los? Eine ähnliche Bekanntmachung hatten wir ja schon einmal am Anfang unserer Reise in Port Medway gesehen.

Das Baden am Swimming-Beach ist offensichtlich nicht verboten - zumindest steht nirgends ein explizites Badeverbot -, was ich angesichts des Totenkopf-Bildes ziemlich schräg finde. Also, Kinder würde ich hier nicht plantschen lassen, obwohl der Strand seicht und wunderschön ist. Und selber würde ich auch nicht unbedingt ins Wasser gehen. Aber warum ist hier alles verseucht? Wo kommt das Gift - oder was auch immer so gefährlich ist - bloß her?

Hat das verunreinigte Wasser etwas mit dem Begriff »The Lost Shores« zu tun? Sind diese Meeresufer deswegen verloren gegangen oder für immer verloren?

Etwas ratlos folgen wir dem Boardwalk noch ein Stück, alles wirkt so lieblich und einladend, aber irgendwie ist die Luft raus.

Es zieht uns weiter.

Der kleine Ort Sherbrooke scheint heute ein gutes Ziel für den Abend zu sein, denn er liegt wunderbar eingebettet zwischen dem Sherbrooke Lake und dem St. Mary's River.

Ringsum Wildnis, Wanderpfade und nicht zuletzt mehrere Campingplätze.

Die Straße schlängelt sich an der Küste entlang. Seichte Ufer, grüne Felder, hübsche alte Holzhäuser, hier und da liegt ein Fischerboot vor Anker.

Wir fahren durch Port Felix mit einem herrlichen Blick auf die unzähligen vorgelagerten Inseln und durch den hübschen Ort Larrys River mit seiner strahlend weißen Holzkirche. Dann verschwinden die »Lost Shores« hinter uns im Regen. Das Wetter kippt wieder.

Die Ostküste ist zerfurcht, zerklüftet, von tiefen Fjorden durchzogen. Manche Wasserläufe kann man auf Brücken überqueren. Andere, die zu breit sind, muss man notgedrungen umrunden.

In Isaac Harbour verlassen wir den Highway, der uns einen langen Fjord entlang tief ins Landesinnere führen würde, und nehmen die Landstraße, die bei einer niedlichen kleinen Fähre endet.

Nur wenige Fahrzeuge stehen an, denn da nur bis zu zwölf Autos auf der Country Harbour Ferry Platz finden, überquert sie den breiten Wasserarm tagsüber alle halbe Stunde. Ein alter Fährmann kassiert die üblichen sieben Dollar für die Überfahrt. Hier ist alles altmodisch und abgenutzt, eine Fähre ganz nach unserem Geschmack.

Dann geht es weiter durch Wälder und Sumpfwiesen.

Wir durchqueren Port Hilford und folgen dem Ufer des Indian Harbour Lake, als uns ein Schild magnetisch anzieht: Restaurant. Und auf dem wenig später auftauchenden grauen Holzgebäude steht es nochmals in Großbuchstaben: Restaurant. Sonst nichts. Oder doch: An der Tür blinkt in Leuchtschrift das Zauberwort »open«. Mehr braucht man nicht. Es ist erst halb vier, aber es war ein aufregender, anstrengender Tag und eine warme Mahlzeit wäre jetzt ganz wunderbar.

Die Gaststube ist eine bunte Mischung aus rustikal und Kantine.

Wir setzen uns an einen Tisch mit einem weiß-grün karierten Mitteldeckchen. Die Speisekarte dient gleichzeitig als Untersetzer. Wir sind an einem See – also gibt es Seafood. Eine alte Dame kommt lächelnd zu uns. Wir sind gerade die einzigen Gäste. »Ist ihre Fischsuppe auch gut?«, frage ich ziemlich dämlich.

»Sie ist absolut fantastisch«, lautet natürlich die Antwort. War ja klar.

Georg schüttelt den Kopf über mich. Na, zumindest müssen wir nicht weiter überlegen. Wir bestellen zwei dieser fantastischen Seafood-Chowders und zwei frische local beer.

Haha. Und wer sagt's? Es schmeckt ganz herrlich - absolut fantastisch.

Das Restaurant ist voller Ecken und Nischen. Eine Art Wohnzimmer mit grauen Ohrensesseln dient auch als kleines Souvenirlädchen. Die Besitzerinnen verkaufen Modeschmuck aus Seaglass. Hübsch eingefasste, rundgeschliffene bunte Glasscherben hängen an silbernen Ketten und dunklen Lederbändern. Ja, das weich schimmernde Seeglas hat eine ganz besondere Faszination.

Bevor wir das Lokal verlassen, lese ich noch den langen Spruch, der in eine Baumscheibe über dem Durchgang geschnitzt wurde:

»Many people will walk in and out of your life. But only true friends will leave footprints.«

Ein schöner Spruch. Allerdings kann ich diese Erkenntnis persönlich ganz und gar nicht teilen. Nicht nur wahre Freunde, sondern auch bösartige, gehässige Menschen hinterlassen Spuren in unserem Leben - und die sind nicht weniger tief und nicht weniger wichtig für unser Wachstum, für unsere Entwicklung, für unsere Fähigkeit das Leben zu meistern. Und dazwischen gibt es viele Menschen, deren

Erinnerung rasch verblasst, deren Konturen sich verlieren, und die sich schließlich ganz in Nichts auflösen – people who walk in and out of our life.

Vielleicht sind es die tief hängenden bleifarbenen Wolken, vielleicht die vielen Eindrücke dieses Tages, die mich so nachdenklich stimmen. Vielleicht ist es auch einfach dieses ungewöhnliche, facettenreiche Land, in das ich mich ein wenig verliebt habe. Die wilden Küsten, die rissigen, scharfkantigen Klippen, die sturmgebeugten, trotzigen Bäume, die steinalten Felsen für die Zeit keine Bedeutung mehr hat: ein Land mit einer märchenhaften, pulsierenden und fesselnden Aura.

Und dann erreichen wir Sherbrooke.

1655 gründeten französische Siedler an dieser Stelle Fort Sainte Marie. Der Platz war gut gewählt, denn bis hier kann man den St. Mary's Fluss mit dem Schiff befahren. Ein wichtiger Aspekt für den Holzhandel, die Landwirtschaft und die Fischerei.

Wir stellen den Wagen auf einem riesigen Parkplatz ab und umgehen zu Fuß eine heruntergelassene Schranke.

Die Abendsonne kämpft sich gerade durch die Wolkendecke und wirft rotgoldene Strahlen auf ein verträumtes Dorf mit bunten Holzhäusern und blühenden Bauerngärten.

Zwei Frauen in langen Rüschenröcken und altmodischen Strickjäckchen biegen am Ende des Weges um die Ecke. Wie Zeitreisende stehen wir plötzlich inmitten einer Postkartenidylle. Alles wirkt so lebendig, als hätte man die Arbeit gerade erst niedergelegt, als sei die Glut in der Schmiedewerkstatt noch warm … die Scheunentore stehen leicht offen, bald müsste in den Häusern das Licht angehen ...

Die einst eher kleine Siedlung wurde 1815 in »Sherbrooke« umbenannt.

Sägemühlen wurden gebaut, Bootswerften, Tischlereien und Schreinereien verarbeiteten das Holz aus den umliegenden Wäldern. Drechsler und Töpfer siedelten sich an. Dem Schmied Joe McLane und dem Schneider Donald McDonald folgten eine Apotheke, ein Postamt und die St. Mary's Printery. Sogar ein Ambrotype Photography Studio konnte man jetzt finden und um das Ganze abzurunden eröffnete die Familie McDaniel ein einladendes Hotel mit einem richtigen Tea Room.

So wuchs während des 19. Jahrhunderts ein quirliges Städtchen heran und entwickelte sich mehr und mehr zu einer wohlhabenden Gemeinde.

Eine Schranke am Ende der Hauptstraße trennt den modernen Teil des Ortes von dem gut erhaltenen Freilichtmuseum, in dem wir uns gerade befinden. Die Häuser sind leider schon alle abgeschlossen, die Saison ist vorbei, aber wir empfinden es als besonderes Privileg noch ein wenig allein durch die bezaubernden, regennassen Straßen schlendern zu dürfen.

Jedes Haus hat seinen Charme und seine ganz eigene Bauform. Das der Cummingers ist rot mit weißen Fensterrahmen, das des Schneiders McDonald weiß mit dunkelgrünen Fenstern. Giebel, Gauben, Erker, Treppchen und Säulen - hier hat jede Familie ihren ganz persönlichen Traum verwirklicht.

Ab und zu werfen wir einen Blick durch ein Fenster, auf Regale mit altem Porzellan, Hausrat und allerlei Gerätschaften. Aber auch die Gärten sind heimelig und wunderschön.

Ein alter Ziehbrunnen steht neben einem Schuppen am Wasser. Enten und Gänse schnattern in einem Gehege. Ein Pfau mit leuchtend blauem Federkleid pickt nach Körnern, Hühner gackern leise vor sich hin. Die Äste alter Apfelbäume biegen sich unter dem Gewicht der Früchte, orangefarbene Kürbisse leuchten in einem Gemüsegarten wie große Lampions. Vor einem offenen Stall knabbern zwei Pferde an einem Haufen Heu und weiße Schafe durchsuchen trockenes Stroh nach Leckerbissen.

Man kann den lebhaften Alltag, das emsige Treiben noch deutlich spüren - an jeder Ecke dieses zauberhaften Ortes. Ein frischer Wind vertreibt die dichten Wolken, als wir zum Parkplatz zurückkehren.

Es ist halb sechs. Wohin heute Nacht?

Zurück im Wagen studieren wir die Landkarte, als mein Blick auf eine Werbetafel am Ende des Parkplatzes fällt: St. Mary's Riverside Campground. Darunter nur ein Richtungspfeil – keine Adresse. Weit kann es also nicht sein.

Auf der Sonora Road fahren wir kurz darauf durch ein junges Wäldchen und - als wäre das bilderbuchartige Sherbrooke Village noch nicht genug des Zaubers gewesen – grasen drei Rehe auf dem noch feuchten Grünstreifen am Straßenrand. Furchtlos blickt uns eines der Rehe aus samtbraunen, weißumrandeten Augen an, als wir im Schritttempo vorbeifahren. Auch seine Geschwister lassen sich nicht stören und knabbern weiter an den hellgrünen Grasbüscheln.

Wildtiere! Was für ein Tag! Und er ist noch nicht zu Ende.

Der kleine, schmale Campingplatz schmiegt sich eng ans Ufer der Mill Cove – der Mühlenbucht – und er ist schlicht, ungekünstelt und herzerfrischend schön. Die Frau, die ihn betreibt, passt wunderbar in die urige Umgebung. Sie ist freundlich, unkompliziert und lässig. Zigarette im Mundwinkel deutet sie auf den Uferstreifen.

»Sucht euch einen Platz aus, ist ja fast niemand da«, nuschelt sie, kassiert die Miete und verschwindet wieder in ihrem Haus. Hier fühle ich mich wohl.

Bunte Holztische mit Bänken stehen über einem kleinen Abhang und wir blicken auf den im Sonnenuntergang funkelnden See.

Als wir uns dann zum Abendessen draußen an den Tisch setzen, leuchtet das ganze Firmament in fliederfarbenem Violett, und das glatte Wasser der Bucht fängt die wundervollen Farben des Himmels ein.

Es ist ein herrlicher Herbstmorgen, als wir auf der Uferstraße zurück nach Sherbrooke fahren. Wir wollen wieder an die Küste, denn bei den Liscomb Mills, am Fuße einer ausgedehnten Wilderness Area, soll es sehr schöne Wanderwege geben.

Zuerst aber erregt das Sägewerk der McDonalds, eine imposante, etwas außerhalb von Sherbrooke Village gelegene alte Mühle, im Vorbeifahren noch unsere Aufmerksamkeit. Wir drehen kurzentschlossen um und parken an dem großen, von Wind und Wetter graugebleichten Holzbau mit den nostalgischen weißen Sprossenfenstern.

Dunkle Findlinge fassen ein kobaltblau schimmerndes Staubecken ein, von dem das Wasser zwischen hoch aufgestapelten und verkeilten Baumstämmen wild rauschend in das tiefer gelegene Mühlradbecken stürzt.

Wieder einmal sind wir in einem Bilderbuch gefangen – und die Zeit steht still.

Auf der anderen Straßenseite steht die Royal Oak Stamp Mill.

Auf der Wiese vor dem alten Schlagwerk liegen, kunterbunt verstreut, Teile alter Geräte und Maschinen. Speichenräder, Zahnräder, Metallkästen, verbeulte Hebel, Rohre und Stangen rosten in der goldenen Herbstsonne vor sich hin.

Golden. Ja genau, Gold ist das Stichwort.

Irgendwann ist er auch hier angekommen, der Goldrausch. Um es ganz genau zu sagen, schrieb man das Jahr 1861. Und der Rausch hielt zwanzig Jahre an – zwanzig goldene Jahre. In dem Schlagwerk wurde Erz gebrochen, um es besser einschmelzen zu können. Innen, in der Werkstatt, soll sich noch ein altes Pochwerk befinden, aber durch die Fenster kann man leider nichts erkennen, und das gesamte Freilichtmuseum ist für dieses Jahr ja schon geschlossen.

Ein ganz ähnliches Pochwerk soll auch im nahe gelegenen Goldenville in Betrieb gewesen sein.

»Goldenville« - so langsam beschleicht mich ein Verdacht: Haben die stillgelegten Goldminen möglicherweise mit dem verseuchten Wasser zu tun? Was ist mit der Lost Shore? Gab es dort auch Goldminen an den vielen Flüssen, die in den Ozean münden?

Denn gesund ist das Abwasser der Minen nicht, das ist mal sicher.

Quecksilber zum Beispiel wird bei der Goldgewinnung freigesetzt. Ein lang verbleibendes, tückisches, unsichtbares Gift. Und auch mit Arsen ist nicht zu spaßen …

Ich denke an den ausgebeulten Totenkopf an der Black Duck Cove, setze mich auf einen Stein, fische mein Smartphone aus der Tasche und klicke das Internet an.

Der erste Goldrausch der über Neuschottland fegte– wir sind ihm ja bei Lunenburg in der märchenhaften Bucht von »The Ovens« bereits begegnet - ich kann ihn gleich finden: 1861-1874. Ja, das ist genau die Zeit, in der dieses Schlagwerk gebaut wurde.

Eine Mischung aus Kopflosigkeit, Abenteuerlust und Gier nach raschem Reichtum muss die Menschen damals in einem wahren Strudel erfasst haben. Kein Wunder. Das Leben auf dem Land war beschwerlich, die meisten waren nicht wohlhabend. Wem könnte man die Sehnsucht nach schnellem Reichtum schon verdenken?

Zuerst brach man das Gestein per Hand, mit einfachen Werkzeugen, jeder wie er konnte. Aber findige Unternehmer mit geeigneten Maschinen ließen natürlich nicht lang auf sich warten. Schon bald wurde das Ganze deutlich methodischer und professioneller weitergeführt.

Siedlungen schossen wie Pilze aus dem Boden: Sherbrooke war eine davon, The Ovens gehörte dazu, auch Isaac Harbour, wo wir gestern durchgefahren und zur Fähre abgebogen sind. Goldland. Auch so ziemlich der ganze Land- und Küstenstreifen, der noch vor uns liegt, von Liscomb über Sheet Harbour und Tangier nach Lake Charlotte wurde vom Goldfieber überschwemmt. Eine umtriebige, rastlose Zeit. Mein Bild von den braven Landwirten, Fischern und Holzhackern bekommt gerade ganz erhebliche Risse.

Wir machen uns wieder auf den Weg.

Murphy's Cove

Der »Liscomb River Hiking Trail« ist nass und glitschig und er führt uns gleich in einen dichten Wald. »Be alert for Bears« warnt ein Schild am Anfang des schmalen Trampelpfades. Hahaha – süß. Es darf gelacht werden. Zwischen hohen, etwas kahlen Tannen wachsen kräftige junge Bäume nach. Immer wieder muss man über kleine Wildwasserläufe springen und man muss höllisch aufpassen, wohin man den Fuß setzt, denn an den nassen, aalglatten Wurzeln rutscht man leicht ab. Also, die Bären stellen hier vermutlich die geringste Gefahr dar.

Nach einer halben Stunde hören wir das Rauschen eines Wasserfalls und können durch die Bäume erkennen, dass der Liscomb River sich hier stark verbreitet. Hellbraun springt das Wasser schäumend über grobe Steinstufen. Der Waldboden ist reich an Humus, deshalb ist der Pfad auch so matschig. Weiße Flechten überziehen die Baumstämme: Old Man's Beard – wir kennen uns jetzt aus.

Als der Weg immer steiler und löchriger wird, beschließen wir umzukehren. Durch den dichten Wald hat man kaum noch Ausblicke auf den Fluss. Und der Wanderpfad ist zwar recht nett, aber mühselig zu gehen und eine Stunde war mehr als genug.

Wenig später überqueren wir einen Fluss mit dem römisch klingenden Namen Ecum Secum River. Die Römer sind ja wirklich weit in der Alten Welt herumgekommen, aber ich glaube, bis hier haben sie es wohl nicht geschafft. Es folgt Moosehead – wieder eine alte Goldminensiedlung mit einer Handvoll Häuser und nach dem Salmon River öffnet sich der Ozean erneut vor unseren Augen. Unzählige Inseln ragen aus dem silbrig funkelnden Meer.

Wir folgen dem Highway 7 bis uns ein Straßenschild zum Taylor Head Provincial Park einlädt. Warum nicht? Es ist drei Uhr, eine gute Zeit für eine Mittagspause. Der kleine Naturpark bedeckt eine lange, recht schmale Landzunge. Die Schotterstraße folgt haarscharf dem Küstenverlauf, und wir genießen den fantastischen Blick auf die silbrig funkelnde Tomlee Bay mit ihren vielen Inselchen und den schwarzen Riffen und Klippen.

Auf einem struppigen Grünstreifen mit Blick auf Tausende im Sonnenschein tanzende Wellen halten wir an, kochen Kaffee und essen ein Käsebrot. Kein Restaurant könnte uns in diesem Moment besser gefallen als dieser von wilden Gräsern überwucherte Platz an dieser abgeschiedenen archaischen Küste.

Nach dem Essen fahren wir die Taylor Park Road weiter bis zu einem kleinen Parkplatz. Von hier aus führt ein Pfad durch dichtes Strauchwerk und niedrige, von Flechten überzogene Bäume, zu einem unvergleichlich schönen Sandstrand. Hauchfeiner weißer Sand umrahmt die mittelmeerblaue Bucht.

Wir bleiben einfach nur stehen und lassen diesen zeitlosen, göttlichen Anblick auf uns wirken.

Vor uns liegt, einem riesigen Urtier gleich, ein mehrfach zerbrochener Gesteinsbrocken im Wasser. Ja, dies ist altes Land. Einst waren die umliegenden Felsen nichts als Sand und Lehm auf dem Grund eines Millionen Jahre alten Ozeans. Der Iapetus-Ozean - hier finden wir ihn wieder.

Dicke Schlammschichten wurden von den Wassermassen komprimiert und verdichteten sich im Laufe von Millionen Jahren zu Schlammstein. Dann geriet die Erde in Bewegung – am Western Brook Pond konnten wir es schon einmal deutlich sehen – und ganze Erdplatten verschoben sich. Gewaltige Kräfte drückten, quetschten und pressten dieses weiche Gestein zusammen und verwandelten es ganz langsam in Zementquarzit und Schiefer.

Wir wandern an der Wasserlinie entlang bis zum Ende der Bucht, wo ein breiter Schotterstreifen mit flachen Kieseln den Sand ablöst. Zwischen den Kieseln liegen einzelne Felstrümmer wie Seelöwen in der Sonne. Sie sehen so harmlos aus, aber wenn man diese Steine genau betrachtet, kann man an ihrer Maserung, an ihren Schichten und Furchen einen Teil der Geschichte unseres Planeten ablesen.

Drama und Poesie, eine Geschichte ohne Anfang und ohne Ende …

An der Bucht verzweigen sich mehrere Wanderwege. Wir entscheiden uns für den »Spry Bay Trail«, der uns am Ufer eines großen Sees, des Power Ponds, entlangführt und uns dann auf einem moosbewachsenen Waldweg zurück zum Parkplatz bringt.

Im Wohnmobil breiten wir wieder einmal die Landkarte auf dem Tisch aus.

In der nahe gelegenen Murphy Cove soll es einen Campingplatz geben. Heute war ein ereignisreicher Tag, es wird Zeit den Anker für die Nacht auszuwerfen ...

Und so verlassen wir schon bald den Marine Drive und biegen in die Murphy's Road ein, die uns direkt zu »Murphy's Campground on the Ocean« führen wird.

Die Straße hat ihren Namen nicht umsonst erhalten, denn an den meisten Häusern stehen Namensschilder, die sich inhaltlich sehr ähneln: »Murphy.«

Die Murphys haben sich hier angesiedelt, haben sich wohlgefühlt und sind geblieben – das ist nicht zu übersehen.

Unser Mr. Murphy ist ein alter Seemann. Der stämmige, freundliche Mann betreibt den Campingplatz mit seiner Frau und fährt die Gäste bei gutem Wetter mit seinem Fischerboot durch die Bucht. Murphy's Scenic Tours - das macht ihm Spaß. Und er verlangt nichts dafür: nur Sonnenschein. Wir bekommen den letzten Platz. Ja, man merkt, dass wir uns Halifax nähern. Alles ist voll und dennoch ist der Campground, der auf einem Hügel anfängt und sich dann hinunter zur Bucht und weiter durch einen lichten Wald zieht, irgendwie heimelig.

Es bleiben uns noch vier Tage bis zum Abflug, und so beschließen wir, zwei Tage hierzubleiben und die Ruhe und das Meer zu genießen. Aufräumen, Wäsche waschen, packen – das können wir auch hier.

Murphy's Frau Marilyn freut sich über unsere Entscheidung und der Hausherr lädt uns für den Abend zum gemeinsamen Lagerfeuer mit Muschelessen ein.

»Wer kommt, kommt«, lacht er. »Wir zwingen niemand, aber es ist immer nett, glauben sie mir.«

Es ist schon Dunkel, als wir den Weg zum Strand runtergehen. Um einen Steinkreis, in dem ein prächtiges Feuer lodert, stehen blassblau gestrichene kanadische Liegestühle. Die gewaltigen Holzscheite knacken und rauchen ordentlich. In den Stühlen haben es sich schon einige Mitbewohner bequem gemacht: zwei junge Frauen aus Texas, ein Ehepaar aus Georgia, ein deutsches Ehepaar, Murphy, der mit einem Stock im Feuer herumstochert - und jetzt auch wir.

Alle stellen sich vor, woher man kommt, wohin man will, dann erzählt Murphy ein wenig von seinen Fahrten zur See und von der Bucht.

Neugierig frage ich unseren Gastgeber nach dem Namen der Bucht: »Irish?«

Murphy lacht. »Very irisch, indeed«. Der Name sei auf die ersten Einwanderer zurückzuführen, die sich in dieser Bucht niedergelassen haben.

»Wir haben auf dem Weg hierher die Namensschilder gelesen – das gilt wohl immer noch!«, meine ich schmunzelnd.

»Was soll ich sagen«, grinst der Seemann belustigt zurück. »Die Murphys waren schon immer Familienmenschen. Das erste Paar hat vierzehn Kinder bekommen, und von denen hat auch jeder vierzehn Kinder bekommen – und so weiter, und so weiter, und so weiter …«

»Na, dann darf man davon ausgehen, dass diese Gegend sehr rasch dicht besiedelt war!«

»Aber sicher, und alles Murphys – ich bin ja selber einer!«

Wir stimmen fröhlich in sein herzerfrischendes Lachen ein.

Brian Murphy holt einen schweren, gusseisernen Topf aus einem Schuppen und stellt ihn mitten in die Flammen. Mein Mann flüstert mir etwas ins Ohr, das sich so anhört wie: »Was meinst du, sollen wir die Muscheln essen? Nach all den Warnhinweisen und Totenkopf-Schildern?«

Ich überlege angestrengt. Es ist tatsächlich eine Gratwanderung zwischen der gebotenen Vorsicht und der Verletzung der Gastfreundschaft. Aber ich finde, dass die Gesetze der Gastfreundschaft hier überwiegen. Murphy hat uns eingeladen, man könnte sagen in sein Haus, und wir haben die Einladung angenommen.

»Wir werden hier nicht rumzicken«, flüstere ich also zurück. »Ein paar Muscheln werden uns schon nicht umbringen, es geht ja vor allem um die Geste.«

Georg nickt. Das sieht er genauso.

Die Unterhaltung plätschert inzwischen munter dahin.

Wir erfahren, dass es in Georgia Krokodile gibt und, dass nicht jeder Texaner eine Farm hat. Alle erzählen kleine Anekdoten aus der Heimat, man beschnuppert sich, lernt sich ein wenig kennen.

Nur das deutsche Ehepaar ist sehr zurückhaltend und beteiligt sich nicht aktiv an dem kreuz und quer über das Feuer hüpfende Gespräch. Abgesehen von einer einzigen, knappen Bemerkung - und die wird eine ganze Diskussion ins Rollen bringen.

Als es unter dem schwarzen Deckel zischt und brodelt, hebt Murphy den heißen Topf vom Feuer und stellt ihn auf ein Beistelltischchen. Dann gießt er vorsichtig das Wasser in den Sand und nimmt den Deckel weg. Es duftet augenblicklich nach Meer, Salz und frischem Essen. Unser Hobbykoch verteilt Pappteller und lädt alle ein, sich ganz ungezwungen mit den Fingern zu bedienen. Vom Topf in den Teller, so viele Muscheln wie man will. Alle bedanken sich, die Gesichter leuchten erwartungsvoll im flackernden Schein der Flammen – nur das deutsche Ehepaar weist freundlich, aber bestimmt die Teller zurück.

»Wir haben gehört, der Verzehr von Muscheln sei in dieser Gegend gefährlich«, entschuldigt der Ehemann die ablehnende Geste, als er Murphys fragendem Blick begegnet.

So. Das war sie, die Bemerkung.

Murphy erstarrt einen Augenblick lang, alle halten inne und es wird schlagartig still. Glücklicherweise ist mein Mann ziemlich gut im Entschärfen von heiklen Situationen.

»Na ihr in Texas seid doch an ganz andere Gefahren gewöhnt!«, ruft er prompt den jungen Texanerinnen zu. »Euch können ein paar Muscheln wohl kaum Angst einjagen!« Die Frauen kichern und langen in den Topf.

»Wir in Texas suchen geradezu die Gefahr«, wirft eine von ihnen den Ball zurück und steckt sich eine Muschel in den Mund. Die beiden spielen sofort mit.

»Also die Krokodile bei uns in Georgia haben auch viel schärfere Zähne als diese Muscheln, das kann ich euch sagen«, grinst der Mann aus Georgia und füllt seinen Teller. Und auch wir angeln uns natürlich eine Handvoll Muscheln aus dem duftenden Topf. Murphy steht die Erleichterung ins Gesicht geschrieben, und er lässt sich wieder in seinen Stuhl fallen.

Trotzdem ist es ausgesprochen. Das Verbot, die Warnungen, sie sind ja trotzdem da. Unterschwellig, aber da. So ganz vom Tisch ist die Sache noch nicht …

Und unser Gastgeber macht alles richtig: Er lässt das heikle Thema nicht einfach fallen.

»Jaaaaa, davon habe ich auch schon gehört«, meint er gedehnt. »Aber ich kann euch versichern, dass das eine ganz unverhältnismäßige Angstmacherei ist. Die Wahrheit ist, dass die Regierung nicht genügend Inspektoren für die Wasserprüfung hat. Also gibt man für alle Gegenden, die man aus Zeit- oder Personalmangel noch nicht überprüfen konnte, Warnungen heraus. Eine reine Vorsichtsmaßnahme, damit die Behörden auf alle Fälle aus dem Schneider sind, wenn mal irgendwas auftauchen sollte. Gut für die Beamten, schlecht für die Fischer, für die Muschelsammler und nicht zuletzt auch für uns …«

»Wir haben auch schon Warnschilder gesehen«, gebe ich zu. »Nicht hier, sondern viel weiter oben, bei Canso«, füge ich rasch noch abmildernd hinzu.

Leises Murmeln und zustimmendes Nicken in der Runde. Aha. Die anderen also auch.

Vermutlich enthält Murphy's Erklärung ja eine Teilwahrheit, keine Frage. Doch das Gift sieht man nicht, man riecht es nicht, man schmeckt es nicht … und wenn wir jetzt eine ernste Diskussion lostreten, begeben wir uns alle auf einen Grat zwischen gesundem Misstrauen und grober Unhöflichkeit gegenüber unserem netten Gastgeber.

Diesmal rettet uns die Frau aus Georgia. Sie zaubert eine große Tüte Marshmallows und ein paar Spießchen aus ihrer Handtasche, was mit lauten »Wow«- und »Great!«-Rufen begrüßt wird. Jeder darf sich ein paar der zuckersüßen Wattezylinder auf einen Spieß stecken und übers Feuer halten.

Die Stimmung ist wieder locker, man flachst und lacht ganz ungezwungen. Die Muscheln werden aufgegessen, die Marshmallows natürlich auch. Nennen wir es einfach nordamerikanische Kreativküche. Das Feuer flackert und wirft seinen rosigen Schein auf das schwarze Wasser der Bucht. Wir erzählen von Nova Scotia, von Neufundland, von Texas und Georgia. Eine Handvoll Menschen, die der Zufall heute hier zusammengewürfelt hat, an diesen gemütlichen, warmen Platz.

Unter einem strahlend blauen Himmel decken wir den Frühstückstisch, dann setzt sich Georg mit einem Buch unter die Markise und ich spaziere den Kiesweg runter zu dem kleinen Strand.

Die Texanerinnen fahren gerade mit ihrem Pickup fort. Sie waren mit dem Zelt da und haben auf einem der wilden Plätze in der »Wooded Area« übernachtet. Sie winken mir zum Abschied aus dem Fenster zu und auch ich hebe die Hand zum Gruß – wir hatten viel Spaß gestern.

Das Ehepaar aus Georgia bricht zu einem Ausflug nach Cape Breton auf. Da kommen wir gerade her.

»Nicht der nächste Weg für einen Tagesausflug!«, sage ich erstaunt.

»Das schaffen wir locker«, antwortet die Frau unbeirrt, und steigt ins Auto. Amerikaner müssen ein völlig anderes Gefühl für Entfernungen haben als wir.

Ich freue mich, dass wir heute einfach hierbleiben und mal gar nichts tun.

Familie Murphy hat sich in dieser Bucht ein Paradies aufgebaut.

Mehrere Hütten und Schuppen stehen am Wasser in der
»Drop `N` Anchor Marina«. Ein langer Steg ragt ins Wasser
und Murphys Fischerboot schaukelt an einem langen Tau in
der Sonne. Der grobe Kiesstrand ist von einer weichen
Schicht trockener Algen bedeckt.

Ich setze mich auf eines der dicken Algenkissen und blicke
eine Weile gedankenversunken auf das funkelnde Wasser, als
mir zwei große schwarze Augen entgegenschwimmen. Es ist
kaum zu glauben: Ich habe so lange in den Wäldern erfolglos
nach Elchen und Bären Ausschau gehalten, und jetzt nähert
sich Besuch vom Meer.

Ein Robbenbaby krabbelt an Land, hoppelt über die Kiesel
und legt sich prustend und schnaufend direkt neben mich. Ich
wage es nicht, mich zu rühren. Zufrieden rollt sich der kleine
Kerl auf den Rücken und lässt sich die Sonne auf den
goldfarbenen runden Bauch scheinen. Dann gähnt er ausgiebig und zeigt seine spitzen, scharfen Zähnchen, wie ein
kleiner Kater.

Ich traue mich nicht, das Baby zu streicheln, obwohl es ein
richtiger Knuddelbär ist. Also singe ich ihm leise ein Lied:

»Eine Insel mit zwei Bergen
und dem tiefen weiten Meer,
mit vier Tunnels und Geleisen
und dem Eisenbahnverkehr.
Nun wie mag die Insel heißen?
Ringsherum ist schöner Strand,
jeder sollte einmal reisen
in das schöne Lummerland ...«

Die Augsburger Puppenkiste für ein neuschottisches
Robbenbaby.

Mit geschlossenen Augen liegt es jetzt da und lächelt selig.
Wo mag seine Mama sein? Hoffentlich hat es sich nicht ver-

irrt. Aber wie es so daliegt, die Pfötchen weit ausgebreitet, das Näschen in die Sonne gestreckt, wirkt es kein bisschen verängstigt. Vorsichtig stütze ich die Hände ab, stehe auf und entferne mich ganz langsam.

In einer hellblau gestrichenen Hütte, dem Sailor's Rest, kann man einen Kaffee trinken und die vielen Erinnerungsstücke betrachten, die Brian Murphy hier über die Jahre zusammengetragen und in »Murphy's Museum« aufgehängt hat. Oder Cribbage spielen. Ein Brettspiel. Murphy sitzt gerade mit einem Gast aus Ontario am Cribbage-Tisch, als ich anklopfe. »Schauen sie sich ruhig um«, fordert Murphy mich freundlich auf und konzentriert sich wieder auf das Spiel.

Angelhaken, Zangen, Bohrer, Paddel, Ketten, Taue ... an den Wänden hängt ein originelles Sammelsurium, alles, was man in einem Fischerdasein braucht oder gebraucht hat.

Und auf den schmalen Regalen steht natürlich auch eine ganze Parade leerer Bierflaschen und Dosen mit bunten Etiketten – Erinnerungen an fröhliche Abende.

Ich habe auf der Marine Atlantic Ferry das erste Mal ein Cribbage-Brett gesehen. Passagiere hatten sich in der Gemeinschaftskabine die Zeit mit dem mir unbekannten Spiel vertrieben. Sie benutzten ein einfaches, ovales Brett mit Löchern. Murphy's Cribbage-Brett ist ganz anders, denn die Löcher für die Spielsteine stecken in einer kleinen Bucht mit Klippen und Felsen, Ruderbooten und bewaldeten Hängen. Eine richtige Landschaft am Meer.

Ich wünsche den beiden Gegnern noch viel Spaß und gehe zurück zu unserem schönen Platz oben auf dem Hügel.

Die nasse Wäsche wird noch in den Trockner gesteckt, der Boden im Wagen gefegt, dann fangen wir an, unsere Koffer zu packen.

Noch drei Tage bis zum Abflug. Der Countdown hat begonnen.

Die Sonne geht gerade auf, als wir abdocken. Unser georgischer Nachbar steht schon neben seinem Wohnmobil und drei Golden Retriever schnuppern um ihn herum an dem taufrischen Gras. Voller Freude über den unerwarteten Anblick strecke ich die Hände nach den Schnuffis aus und schnalze leicht mit der Zunge. Die Hunde heben den Kopf und rennen prompt wedelnd auf mich zu. Ob sie uns auch nicht stören? Der Besitzer ist sehr besorgt. Eigentlich sind freilaufende Hunde hier ja nicht erlaubt.

»Sie stören uns nicht nur gar nicht, sie machen uns sogar große Freude!«, antworte ich und kraule die drei ausgiebig hinter den samtweichen Wuschelohren.

»Heute Nacht sind sie ja ziemlich spät zurückgekommen«, stellt Georg freundlich fest. Wir haben nämlich gegen zwei Uhr die Scheinwerfer aufleuchten sehen, als unsere Nachbarn eingeparkt haben.

»Das stimmt, aber wir haben es geschafft, das ganze Cape Breton zu umrunden!«, entgegnet der Mann stolz. »Wir konnten zwar in der Dunkelheit nicht viel erkennen, aber wir haben es geschafft.«

»War es das denn wert?«, frage ich erstaunt.

»Auf jeden Fall. Die eine Seite konnten wir auf der Hinfahrt ja gut sehen.«

Ja, diese Leute sind absolut locker.

Wir verabschieden uns händeschüttelnd, denn jetzt geht es auch für uns weiter.

Es war schön hier, schön alle am Lagerfeuer zusammenzusitzen, schön so viele Menschen kennenzulernen.

Wir starten den Motor und folgen erst einmal dem Küstenverlauf am Rande der Tangier Grand Lake Wilderness Area. Warnschilder mit springenden Karibus stehen am Straßenrand. Überall ragen kleine Anlegestege ins Wasser.

In Lake Charlotte halten wir am sogenannten »1940s Heritage Village«.

Der Goldrausch hat diese Gegend erst ziemlich spät erfasst. In den 40er und 50er Jahren wurde hier geschürft und einiges in dem nostalgischen Museumsdorf erinnert noch daran. Eigentlich ist das Museum schon geschlossen, aber wir dürfen die Wege entlangschlendern und uns alles von außen ansehen.

An der alten Esso-Tankstelle steht ein Oldtimer. Die weißen Holzhäuser sind wunderhübsch mit ihren Erkern und den hohen grün gerahmten Fenstern. Wir kommen am Schuppen des Bootsbauers und an einer Kugelmühle – der Old Mine Gold Mill - vorbei. Es gab Anglerbedarf und eine Muschelfabrik. Ein niedlicher kleiner Ort.

Zurück in der realen Welt halten wir bei Webbers General Store. Ich würde gerne ein einfaches Cribbage-Brett mit nach Hause nehmen, um das Spiel kennenzulernen.

Wie es auf dem Land so ist, gibt es in dem kleinen Warenhaus alles. Bunt gemischt. Man findet so ziemlich alles … nur kein Cribbage-Spiel.

Ich stelle mich an der Kasse an, um nachzufragen. Während ich warte, lese ich die vielen Merkzettel und privaten Anzeigen die auf einer Pinnwand über- und nebeneinander mit Nadeln festgesteckt wurden, und eine bringt mich richtig zum Lachen: »Husband for rent, 25 years experience, fix this and that. Get your honey-do-list ready!«

Also einen erfahrenen Ehemann mit einer »Lieblingkönntest-du-Liste« zum Mieten finde ich echt spitze.

Als ich an der Reihe bin, frage ich die junge Kassiererin nach einem Cribbage-Brett, aber sie zuckt nur ratlos mit den Schultern.

»Hab´ ich noch nie gehört, was soll das denn sein?«
Die alte Dame, die hinter mir ansteht, weiß es besser: »So etwas bekommen sie nur bei Paul, meine Liebe, im Jeddore Variety. Immer geradeaus, man kann es gar nicht verfehlen.« Und dann erklärt sie der jungen Frau geduldig, was Cribbage ist. Auf die alte Generation ist eben Verlass.

Wieder fahren wir durch Wasserland. An den Anlegestegen und Molen liegen bunte Fischerboote träge in der Sonne. Die Küste ist tief zerfurcht, Hunderte von Seen und Wasserläufen auf der einen Seite, der Ozean auf der anderen. Am Salmon River liegt Jeddore.

Und tatsächlich: Paul hat es, das Cribbage. Paul hat überhaupt die tollsten Sachen in seinem Kruschtladen, und so wandert auch noch ein in allen Farben blinkender kleiner Weihnachtsbaum mit in die Tüte. Ein wundervoller Kitsch. Bei all der naturbelassenen, ungekünstelten Landschaft da draußen muss das unbedingt auch mal sein.

An einem auffälligen, knallroten Bahnhofsgebäude mit weiß umrandeten Fenstern stoppen wir bald schon wieder.

Alte Eisenbahnschienen liegen noch im Boden vor und hinter dem Bahnhof, und auf ihnen stehen malerische historische Waggons und eine dicke schwarze Lokomotive.

Hier steht sie also, Lukas´ gute alte Emma, auf diesen Gleisen ins Nichts.

Das Musquodoboit Railway Museum ist leider bereits seit 25. August closed for season. Das ist schade, aber die altehrwürdigen, rostigen Eisenbahnwaggons der Canadian Pacific sind auch von außen sehr hübsch anzusehen.

Hinter dem Bahnhof verläuft ein auf den ersten Blick ganz unscheinbarer, von braunen Fichtennadeln bedeckter Wanderweg. Doch das harmlose Aussehen trügt: Wir betreten zwischen den Bäumen keinen Geringeren als den berühmten Trans Canada Trail.

»The Great Trail«, steht auf einem Wegweiser, der in den Wald zeigt.

Es ist ein neuer Weg auf den alten Pfaden, die einst schon die Algonquin-Indianer und viele andere Stämme genutzt haben, um Handel zu treiben und Kontakte zu knüpfen. Ein Weg, der zu einem weitverzweigten Netz aus Wanderpfaden, Wasserstraßen und Fahrwegen gehört, die den Atlantischen Ozean mit dem Pazifik und mit dem Arktischen Ozean verbinden.

Keine Frage, wir haben den »Great Trail« schon mehrmals gekreuzt, sind bereits auf ihm gelaufen oder gefahren: in Guysborough, in Port Hood, auf dem Water-Trail zwischen North Sydney und Port aux Basques, in Corner Brook und in Deer Lake – wir waren uns dessen nur nicht bewusst, denn wir sind bisher nie einem Wegweiser begegnet.

Erst nach der 125-Jahre-Kanada-Feier im Jahr 1992 wurde dem einstigen Fußpfad neues Leben eingehaucht. Die unzähligen Wege wurden enger verknüpft und besser ausgebaut, sodass man nun über Stock und Stein von Halifax nach Vancouver, aber auch weit hinauf nach Norden gehen kann. Sogar die eisblaue Beaufortsee und die Stadt Tuktoyaktuk in der Kugmallit Bay kann man jetzt erreichen.

Und so wurde aus dem alten »Trans Canada Trail« der »Great Trail« geboren, das vermutlich längste Wegenetz der Welt. Hunderte Menschen haben daran gearbeitet - ganz viele freiwillig. Ein schöner Gedanke und ein wunderbares Projekt, das die Menschen in ganz Kanada verbindet.

Hier stehen wir beide nun, nahe dem Musquodoboit River, auf diesem historischen Weg, der uns auf einer Strecke von mehr als 24.000 Kilometern durch das ganze weitreichende Land führen könnte.

Wenn wir jetzt immer geradeaus gehen würden, würden wir zum Beispiel bei Old Barns am Minas Basin herauskommen. Das Minas Basin, die Bay of Fundy – dort war es wunderschön. Für so eine Wanderung reicht unsere Zeit natürlich nicht mehr, aber wenigstens ein Stückchen wollen wir auf dem berühmten Weg noch gehen.

Zwischen hohen Bäumen führt der Trail über die ehemalige Bahnstrecke des »Blueberry Express«. Der Zug mit dem niedlichen Namen hat früher die ländlichen Gemeinden und Mühlen mit den Küstendörfern verbunden. Nicht besonders lang, muss man sagen, denn die Strecke wurde von der Canadian Pacific 1916 eröffnet und schon siebzig Jahre später wieder eingestellt.

Die Trestle Bridge, eine stattliche rostrote Eisenbrücke, führt uns über den Musquodoboit River.

Hohe Kiefern und Fichten geben immer wieder den Blick auf dicht bewachsenes Sumpfland und auf den azurblauen »Little Lake« frei. Eichhörnchen hüpfen zwischen den Ästen und nagen an kleinen Tannenzapfen.

Eine Schar Kinder mit ihren Opas und Omas kommt uns entgegen. Diese zeigen den Kleinen die Blumen und Gräser, die hier wachsen. Einer der Großväter spricht uns freundlich an, ob wir auch die gewisse App haben, die man braucht, um all das kunterbunte Wachstum ringsherum beim Namen nennen zu können. Nein, sowas haben wir natürlich nicht, und interessiert erkundige ich mich, was diese außergewöhnliche Wandergruppe denn hier so macht.

»Ich gehöre zu einer Gruppe freiwilliger Naturwissenschaftler, die in ganz Nova Scotia unterwegs sind, um alles was hier wächst nach Art, Vorkommen, Jahreszeit und vielen anderen Kriterien zu klassifizieren«, erklärt mir der alte Herr. »Wir fotografieren die Pflanzen und halten den genauen Fundort fest. So erhalten wir«, und dabei deutet er lachend auf die Kinder und Senioren, »auch mithilfe vieler Freizeit-

botaniker ein immer umfangreicheres und genaueres Gesamt-
bild der Flora unserer Region.«

Die Kinder bücken sich aufgeregt plappernd und durch-
einanderrufend über die bunten Blumen am Wegrand. Wir
schauen den begeisterten kleinen Forschern noch kurz zu,
dann treten wir den Rückweg an.

Gleich an der nächsten Straßenkreuzung kündigt ein
braunes Schild einen Provincial Park mit dem geheimnisvoll
klingenden Namen »Martinique Beach« an.

»Stopp!«, rufe ich spontan und suche den Ort auf der
Landkarte. Es ist eigentlich nur ein schmaler gelber Streifen,
aber der exotische Name »Martinique Beach« hat es mir
angetan.

»Weit sind wir ja nicht gekommen«, stöhnt Georg.

»Wir müssen nur dem Küstenverlauf dieser Halbinsel folgen
... ein kleiner Abstecher, der sich womöglich lohnt«, meine
ich. Ich hoffe es wenigstens.

»Na dann.«

Die East Petpeswick Road führt uns am Wasser entlang.

Sandbänke, Sumpfgras und kleine sandige Buchten
wechseln sich ab. Auf steinernen Molen stapeln sich Hummerfallen, Boote dümpeln im seichten Wasser.

Aus dem von Wasserlöchern durchzogenen Riedgras heben
sich mit breitem Flügelschlag drei Graureiher in die Lüfte, das
Rumpeln unseres Wagens hat sie aufgeschreckt. Lautlos
schweben die großen Vögel davon, elegante Silhouetten gegen den silberblauen Himmel.

Und dann kommt er, der Martinique Strand – und er ist umwerfend schön.

Feinster, weicher silberweißer Sand, durchzogen von
Muschelketten und bunten Trommelsteinchen, die sich wie
Ketten aus Halbedelsteinen an der endlosen Wasserlinie
entlangziehen. Zwischen den Steinen, die das Meer ange-

schwemmt hat, blitzen kleine smaragdgrüne Splitter in der Sonne auf: Seaglass.

Und Ebbe.

Helle glattpolierte Felsrücken liegen am Ende des langen, breiten Strandes im funkelnden, niedrigen Wasser. Ockerfarbene Algen, Miesmuscheln und Seeschnecken warten in tiefen Rillen und Furchen geduldig auf die rettende Flut.

Große weiße Muschelschalen liegen überall herum. Clams – Sandmuscheln.

Ein Paradies.

Wir waten barfuß durch das warme Wasser und durch den weichen nassen Sand. Eine Möwe lässt sich von uns nicht stören und pickt emsig an der Karkasse eines Krebses.

Es fällt uns sehr schwer, uns von hier loszureißen, aber es hilft alles nichts: Heute Abend werden wir vor den Toren von Halifax im Shubie Park Campground übernachten müssen.

»Hit the Road, George«, es geht heimwärts.

Abschied von der Waterfront

Die Übergabe in Bedford erfolgt kurz und schmerzlos. Ein wenig sentimental vielleicht, weil das Wohnmobil immerhin sechs Wochen lang unser Zuhause war. Aber jetzt, wo keine Plüsch-Papageientaucher mehr von der Ablage herunterschauen, keine bunten Prospekte mehr auf der Sitzbank liegen und kein Seaglass mehr in einer Schale auf dem Tisch steht, wirkt er so unpersönlich und neutral wie am Anfang.

In der Früh haben wir noch einen herrlichen Spaziergang durch den Shubie Park gemacht. In dem hübschen Stadtpark führt ein historischer Kanal zum Ufer des Lake Charles. Mit dem Bau des Kanals hatte man 1826 begonnen, und nach 35 Jahren verband er schließlich den Shubenacadie River mit anderen Gewässern so, dass man auf dem Wasserweg von Halifax Harbour bis zum Minas Basin durchfahren konnte. Eine grandiose Leistung, wenn man die Sumpfgebiete auf der Landkarte betrachtet.

Jetzt sitzen wir mit unseren vier Koffern im Taxi und lassen uns von Bedford zum Hotel nach Halifax fahren.

Unser Taxifahrer kommt aus Tripolis im Libanon. Nicht gerade der nächste Weg. Ich frage erstaunt, was ihn denn nach Nova Scotia verschlagen hat.

»Ich habe in Montreal studiert, und bin dann in Kanada hängengeblieben. Hier fühle ich mich wohl«, antwortet der alte Mann schlicht.

»Meine Frau arbeitet auch in Halifax.«

Ja, in Halifax werde er für immer bleiben, fügt er strahlend hinzu. Er sei schon länger in Rente, aber das Taxifahren sei ein gutes Zubrot. Und man gehöre einfach noch dazu, stehe nicht wie ein vergessener Zuschauer am Rande der Gesellschaft.

Ja, das verstehen wir gut. Zugehörigkeit ist Lebensgefühl und Lebensqualität, und Arbeit ist echtes, unverfälschtes Leben.

»Meine Frau wird in drei Jahren pensioniert. Mit 150 Dollar im Monat. Dann wird man sehen.«

Schicksalsergeben schaut der Mann in den Rückspiegel. Nicht unglücklich, nicht unzufrieden, nicht enttäuscht. Das mit der Rente ist eben so: sie reicht nie. Hinten und vorne nicht. Aber man wird sehen.

Er ist nicht der Erste, der uns das erzählt.

Halifax. Fremd und doch schon ein wenig vertraut. Wir freuen uns, dass wir noch bis morgen hierbleiben.

Vom Hotel gehen wir gemütlich runter zur Waterfront und wenig später sitzen wir im »Warehouse Restaurant« in der Sonne vor einem Seafood-Platter und genießen das Stadttreiben.

Touristen und Familien mit Kindern tummeln sich auf der Promenade. Ein Sommertag wie im Bilderbuch.

Es ist, als seien wir nie weggewesen. Sechs abenteuerliche, aufregende Wochen. Und jetzt sitzen wir wieder hier auf einer gemütlichen Terrasse an der Waterfront, an einem der rosa lackierten Holztische.

Dutzende Vögel hüpfen zwischen den Stühlen und auf den leeren Plätzen herum, picken nach Krümeln und Resten und machen sich auch gleich über unseren Tisch her, als wir aufstehen.

Wir schlendern die Hafenpromenade hinunter, über die Hängebrücke zu Murphy's. Wir lachen. Noch ein Murphy. Verwandt? Verschwägert? Wer weiß. Eine große Familie, wie wir von Brian Murphy wissen …

Neben dem Restaurant ist ein Souvenirshop. Und er hat die schönsten Weihnachtsbaumanhänger, die man sich vorstellen kann. Der Weihnachtsmann reitet auf einem Buckelwal, klettert einen Leuchtturm hinauf oder sitzt auf einer Hummerfalle. Papageientaucher tragen Weihnachtsmützen und Elche und Karibus ziehen den Schlitten vom Nikolaus. Am letzten Tag darf man schon noch ein paar kleine Souvenirs ins Gepäck stecken. In Oberammergau haben wir Geschäfte, die das ganze Jahr über Weihnachtsartikel anbieten. Warum sollte das nicht auch hier, in Nova Scotia, möglich sein?

Wir nutzen den restlichen Nachmittag für eine Schifffahrt durch den Hafen. Die Alderney-Fähre von Halifax ins gegenüberliegende Dartmouth fährt alle Viertelstunde, wie ein Bus. Gemütlich lassen wir uns quer über den Hafen schippern und wieder zurück. Wir genießen den Anblick der Skyline von beiden Seiten, das blaue Meer, den blauen Himmel. Morgen geht es in die heimatlichen Berge zurück.

Unser Flug geht erst am Abend und so bleibt uns noch ein ganzer Tag, um die Stadt weiter zu besichtigen.

Nach einem richtig kanadischen Frühstück mit Pancakes, Speck und Ahornsirup machen wir uns noch einmal auf zum Harbourwalk und genießen auf einem breiten Steg den weiten Blick über den Hafen und die vorbeiziehenden Schiffe.

Der Boden des Steges besteht aus roh gezimmerten, vernagelten Bohlen. Das in allen erdenkbaren Grauschattierungen schimmernde, narbenübersäte und zerfurchte Holz ist außergewöhnlich schön. Als ich die sonnengewärmten Holzbretter bewundere und den Blick über den Boden schweifen lasse, fällt mir auf, dass eine moderne, sehr lange Straßenlaterne am Boden liegt. Sie sieht aus, als wäre sie in der heißen Mittagssonne geschmolzen und langsam eingeknickt.

Auch ihren zwei Nachbarinnen geht es nicht viel besser. Beide verrenken und krümmen sich und sehen aus, als würden sie nicht mehr lange stehen können.

Ganz spontan gehe ich neben der schlanken, zusammengesunkenen Laterne in die Knie. Das große Glasauge sieht mich so erschöpft, fast menschlich an, dass ich der Leuchte tröstend über den kalten Kopf streichle, wie einem Hund der sich zögernd an meine Beine schmiegt.

Was ist denn hier los? Ein technischer Defekt? Ein Materialfehler?

Mitnichten. Es ist Kunst.

Ein kleines Schild der Stadtverwaltung erläutert die Installation von Chris Hanson und Hendrika Sonnenberg. Die beiden verändern alltägliche Gebrauchsgegenstände auf verspielte Art und Weise und lassen sie ungewöhnliche, menschliche Dinge tun. Tja, und offensichtlich lassen sich die Zuschauer auf dieses Spiel ein, sonst hätte ich nicht gerade noch besorgt am Boden gekniet ...

Nicht weit von hier liegt ein Museumsschiff, das mich schon bei unserer Ankunft vor sechs Wochen fasziniert hat: die CSS Acadia.

Erwartungsvoll steigen wir die Rampe hoch.

Es ist ein Arbeitsschiff, das wir hier betreten. Solche Schiffe entwickeln einen eigenen Charakter, eigene Konturen, weit über die reine Funktionalität hinaus.

1913 in Newcastle-upon-Tyne, im Nordosten Englands, geboren, verbrachte die Acadia die 56 Jahre ihres aktiven Daseins zwischen der Atlantikküste und der Hudson Bay und führte Wissenschaftler und Kartografen durch diese Gewässer. Von 1946 bis zu ihrem letzten Arbeitstag im Jahr 1969 wurden mit ihrer Hilfe die Küsten von Nova Scotia, Neufundland und Labrador vermessen. Wie einst James Cook. Und vielleicht hätten wir sie damals in einigen der

Buchten, von denen aus wir in den vergangenen Wochen auf den weiten Ozean geblickt haben, vor Anker liegen sehen. Heute liegt das schlanke, fast elegante Forschungsschiff still an der Mole. Es ist das größte derzeit ausgestellte Artefakt des »Maritime Museum of the Atlantic«.

Wir bewundern die technischen Gerätschaften, die wuchtigen Winden, das Steuerrad, die mit edlem Holz ausgekleidete Kajüte des Kapitäns und die Schiffsglocke von 1913.

Ein schönes, wirklich sehenswertes Schiff.

Vom »Maritime Museum of the Atlantic« hingegen verspreche ich mir nicht allzu viel. Ringsum stehen wunderbare alte Schiffe, der Hafen selbst ist ein malerischer Blickfang. Ein Museum kann das sicher nicht toppen.

Ein großer Irrtum.

Im Inneren des Museums tauchen wir ein in eine magische, ozeanische Welt.

Eine mächtige, in allen Farben des Regenbogens schillernde Fresnel-Linse empfängt uns gleich im ersten Raum. 1906 wurde sie im Lampenhaus des Sambro Island Leuchtturms installiert, dem 1758 zum Schutz des Hafens von Halifax gebauten, ältesten Leuchtturm von ganz Amerika.

Der Anblick dieser Linse, mit ihren fein geschliffenen Kristallringen, entführt meine Gedanken natürlich sofort nach Dingwall, zu dem kleinen dicken Leuchtturm von St. Paul.

Fresnel – ein zauberhaftes Wunder der Technik.

Der nächste Raum ist durch und durch von einer besinnlichen, von Emotionen durchtränkten Aura beseelt.

Ein bezaubernder Wandteppich nimmt eine ganze Wand ein.

An den restlichen Wänden hängen Listen mit Namen. Fein säuberlich aufgeschrieben, erzählen sie in Dreierreihen von den Menschen, den Gesichtern, den Leben, die dahintersteckten. Denn sie sind alle am selben Tag gestorben. Für immer ausgelöscht.

Anfang Dezember 1917 war die Welt hier noch einigermaßen in Ordnung. Im Hafen herrschte normales Treiben. Normal natürlich nur, soweit man das in den schweren Zeiten des 1. Weltkrieges so nennen konnte. Doch der 6. Dezember - der Nikolaustag - er veränderte die ganze Stadt auf einen Schlag.

Ich warte geduldig, bis die anderen Besucher in den nächsten Raum gehen, und stelle mich dann vor den ergreifenden Wandteppich:

Ein junges Mädchen fliegt durch die Luft. Ein Bein ist nackt, der Stiefel – ja, da ist er – wirbelt neben ihr durch die Luft. Auch der Hut wurde ihr vom Kopf gerissen, und ihr roter Schal flattert wild zwischen den schwarzen Haaren ...

Die Bahnhofsuhr über der Meerenge zwischen dem Halifax Harbour und dem Bedford Basin zeigt 9:05 Uhr an.

Blut spritzt über die Bucht, über das Meer, über den Hafen, über die ganze Stadt.

Zwei Schiffe sind um 8:45 zusammengestoßen. In den Narrows ist es eng. Zu eng für die SS Mont-Blanc, ein mit Sprengstoff beladenes französisches Schiff, und die Imo, ein norwegisches Schiff, unbeladen, das Hilfsgüter aufnehmen sollte. Eine fatale Begegnung.

Ein Feuer muss an Bord des französischen Frachters ausgebrochen sein – und es geriet außer Kontrolle.

Was dann passierte, war die Hölle: Die gewaltigste Explosion, die bis zu jenem Zeitpunkt je von Menschen verursacht wurde.

2000 Tote, 9000 Verletzte. Menschen flogen hunderte von Metern durch die Luft. Chaos, Entsetzen, Hilflosigkeit, endloser Schmerz.

Das ganze Hafenviertel wurde regelrecht aus den Fugen gehoben.

2000 Tote und ebenso viele Schicksale, ebenso viele Lebensgeschichten.

Und eine dieser Geschichten – eine ganz besondere - hat die Quilt-Künstlerin Laurie Swim zu diesem außergewöhnlichen Kunstwerk inspiriert: die der jungen Barbara Orr, die ihre ganze Familie bei dem Unglück verlor, selbst aber eine Viertelmeile durch die Luft geschleudert wurde, um dann fast unversehrt auf dem Fort Needham Hügel zu landen. Ein Wunder.

»Hope and Survival – A Story oft he Halifax Explosion«.

Nur langsam kann ich mich von dem Raum lösen und gehe weiter.

Schiffe, Schiffe und Maschinen. Dampfmaschinen und Motoren - Nachbildungen die man mit Kurbeln und Hebeln in Bewegung setzen darf. Die vielen Ausstellungsstücke fangen uns ein, begeistern uns immer wieder aufs Neue.

Dann gehen wir in den ersten Stock.

Schummrig und duster ist es bei den »Shipwreck Treasures«, aus den Tiefen des Meeres geborgen von Schatzsuchern und Abenteurern, und irgendwie habe ich das Gefühl, hier schließt sich für uns der Kreis.

Ich stehe vor einem Abbild der »Auguste«, und sehe mich plötzlich wieder auf dem geblümten Sofa bei Alex im Oyster Market sitzen und andächtig seiner Geschichte von den vielen Handelsschiffen, die bei St. Paul zerschellt sind, lauschen.

Wann war das? Vor Monaten, vor Jahren? Es kommt mir so weit weg vor, wie aus einer anderen Zeit. Schon jetzt. So viel haben wir inzwischen gesehen und erlebt.

Das Schiff sollte unter anderem Soldaten und Staatsbeamte von Québec zurück in die Heimat bringen. Nur sieben Menschen haben den Untergang der Auguste überlebt – der berühmte Entdecker Louis Joseph de La Vérendrye gehörte nicht zu ihnen.

Eine Gruppe Mi'kmaq Indianer half den überlebenden Schiffbrüchigen, brachte sie an Land und versorgten sie mit allem Nötigen. Wieder einmal waren die Indianer zur Stelle. Man schrieb das Jahr 1760.

Eine Handvoll Münzen wurde aus dem Wrack geborgen und liegt nun vor uns in einem Schaukasten. Sicher hätten die Passagiere der Auguste das Geld lieber für schöne Dinge ausgegeben ...

Wir gehen von Vitrine zu Vitrine. Unwetter haben unzählige Schiffe an der rauen Küste Cape Bretons zum Kentern gebracht und immer wieder werden Schätze gehoben: Münzen, Besteck, Geschirr, nautische Messgeräte. Erinnerungen an das Leben vor dem Sturm.

Und am Ende der Ausstellung ist es Samuel Cunard, Sohn von Abraham Cunard und Margaret Murphy und Gründer der Cunard Lines, der uns die Hand zum Abschied reicht.

Cunard Lines: Selbst die Modelle der Schiffe sind imposant und beeindruckend. Die Mauretania – einst das größte Passagierschiff der Welt – darf hier noch einmal ihre ganze Pracht zeigen. Voller Bewunderung stehen wir vor den Schaukästen.

Ja, der Kreis – unser Kreis - hat sich hier geschlossen.

Auf einer Hochebene an der Westküste Neufundlands, blickt ein kleiner Trilobit in den nächtlichen Sternenhimmel. Einen winzigen, vergänglichen Atemzug lang haben unsere Wege sich gekreuzt.

Wir sind längst weitergezogen, haben den Nordatlantik überquert, blicken zuhause wieder in einen anderen, vertrauteren Nachthimmel. Doch der kleine Trilobit liegt noch dort oben, zwischen den alten ozeanischen Steinen, und blickt in die unendliche Schwärze des Alls.

Geduldig wird er auch noch da liegen, wenn wir Menschen längst vergessen sind, weggeweht von einem unerbittlichen Wind, der stärker und mächtiger ist als ein harmloser Herbststurm. Wie auf einem Schiff ohne Segel und ohne Mannschaft wird er durch unsere Galaxie treiben, und irgendwann, in einem fernen Zeitalter, wird er erfahren, was das unergründliche Universum mit unserem kleinen Planeten noch vorhat.

Und vielleicht – aber nur vielleicht - wird es dann wieder jemanden geben, dem er davon erzählen kann.

Und wenn Ihnen die Reise mit uns Spaß gemacht hat, finden Sie hier wieder die wichtigsten Adressen:

Murphy's the Cable Wharf	1751 Lower Water St, Halifax,
RayPort Campground	165, Shingle Mill Rd., Mahone Bay, NS
Mug & Anchor Pub	643 Main St, Mahone Bay, NS
Lunenburg Board of Trade Campground	11 Blockhouse Hill Rd, Lunenburg, NS
Ironworks Distillery	2 Kempt Str., Lunenburg, NS
Bluenose II Store	121 Bluenose Drive, Lunenburg
The Ovens Park	326 Ovens Rd, Riverport, NS
Kejimkujik Seaside Adjunct	1188 St Catherines River Rd, Port Joli, NS
Lockeport Campground	3318 Lydgate, Lockeport, NS
Baccaro Lighthouse	Lighthouse Rd, Baccaro
The Wooden Buoy Antiques	100 Water St., Yarmouth, NS
Walmart Supercentre	108 Starrs Rd, Yarmouth, NS
Trout Point Lodge	189 Trout Point Rd, East Kemptville, NS
Whale Cove Campground	50 Whale Cove, Digby, NS
Lavina's Catch Restaurant	Cowledge Rd, Freeport, NS
Kejimkujik National Park	Maitland Bridge, NS Jeremy's Bay Campground

Whynot Adventure Kanuverleih	1507 Main Parkway, Maitland Bridge, NS
Fort Anne	323 St. George Street, Annapolis Royal, NS
German Bakery	358 St. George Street, Annapolis Royal, NS
Foodland	155 St Anthony St, Annapolis Royal, NS
Annapolis Royal Tidal Power Plant	236 Prince Albert Rd, Granville Ferry, NS
Parker's Cove Campground	4405 Shore Road West, Parker's Cove, NS
Blomidon Provincial Park	3138 Pereau Rd., Canning, NS
Kempt Shore Campground	5701 Hwy 215, Kempt Shore, Hants County, NS
The Hector Heritage Quay	33 Caladh Avenue, Pictou, NS
Harbour House Restaurant	41 Coleraine St, Pictou, NS
Caribou Munroes Provincial Park	2119 Three Brooks Road, Pictou, NS
Main Street Pub	219 Main Street, Antigonish
Sunset Sands RV Park	45 Wharf Road, Port Hood, NS
Inverness Beach Village	50 Beach Village Road, Inverness, NS
Guaranteed Whales.com	132 Harbour Road, Pleasant Bay, NS

MacIntosh Brook Campground	23606 Cabot Trail, Pleasant Bay, NS
Highland Gas Tankstelle	29529 Cabot Trail, Dingwall
Hideaway Campground	401 Shore Road, Dingwall, NS
St. Paul Lighthouse	575 Dingwall Rd., Dingwall, NS
Meat Cove Campground	2479 Meat Cove Rd., Capstick
Ocean Side Chowder Hut	Meat Cove, Inverness County
Seagull Restaurant	35963 Cabot Trail, Ingonish
Keltic Lodge Resort	383 Keltic in Rd, Ingonish Beach, NS
Wreck Cove General Store	42470 Cabot Trail, Birch Plain
Kluskap Ridge Campground	938 NS 312, Englishtown, NS
Marine Atlantic Ferry	2 Ferry Ramp, North Sydney
Grand Codroy Camping	5 Doyles Station Road, Route 406, Doyles, NL
Gale's Clover Farm Market	325 Hwy 407, Codroy, NL
Deer Lake RV Park	197 Nicholsville Rd, Deer Lake,
Discovery Centre	NL-431, Bonne Bay, NL
Seaside Restaurant	182-252 Main Street, Trout River, NL
Wild Gros Morne Tableland Boat Tour	Main Street Parking, Trout River Pond, NL

The Water's Edge RV Park	228 Bonne Bay Rd, Birchy Head, NL
Visitor Centre	Rocky Harbour, NL
The Jenniex House Museum	Norris Point, NL
Green Point Campground	Rte 430, Division No. 9, Subd. A, Gros Morne, NL
Lobster Cove Head Lighthouse	Main St N, Rocky Harbour, NL
Berry Hill Campground	Division No. 9, Subd. A, Gros Morne Nationalpark, NL
The Arches Provincial Park	Portland Creek, NL
Table Point Ecological Reserve	Route 430, Division No. 9, Subd. H, NL
Sea Breeze R.V. Park	17-21 Corner Road, Cow Head,
Bon Tours Boat Terminal	Western Brook Pond Trail, Division No. 9, Subd. A, NL
Fisherman's Landing	Main St N, Rocky Harbour, NL
Rose Blanche Lighthouse	Rose Blanche, NL
Esso Tankstelle und General Store	Trans-Canada-Highway, Doyles, NL
Marine Atlantic	10, Marine Dr., Channel-Port-aux-Basques terminal, NL
Glenview Campground	43, HWY 252, Whycocomagh
Big G's Pizza&Restaurant	111 Main St, Guysborough, NS

Seabreeze Campground	230 Fox Island, Main Road, Canso, NS
Jordan's Lakeside Restaurant	1962 Hwy 211, Indian Harbour Lake, NS
Riverside Campground	3987 Sonora Rd, Sherbrooke, St. Mary's River, NS
Murphy's Camping	Highway 7, Murphy Cove, 308 Murphys Rd, Tangier, NS
Memory Lane Heritage Village	5435 Clam Harbour Rd, Lake Charlotte, NS
Jeddore Variety	8990 Nova Scotia Trunk 7, Head of Jeddore, NS
Musquodoboit Harbour Railway Museum	7895 Highway 7, Musquodoboit Harbour, NS
Martinique Beach Provincial Park	E Petpeswick Rd, Musquodoboit Harbour, NS
Shubie Park Campground	30 John Brenton Dr, Dartmouth, NS
Waterfront Warehouse NS	1549 Lower Water St, Halifax,
Murphy's Company Store NS	1751 Lower Water St Halifax,
Maritime Museum of the Atlantic	1675 Lower Water Street, Halifax, NS

Bibliografie:

Peter Wende: Das Britische Empire:
                                Geschichte eines Weltreichs
                                C.H. Beck Verlag

John Prebble: Culloden
                                Pimlico Verlag

Gros Morne Co-Operating   Rocks Adrift:
Association: The Geology of Gros Morne
                                National Park

Atlantic Geoscience Society: Nova Scotia Pebbles

Peter Firstbrook: The Voyage of the Matthew
                                Bay Books Verlag

Keith McLaren: A Race for Real Sailors
                                David R. Godine Publisher Inc.

Kartenmaterial:

Elena P. Knoll
(Erstellt mit "StepMap")

Halifax, der Hafen

Unser erster Campingplatz: St. Martin's River

Beach Meadows

Lunenburg: auf der Bluenose II

Im Kejimkujik Seaside

Hummerfallen in Yarmouth

Digby Neck: Dartmouth Point

The Balancing Rock

Rehe im Kejimkujik

Ebbe im Fischerhafen von Parker's Cove

Cape Split

Im Burntcoat Head Park

Pictou: die "Hector"

Im Cape Breton National Park

Whale Watching

Dingwall: St. Paul Island Leuchtturm

In den Tablelands

In Green Point

Der Viking Trail

Die "Arches"

Rose Blanche

In Sherbrooke

Robbenbaby in Murphy's Cove

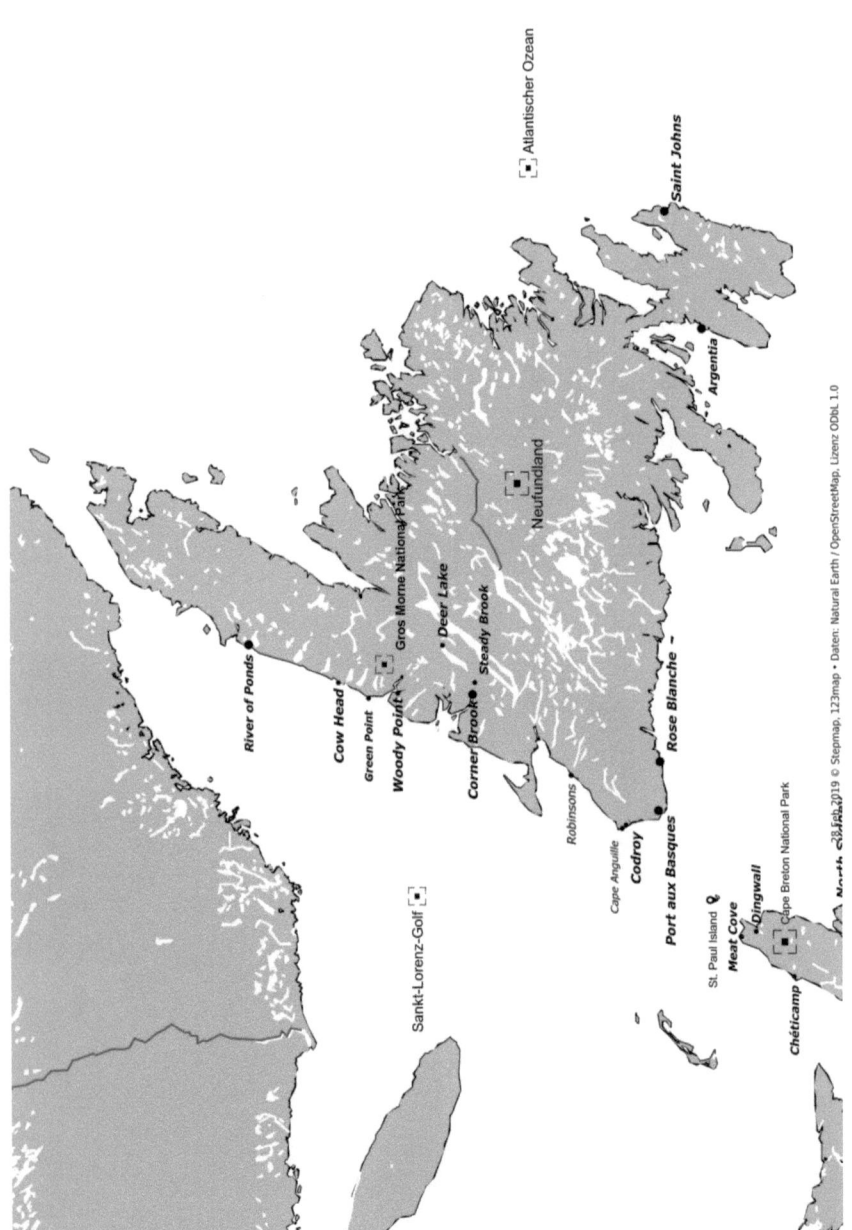

Atlantischer Ozean

Saint Johns

Argentia

Neufundland

River of Ponds

Cow Head

Gros Morne National Park

Green Point

Deer Lake

Woody Point

Steady Brook

Corner Brook

Robinsons

Rose Blanche

Cape Anguille

Codroy

Port aux Basques

Sankt-Lorenz-Golf

St. Paul Island

Meat Cove

Dingwall

Cape Breton National Park

Chéticamp

North Sydney

© Stepmap, 123map • Daten: Natural Earth / OpenStreetMap, Lizenz ODbL 1.0

St. Paul Island

Meat Cove

Dingwall

Cape Breton National Park

North Sydney

Whycocomagh

Cape Breton Island

Sankt-Lorenz-Golf

Chéticamp

Port Hastings

Canso

Inverness

Port Hood

Antigonish

Guysborough

Prince Edward Island

Pictou

Sherbrooke

Liscomb

Murphy Cove

Truro

Atlantischer Ozean

Minas Basin

Kempt Shore

Lake Charlotte

Halifax

Blomidon

Mahone Bay

Lunenburg

Bay of Fundy

Nova Scotia

Liverpool

New Brunswick

Kejimkujik National Park

Lockeport

Baccaro Point

Annapolis Royal

Digby

Saint John

Tiverton

Brier Island

Yarmouth

28 Feb 2019 © Stepmap, 123map • Daten: Natural Earth / OpenStreetMap, Lizenz ODbL 1.0